L 20
  11
   A

DESCRIPTION
DES PRINCIPAUX LIEUX
DE FRANCE.

DESCRIPTION
DES PRINCIPAUX LIEUX
DE FRANCE,

CONTENANT des détails descriptifs & historiques sur les Provinces, Villes, Bourgs, Monastères, Châteaux, &c. du royaume, remarquables par quelques curiosités de la Nature ou des Arts; par des événemens intéressans & singuliers, &c.; ainsi que des détails sur le commerce, la Population, les usages, & le caractère de chaque peuple de France; semée d'observations critiques, &c.

Accompagnée de Cartes.

Par J. A. DULAURE.

TROISIÈME PARTIE.

Prix, 2 liv. 10 sous br., 3 liv. rel.

A PARIS.

Chez LEJAI, Libraire, rue Neuve des Petits Champs, près celle de Richelieu.

M. DCC. LXXXIX.

Avec Approbation & Privilège du Roi.

DESCRIPTION DES PRINCIPAUX LIEUX DE FRANCE.

QUERCI ET ROUERGUE.

Tableau général du Querci & du Rouergue.

LE Querci & le Rouergue sont deux petites provinces limitrophes qui forment ensemble la généralité de Montauban, & qui comprennent la *haute Guienne*.

GÉOGRAPHIE. Le Querci est borné au midi par le Languedoc, au couchant par l'Agenois & le Périgord, au nord par le Limousin & l'Auvergne, & au levant par le Rouergue. Ce pays étoit autrefois divisé en Querci blanc & en Querci noir ; le premier comprenoit la partie du nord, & le second celle du midi ; aujourd'hui on le divise en haut & bas Querci.

HISTOIRE. Le Querci faisoit partie de la Gaule celtique. Jules César prit Cahors, &

Partie III. A

assiégea long-temps *Uxellodunum* (1), ville anciennement considérable, & qui n'existe plus. Ce Général, après avoir détourné l'eau qui arrivoit à la fontaine de cette ville, força les assiégés, réduits par la soif, à se rendre ; & s'étant emparé de cette place, il eut la cruauté de faire prendre tous les hommes en état de porter les armes, qui s'y trouvèrent, & de leur faire couper les mains ; cette cruauté étoit peut-être nécessaire aux projets de César ; mais les projets de César, ainsi que ses cruautés, n'étoient pas nécessaires au bonheur de ces peuples.

Sous les Romains, le Querci, renommé par son lin & sa poterie, fut compris dans l'Aquitaine première ; sous les François, il fut gouverné par des Comtes particuliers, & ensuite par les Comtes de Toulouse ; enfin il fut soumis à la France, & partagea le sort des provinces limitrophes pendant les guerres intestines.

---

(1) La situation de cette ville a long-temps embarrassé les Géographes ; il est assez démontré aujourd'hui que c'est le lieu de *Puydissolu*, situé vers la frontière du Limousin, entre Vairac & Martel, sur la rivière de Dordogne : l'assiette du lieu est entièrement conforme à la description qu'en donne l'Histoire, à l'exception de la rivière qui s'en est un peu éloignée. On voit encore sur le sommet du rocher, parmi plusieurs masures, une espèce de portique appelé *la porte de Rome*. La tradition de ce fameux siége s'est conservée chez les Villageois des environs. Des médailles consulaires du temps même de Jules César, deux épées romaines qu'on y a déterrées en 1683, & une donation faite en 925 aux Religieux de Tulle par le Roi Raoul, qui désigne ce lieu pour être l'ancien *Uxellodunum*, sont des preuves suffisantes pour former une certitude à cet égard.

CLIMAT. L'air y est généralement tempéré; les printemps y sont ordinairement très-pluvieux, & les automnes belles.

PRODUCTIONS. Ce pays, qui présente une agréable variété de montagnes, de collines, de plaines & de prairies, ombragé par des bois, arrosé de plusieurs rivières, & d'une infinité de ruisseaux, quoique généralement pierreux, est cependant fertile; ses blés, ses vins sont estimés sur-tout, parce qu'ils se conservent long-temps, & qu'ils soutiennent le transport sans altération.

RIVIÈRES. *La Garonne*, *la Dordogne*, *le Tarn*, *le Lot* & *l'Aveyron* (1) sont les cinq grandes rivières qui contribuent à la fertilité du Querci, & qui favorisent son commerce.

COMMERCE. Les vins de *Cahors*, les blés du *Caussé*, les farines de minots de *Moissac* & de *Montauban*, les manufactures de faïence, d'étoffes de laine & de soie, de tapisserie, &c. de cette dernière ville, & les toiles de coton qu'on fabrique à Negrepelisse, sont les principaux objets du commerce de cette province.

CURIOSITÉS *naturelles*. La rivière de *Louisse*, qui a sa source au dessus d'Einac, vers le haut Querci, se perd d'abord dans des rochers au dessus du château de Themines; & après avoir coulé l'espace de trois lieues sous terre, elle reparoît au dessus de Roquamadour.

---

(1) Ces trois dernières rivières étant sujettes à se déborder, ont donné lieu à ce proverbe rimé :

Qui passa lo Lot, lo Tarn & l'Aveirou,
N'est pas segur de torna en sa maisou.

DESCRIPTION

La fontaine de *Saint-Martin-de-Vert* a tous les jours son flux & reflux bien marqué ; le peuple, à cause de cette intermittence, lui donne le nom de *la Fon que va & que vé*.

La fontaine de *Mié* est une des plus célèbres fontaines minérales de France ; les eaux en sont nitreuses, & ont sur-tout la faculté de soutenir le transport.

Près de la petite ville de Marcillac, on voit une grotte ou *cave gouttière*, comme on l'appelle dans le pays ; de la voûte naturelle de cette grotte, suinte, goutte à goutte, une eau qui se congèle, & forme des stalactites superbes ; on dit que la Reine Marie de Médicis en fit enlever plusieurs morceaux pour orner son palais du Luxembourg ; plusieurs particuliers du pays ont chez eux des tables fabriquées de cette matière, & qui sont très-belles.

Les *cavernes Waiffiers* sont également remarquables ; on en voit deux qui sont considérables auprès de *Carjac*, petite ville de l'élection de Figeac, & une autre sur la rivière de Celé, presque près du moulin de Brenques ; cette dernière offre un rocher escarpé, coupé à pic de trois côtés, & le quatrième côté est fermé d'une muraille. Pepin, dans les guerres qu'il eut contre *Waiffré*, Duc d'Aquitaine, fit ravager les campagnes du Querci ; les habitans, pour éviter le fer des meurtriers, se réfugièrent dans ces cavernes escarpées ; mais les soldats de Pepin découvrirent bientôt leur retraite, & vinrent les y massacrer ; la mémoire de ce cruel événement s'est conservée, & les cavernes, teintes du sang de ces malheureux, ont reçu le nom de *Waiffier*, de celui de *Waiffre*, leur légitime Souverain.

Une autre curiosité qui n'est point l'effet de la nature, se voit près d'un petit village du Querci nommé *Cos*, situé sur la rive droite de la rivière d'Aveyron, & où étoit, du temps des Romains, le grand chemin de Toulouse à Cahors. Proche de ce chemin, dont on voit au dessus de ce village de beaux fragmens, & qui porte le nom de *Chemin ferré*, est une grande plaine sur laquelle étoit autrefois bâtie, suivant la tradition, une ville appelée *Hispalia*, dont l'Histoire ne fait aucune mention; ce qui accrédite cette opinion populaire, c'est l'empreinte qui reste encore en cet endroit. Si on monte, lorsque les blés sont grands, sur des côteaux situés au dessus du village, on voit ce terrain à peu près à vue d'oiseau; il offre alors le plan exact d'une ville avec ses rues bien alignées, ses places publiques: les épis, plus clair-semés dans les endroits des constructions, forment ces traces. On y trouve fréquemment des médailles de bronze du haut Empire; on y a découvert aussi des fondations de murs, des puits, & surtout des tombeaux dans lesquels se sont trouvées des urnes, des lampes sépulcrales, conservées dans les cabinets des curieux du pays: l'Histoire étant en défaut, on ne peut former que des conjectures sur ces vestiges, que l'on croit devoir attribuer à un ancien camp Romain.

Les autres lieux un peu remarquables du Querci, dont nous ne donnons pas une description particulière, sont *Saint-Ceré* (1), petite ville située à quinze lieues de Cahors, & à sept de Roquamadour.

Roquamadour (2), située à une lieue de la rive gauche de la Dordogne, & à six de Figeac; il y a une collégiale.

Figeac, située proche les frontières de la haute Auvergne, doit son origine à une abbaye fondée en 755 par Pepin (3).

---

(1) *Esperic* ayant fait vœu de garder sa virginité, refusa constamment d'épouser un Seigneur que ses parens lui proposoient pour terminer des querelles de famille. Le mari proposé, sans autre façon, coupa la tête à la Vierge. Comme Saint-Denis, elle se leva, prit sa tête coupée entre ses mains, & dans cet état se mit à poursuivre son bourreau, qui, épouvanté du prodige, prit la fuite, & abandonna le pays : les reliques de cette Vierge portées au lieu de Saint-Ceré, attirèrent beaucoup de dévots qui s'y fixèrent & commencèrent à y bâtir cette petite ville.

(2) Saint-Amadour dont la vie n'est pas trop connue, & qui pourroit bien être un Saint fabriqué comme tant d'autres par les légendaires, a, dit-on, donné le nom & l'origine à cette petite ville; ce qu'il y a de certain c'est que depuis très-long-temps la chapelle de *Notre-Dame de Roquamadour* a attiré un grand concours de dévots. On raconte que le fameux *Rolland*, neveu prétendu de Charlemagne, fut visiter cette chapelle, & qu'il lui fit présent d'autant d'argent que pesoit son *bracmar* ou son épée; après sa mort, ce bracmar fut apporté dans cette chapelle; mais ayant été perdu pendant les guerres, les Prêtres substituèrent à sa place une lourde masse de fer qu'on appelle encore aujourd'hui l'*épée de Rolland*; les bonnes femmes du pays vont en pélerinage toucher ce bracmar, afin de devenir fécondes.

(3) Lorsque l'Abbé de Figeac fait sa première entrée dans cette petite ville, le Seigneur de Montbrun & de

LE ROUERGUE est borné au nord par l'Auvergne, au sud & au sud-ouest par le Languedoc, à l'est par les Cévennes & le Gévaudan, à l'ouest par le Querci : cette province a vingt-cinq grandes lieues de longueur sur quinze de largeur. Ce pays se divise en Comté & en haute & basse Marc'e ; dans le Comté est *Rodez*, capitale de tout le Rouergue; dans la haute Marche, on trouve *Milhaud, Sainte-Affrique*; & dans la basse Marche, *Villefranche, Saint-Antonin*, &c.

HISTOIRE. Du temps de César, le Rouergue étoit habité par les *Rutheni*, peuples qui, sous l'Empereur *Honorius*, se trouvoient compris dans l'Aquitaine première. Dans le cinquième siècle, ce pays fut conquis par les Goths; au commencement du sixième, par Clovis, & dans le huitième siècle, par le Duc Eudes; son petit-fils, nommé *Waiffre*, en fut dépouillé par Pepin.

---

la Roque, habillé en arlequin, & une jambe nue, est obligé de le conduire jusqu'à la porte de son abbaye, menant sa jument par la bride : ensuite l'Abbé se met à table ; le Seigneur de Montbrun se tient debout derrière le siège de l'Abbé, jusqu'à ce qu'il lui demande à boire. Après que le Seigneur de Montbrun l'a servi, l'Abbé le regarde, & lui dit : *Tu peux présentement t'asseoir à table avec moi*, & l'arlequin dîne avec l'Abbé.

Cet usage, rapporté par Piganiol, & recueilli sans examen par M. de Sainte-Foix, qui cherchoit plutôt les singularités que l'exactitude, nous paroît, à quelques égards, peu conforme à la vérité ; on peut douter si, dans les temps où ces redevances extravagantes ont pris naissance, le costume d'arlequin étoit connu.

On ne fait pas le nom du premier Comte qui ufurpa ce pays fur la Monarchie, on préfume que ce fut *Foucauld* ou *Fulcoald*, qui, en 836, étoit Comte de Rouergue, ou fon fils *Fredelon*, qui lui fuccéda. Le Comte Jean II rendit de grands fervices à Charles V, en chaffant les Anglois de la Guienne. Ce Roi, pour l'en récompenfer, lui donna les quatre châtellenies de Rouergue, avec le droit appelé *Commun de la paix* (1) fur ces châtellenies.

---

(1) Ce droit, qui confiftoit en une capitation certaine & invariable, levée tous les ans fur les hommes & fur les beftiaux, dérivoit des anciens défordres que caufoient les guerres de Seigneurs à Seigneurs. Les habitans des campagnes, toujours victimes innocentes de ces difcuffions particulières, expofés chaque jour à voir leurs filles ou leurs femmes violées, leurs enfans égorgés, leurs chaumières & leurs moiffons brûlées, ne purent fupporter une auffi déplorable exiftence. Les Evêques, par intérêt ou par compaffion, firent cette fois fervir la religion à la confervation de la vie, des biens, & du repos des peuples, en modérant un peu les violences & les cruautés de la Nobleffe de ce temps. Plufieurs Conciles établirent une fufpenfion d'armes, appelée *Trêve de Dieu*; elle devoit être obfervée pendant quatre jours de la femaine, depuis le coucher du foleil du mercredi jufqu'à fon lever du lundi fuivant; & pendant certain temps de l'année, confacré à la religion. Ceux qui avoient violé cette trêve, étoient excommuniés, ou obligés de fe juftifier dans l'églife par *l'épreuve de l'eau froide*. Les Seigneurs de ce fiècle qui fe rendoient moins aux lois de la raifon & de l'humanité qu'à celles de l'Eglife, ne purent jamais obferver celle-là, qui contrarioit fi fort leur goût pour brûler les maifons, tuer les payfans & violer les filles. Les forces fpirituelles, devenues impuiffantes, on eut recours aux temporelles; on fe ligua contre les écorcheurs titrés,

Ce Comté passa ensuite dans la maison d'Armagnac. *Charles*, Comte d'Armagnac & de Rhodez, étant mort sans postérité légitime, le Procureur Général du Roi au Parlement de Paris fit saisir toutes les seigneuries de la branche aînée de la maison d'Armagnac, & les mit en la main du Roi. Les enfans de Jacques d'Armagnac, Duc de Nemours, Comte de la Marche, &c., ainsi que plusieurs autres Seigneurs de cette famille, prétendirent à cette succession; ce qui occasionna un procès considérable : enfin ce Comté passa à la maison de Navarre, & Henri IV, étant Roi de France, le réunit à la couronne.

CLIMAT. Le climat est plus froid que chaud, à cause des montagnes dont le pays est rempli; mais l'air y est sain.

PRODUCTIONS. Le sol y est en général peu fertile en grains, & ne produit pas beaucoup de vin ; mais il est riche en pâturages excellens, où l'on nourrit une quantité prodigieuse de bétail ; il y a beaucoup de bois ; le gibier & le poisson abondent en ce pays, où la volaille

---

Les peuples contribuèrent de bon cœur à la solde d'une troupe qui devoit punir ou combattre ceux qui violeroient la *trève de Dieu*. Cette contribution fut nommée *Commun de le paix* ; & par un de ces abus auxquels tend toujours le despotisme, ce droit, qui devoit servir au salut du peuple, ne servit dans la suite qu'à accroître son oppression ; les Seigneurs s'en emparèrent, & finirent par le percevoir comme une propriété ; & de son ancienne destination, il ne conservoit que le nom, lorsque Charles V en gratifia le Comte de Rouergue.

Partie III.

est aussi fort commune ; on y trouve des eaux minérales, dont les plus distinguées sont celles d'*Albin*, de *Silvanes*, d'*Andabre* ; des mines de fer, de cuivre, d'alun, de vitriol & de soufre.

COMMERCE. Le principal commerce du Rouergue consiste en bestiaux, laines, fromages, & en étoffes grossières ; mais une des branches les plus considérables, sont les fromages, célèbres sous le nom de *Roquefort* (1).

ADMINISTRATION. Le *Querci* & le *Rouergue*, comme on l'a remarqué, forment ensemble la généralité de Montauban & la haute Guienne.

Cette généralité est exempte des aides, à l'exception de quelques droits subsidiaires, payés par abonnement : le Querci est rédimé de l'impôt du sel, & le Rouergue n'est assujetti qu'aux petites gabelles : mais les tailles de cette généralité sont fortes. Les travaux des chemins s'y font à prix d'argent, & il y a pour cette dépense une imposition fixe & déterminée.

POPULATION. Elle est de cinq cent trente mille deux cent vingt ames. On estime les contributions de cette généralité à environ onze millions huit cent mille livres ; ce qui fait vingt-deux livres cinq sous par tête d'habitans.

L'étendue de cette généralité est évaluée à

---

(1) Ce fromage se fait aux environs de la montagne de Larzac, à deux lieues de Vabres ; il est presque tout composé de lait de brebis ; on le porte dans les caves de Roquefort, où il acquiert cette qualité, qui le rend un des meilleurs fromages de l'Europe.

cinq cent quatre-vingt-trois lieues trois-quarts carrées ; ce qui fait neuf cent huit habitans par lieue carrée.

CAHORS.

Ville ancienne, épiscopale & capitale du Querci, située sur le Lot, qui, formant une péninsule, l'environne presque de tous côtés, à quinze lieues de Rhodez, à onze de Montauban, à vingt de Toulouse, & à trente-six de Bordeaux.

ORIGINE. On ignore l'origine de cette ville, nommée anciennement *Divona*. On rapporte que lorsque Jules César vint en faire le siège, étonné de son étendue, il s'écria : *Ah ! je vois une seconde Rome* : mais ce fait n'est appuyé que sur une tradition fort incertaine. Cette ville suivit le sort de la plus grande partie des Gaules, qui, sous les Romains, changèrent leurs noms particuliers, & prirent celui du pays dont elles étoient la capitale ; ainsi elle perdit le nom de *Divona*, & reçut celui de *Civitas Cadurcorum*. Les Romains firent bâtir plusieurs édifices magnifiques dans cette ville, & lui accordèrent le droit de latinité.

Les Goths, les Francs, les Ducs d'Aquitaine s'emparèrent & furent successivement désemparés de cette ville ; elle fut ensuite gouvernée, comme tout le Querci, par des Comtes particuliers, & essuya bien des maux pendant les guerres des Anglois & celles de la religion.

DESCRIPTION. Cette ville, située en partie sur une roche escarpée, &, comme nous l'avons dit, dans une peninsule formée par la rivière du Lot, fut long-temps regardée, à cause de cette situation, comme une place importante; avantage qui, dans des temps de troubles, fixa l'ambition des chefs de parti, & devint funeste aux habitans.

Les rues de cette ville sont étroites & peu régulières. Dans la ville haute, la plupart des maisons ont des terrasses ou plate-formes d'où l'on jouit d'une vue très-agréable. Les remparts forment des promenades, ainsi que les bords de la rivière du Lot. Il y a peu de bâtimens remarquables dans cette ville; le collège, le palais épiscopal, le séminaire & la cathédrale sont les plus apparens.

La Cathédrale, dédiée à *Saint-Etienne*, fut ravagée par les Protestans. Simon-Etienne de *Popian*, Evêque de Cahors, fit, au commencement du dix-septième siècle, rétablir cette basilique dans son premier état; il fit rebâtir le jubé & la cloison qui sépare la nef du chœur; & pour repousser plus victorieusement les traits des Calvinistes, il attira & fonda dans la ville des Jésuites & des Capucins.

Le mausolée qu'on voit dans la chapelle de Saint-Blaise & de Sainte-Catherine, est celui de *Sicard de Montaigu*, mort en 1300, qui, de Chanoine de Cahors, devint Evêque de ce diocèse; il voulut être enterré dans cette chapelle qu'il avoit fait construire.

Des Historiens croyent que cette cathédrale a été un temple consacré aux Dieux du Paganisme, & prétendent que Saint-Martial renversa l'idole qui étoit celle de *Mercure*, & le dédia à Saint-Etienne. Les deux vastes & magnifiques coupoles qu'on voit à cette église sont en effet regardées comme un ouvrage des Romains, & faisoient sans doute partie de l'ancien temple.

On voit dans cette église encore une autre preuve de son antiquité, c'est un marbre qui a servi de sépulcre aux reliques de Saint-Géri, sur lequel est représentée une petite idole, dont la tête, mal figurée, est couverte d'une espèce de chapeau ; le reste du corps se termine en colonne : cette figure paroît placée sur un autel ; à côté, dans un tronc d'arbre, est une femme qui l'adore en portant la main à sa bouche, selon l'usage antique des adorations. On est assez fondé à croire que cette figure est celle de Mercure, qui étoit la principale Divinité des Quercinois (1).

―――――――――――――――――――

(1) Plusieurs monumens prouvent la dévotion des Quercinois à Mercure. Le château de *Mercuez*, qui appartient aux Evêques de Cahors, étoit anciennement nommé *Castrum Mercurii*, & le chemin qui y conduisoit, *Via Mercurii*. On trouve fréquemment dans le haut Querci, depuis la rivière du Lot jusqu'à la Dordogne, sur les bords ou à peu de distance des chemins, de grandes pierres sur lesquelles on sacrifioit à ce Dieu protecteur des chemins. On en voit une sur-tout près du lieu de *Livernon*, qui a trente-cinq pieds de long, vingt de large & trois d'épaisseur ; elle est dressée en forme d'autel, & placée de telle manière, sur deux autres pierres qui la soutiennent, que de quelque côté qu'on la presse avec le pouce, on la fait remuer. Les paysans, qui chérissent toujours les anciennes superstitions, ont une grande vénération pour cette pierre : ils croyent qu'ils seront préservés de la fièvre, s'ils peuvent, sans

Si plusieurs parties de cette église sont vraiment antiques, il est constant que la façade ne l'est point; on présume qu'elle a pu être construite dans le neuvième siècle, & que les deux statues qu'on voit au dessus de la grande porte, dans deux petites niches, avec des couronnes ducales sur la tête, sont les figures d'un Vicomte du Querci & de sa femme, qui ont sans doute contribué à la construction de cette façade: l'Histoire n'apprend rien de certain à cet égard.

On a remarqué que les Evêques de Cahors n'ont rien négligé pour éloigner l'hérésie de leur diocèse. Les erreurs des Ariens, des Albigeois, des Calvinistes, n'ont jamais été entièrement adoptées dans cette ville. Du temps des Croisades contre les Albigeois, l'Evêque de Cahors, Guillaume V *de Cardaillac*, ne se contentoit pas de conserver, par ses prédications, la bonne doctrine, il la défendoit les armes à la main; on le voyoit souvent, à la tête des troupes, se signaler par son courage soldatesque, & par des expéditions sanglantes. C'est sans doute à cause de cet esprit militaire, & d'une insulte faite par un hérétique à un Evêque de cette ville, pendant qu'il célébroit la Messe, que ces Prélats jouissent encore du singulier privilège d'avoir l'épée & les gantelets à côté de l'autel, lorsqu'ils officient pontificalement. Ce privilège, qui s'est conservé jusqu'à présent

---

être aperçus, couvrir de fleurs cet autel antique. Sur la fin du dernier siècle, un Evêque de Cahors fut obligé de faire détruire une pierre de cette espèce, que les paysans alloient oindre & couvrir de fleurs en secret.

sans aucunes contradictions, a fait dire à M. de Sainte-Foix : « S'il arrive jamais que quelque » Evêque de Cahors reçoive la palme du mar- » tyre, ce ne sera qu'à son corps défendant ».

L'Evêque de cette ville jouit d'un autre privilège plus singulier encore : lorsqu'il prend possession de son évêché, le Vicomte de *Cessac*, son vassal, est obligé, pour lui rendre hommage, d'aller attendre ce Prélat à la porte de Cahors, tête nue, sans manteau, la jambe droite nue, le pied aussi nu dans une pantoufle ; & en cet état, il doit prendre la bride de la mule sur laquelle l'Evêque est monté, & le conduire au palais épiscopal, où il le sert à table pendant son dîner, toujours dans le même équipage ; pour récompense de ce service, la mule qui a porté l'Evêque, & son buffet qui doit être de vermeil, appartiennent au Vicomte de *Cessac*. Il y a eu souvent des contestations sur la valeur de ce buffet ; mais on l'a réglée, par plusieurs arrêts, à la somme de trois mille livres.

On conserve, dans le trésor de la cathédrale, une relique très-révérée, connue sous le nom de *la Sainte-coiffe* ; ce fut, dit-on, Charlemagne qui en fit présent à cette église : cet Empereur la tenoit, ainsi que plusieurs autres reliques, de l'Impératrice Irène. L'Evêque *Aimatus*, en recevant cette relique, en fit l'épreuve ; il l'appliqua sur un mort, qui aussitôt fut ressuscité. On raconte aussi que cette *coiffe* étoit le *couvre-chef* de Jésus, appelé dans Saint-Jean, chap. 20, *Sudarium quod fuerat super caput ejus.* Comme il y a en

France & ailleurs une grande quantité de suaires à peu près semblables, on avoit eu des soupçons sur l'authenticité de cette relique; mais on a composé dans ce siècle-ci une histoire pour dissiper les doutes. On montre tous les ans, le jour de la Pentecôte, cette *sainte coiffe* au peuple; on dit qu'elle a des taches de sang (1).

Le Séminaire fut fondé en 1648 par l'Evêque *Alain de Solmignhac*. Ce même Prélat fonda aussi, quelques années après, les trois hôpitaux de *Notre-Dame*, des *Orphelins* & des *Orphelines*.

L'hôpital de Saint-Jacques fut fondé par l'Evêque *Lejai*, qui fit aussi construire le palais épiscopal.

---

(1) Lorsque Henri IV prit d'assaut la ville de Cahors, malgré les ordres de ce Prince & des Chefs Protestans, les soldats, pour se venger sur les Catholiques de cette ville, des massacres de la Saint-Barthelemi, massacrèrent à leur tour plusieurs habitans, & pillèrent les maisons, & sur-tout les églises. L'or & l'argenterie qu'elles contenoient furent emportés, les reliques brûlées ou dispersées; malgré ces désordres, la *sainte coiffe*, fut conservée. On raconte de deux manières la conservation de cette relique, voici la plus attestée. *Giron-Dadine de Hauteserre*, ayant été du nombre de ceux que les chefs des Protestans sauvèrent de la fureur des soldats, acheta cette *sainte coiffe*, qu'une vieille femme avoit trouvée; il la cacha dans son sein, & s'étant échappé, il la transporta à *Lusech*, petite ville. Quelque temps après, cette relique fut rapportée à Cahors. Le Chapitre fit fabriquer une nouvelle châsse d'argent pour la renfermer, sur laquelle on a fait graver une inscription latine qui atteste que cette relique a été sauvée des mains des Huguenots en 1580, & renfermée dans un nouveau reliquaire d'argent en 1585.

Dans un faubourg de Cahors, appelé *de la Barre*, est un oratoire bâti en l'honneur de *Saint-Namphaire*, parent de Charlemagne, & un des principaux Officiers de l'armée de cet Empereur, pendant l'expédition d'Espagne. Ce saint militaire fut tué par un taureau sauvage; le peuple l'invoque pour être préservé ou guéri de la rage & du mal caduc.

La fontaine de Saint-Georges à Cahors a la faculté singulière, suivant l'historien *Dominici*, de cesser de couler pendant quelques jours, si on y trempe des linges salis par les effets des maladies périodiques des femmes. *Dominici*, natif & habitant de Cahors, historien estimé, a, sans méfiance & sans examen, adopté à cet égard la croyance populaire; c'est pourtant des hommes de cette trempe qui ont écrit l'Histoire (1)!

ANTIQUITÉS. Outre les antiquités dont on a fait mention en parlant de l'église cathédrale,

---

(1) Dominici avoit beaucoup d'érudition; il professa la jurisprudence à Cahors & à Bourges; il fut chargé des fonctions de Procureur Général de la Cour des Aides de Cahors; M. le Chancelier *Seguier* l'appela ensuite à Paris, & le fit nommer *Historiographe de France*, avec une pension. Ainsi, on plaçoit à côté des *De Thou*, des *Mezerai*, &c. un *Dominici*, qui, sous le magnifique règne de Louis XIV, où la raison étoit plus concentrée qu'on ne pense, donnoit comme des vérités historiques, des bruits populaires & absurdes. Il faut ajouter que cet Historiographe de France a composé une dissertation fort savante sur *la sainte coiffe* de Cahors, intitulée *De sudario capitis Christi, liber singularis*, in-4 Cahors, 1640.

il en existe encore plusieurs dans la ville de Cahors & dans ses environs.

Dans l'église de Saint-Julien-lès-Saint-Georges, on conserve un lacrimatoire & une urne cinéraire d'un verre fort épais; dans une chapelle domestique, un tombeau antique, &c. &c. On a découvert aussi une infinité de médailles de figures antiques dans les environs de cette ville.

Près de Cahors, dans le lieu appelé *la rivière du Pal*, on voit quelques restes d'un *amphithéâtre*; on conjecture qu'il fut bâti sous le règne de Constantin, par un certain *Pontius-Polemius*, Gaulois de naissance, Préfet du Prétoire des Gaules; il fit aussi construire des *bains*, & leur procura l'eau nécessaire, en bâtissant un magnifique *aquéduc* qui conduisoit les eaux d'une fontaine placée à plus de six lieues de distance, & appelée *Pompolémie*; on voit encore en plusieurs endroits des restes de cet aquéduc, qui portent le caractère de grandeur & de beauté que les Romains savoient donner à leurs ouvrages.

On trouve une de ses arches, encore toute entière, près d'un château autrefois appelé *Polminiac*, par corruption de *Polemi-arcus*, & nommé aujourd'hui *la Roque*; cette construction paroît si surprenante aux habitans du pays, qu'ils croyent que le Diable en a été l'architecte.

Évènemens. Les habitans de Cahors, toujours aveuglément attachés aux intérêts de l'Eglise, se soumirent à l'usurpateur *Simon de Montfort*. Lorsqu'en 1214, le Légat, avec une troupe de sanguinaires Inquisiteurs, voulut entrer dans cette ville, les habitans, craignant la vengeance des Comtes de Toulouse & de Foix, qui se trouvoient alors dans les environs, se déterminèrent à lui fermer les portes, & même ils parurent armés sur les remparts, comme disposés à lui résister, dans le cas où il eût tenté quelque violence. Bientôt les habitans, revenant à leur ancien principe, se repentirent de cet acte de vigueur; ils vinrent humblement faire des excuses au Légat, lui promirent, par serment, d'être constamment soumis à ses ordres; & pour expier leur résistance d'une manière éclatante, ils mirent le feu aux portes de leur ville, pour les punir en quelque sorte du crime de s'être trouvées fermées à l'approche de ces Religieux meurtriers; ils payèrent de plus à Simon de Montfort 1500 marcs d'argent, somme à laquelle le Légat les condamna. Les Bourgeois de Cahors ne crurent pas encore cette satisfaction suffisante; & craignant toujours d'encourir la colère du Pape, ils députèrent vers le Saint Père deux particuliers pour lui demander grace. Innocent III, par une bulle du 2 juin 1216, leur accorda le pardon qu'ils demandoient.

Le même Evêque de Cahors, dont nous avons parlé dans cet article, à propos de la cathédrale, qui se trouvoit plus souvent à la tête des soldats massacreurs de Simon de Montfort, que dans son église, attira dans le Querci des Inquisiteurs; ils s'établirent d'abord à Cahors, & couvrirent bientôt ce pays d'exécutions iniques & atroces. Ils commencèrent, en 1234, à faire exhumer dans cette ville les corps de plusieurs habitans soupçonnés d'hérésie,&,suivant leur usage, ils faisoient traîner dans les rues leurs ossemens, & puis les jetoient au feu.

Pendant les guerres contre les Protestans, les habitans manifestèrent leur zèle pour l'intérêt de l'Eglise; ils vinrent à bout de faire détester pour toujours leur ville aux nouveaux sectaires.

Quelques particuliers de la ville, partisans des nouvelles opinions, conformément aux assurances de tranquillité qu'ils avoient obtenues, s'étoient assemblés dans une maison pour faire le prêche. Les habitans Catholiques, excités par l'Évêque & les Chanoines, à cette nouvelle, entrent en fureur, s'attroupent, & mettent le feu à la maison où se tenoit l'assemblée; la plupart des malheureux qui y étoient renfermés, périrent dans les flammes; les autres, qui cherchoient à s'échapper, étoient massacrés par la populace à mesure qu'ils sortoient: après en avoir égorgé une trentaine, les Catholiques les rangèrent sur le pavé, les couvrirent de bois & de paille, & les firent consumer.

La Cour nomma des Commissaires pour informer, & pour punir les auteurs de ces massacres, & envoya à Cahors M. *Compain*, Conseiller au Grand Conseil, & M. *Girard*, Lieutenant du Grand Prévôt. D'après les procédures faites en cette ville, les Catholiques se trouvèrent les seuls coupables de la sédition; quelques-uns furent pendus, d'autres condamnés au fouet ou au bannissement; plusieurs Chanoines de la cathédrale, l'Évêque même, qui avoient attisé le fanatisme des massacreurs, craignoient de semblables condamnations. Le Chanoine *Viole*,

Archidiacre de Cahors, fut mis en prison, & comme un des plus coupables, il fut condamné à mort. Ce Viole étoit Gentilhomme. Ses parens sollicitèrent *Montluc*, Lieutenant Général de la Guienne; Montluc, qui se faisoit gloire d'être le bourreau des Protestans, & qui se vante, dans les Mémoires de sa vie, d'avoir commis des horreurs qui font frissonner, l'odieux Montluc, qui se sentoit à cet égard mille fois plus criminel que le Chanoine Viole, prit chaudement sa défense. Le Commissaire *Compain*, voulant lire la sentence qui condamnoit *Viole* à la mort, & les habitans à une amende, Montluc lui dit de ne point lire cette sentence qu'auparavant il eût répondu à ses questions. Le Commissaire dit qu'après qu'il auroit prononcé, il répondroit à tout ce qu'il demanderoit. Montluc dit alors à M. Burie, en jurant, *Monsieur, dès le premier mot qu'il ouvrira la bouche, je le tuerai.* S'adressant ensuite au Commissaire du Roi. *Tu déclareras ici devant moi ce que je te demande, où je te pendrai moi-même de mes mains, car j'en ai pendu une vingtaine de plus gens de bien que toi.* Montluc vouloit demander à M. Compain s'il n'avoit pas imposé une amende sur tous les habitans de Cahors, & si l'amende n'étoit pas destinée au Seigneur de cette ville, qui étoit un Prince Allemand. Le Commissaire répondit que oui. » O meschant paillard, s'écria le furieux *Montluc*, traître à ton Roi, tu veux ruiner une ville qui est au Roi, pour le profit d'un particulier; si ce n'étoit la présence de M. de Burie qui est ici Lieutenant de Roi, *je te pendrois, toi & tes compagnons, aux feneftres de cefte maifon.* Hé, Monfieur, difoit-il à M. de Burie, laiffez-moi *tuer* tous ces mefchans traiftres au Roi pour le profit d'autrui & le leur. Sur quoi je tiray la moitié de mon efpée, je les euffe bien gardés de *faire jamais fentence ni arreft;* mais M. de Burie me fauta au bras, & me pria de ne le faire point; & alors tous gagnèrent la porte, & fe mirent en fuite, criant, fi étonnés qu'ils fautèrent des degrès fans compter. *Je voulois aller après pour les tuer,* continue froidement Montluc; mais Monfieur de Burie & Monfieur de Courré fon nepveu, me tindrent que je ne pus efchaper ». Les Commiffaires épouvantés fortirent de la ville; Montluc déchira leurs procédures. Pendant ce temps-là, les parens du Chanoine *Viole* & l'Evêque firent folliciter à la Cour, & les Commiffaires eurent ordre de ne plus pourfuivre les coupables. Ainfi, par la fureur de Montluc, que fa place faifoit refpecter, plufieurs fanatiques de Cahors échappèrent au châtiment qu'ils avoient mérité, & l'impunité de leurs crimes ne fit qu'irriter les Proteftans, & autorifer les Catholiques à les perfécuter.

Henri IV, pendant qu'il n'étoit encore que Roi de Navarre, indigné que Cahors n'eût jamais voulu reconnoître fon autorité, quoique cette ville lui appartînt du chef de fa femme, partit fecrètement de Montauban, à la tête d'une troupe de foldats choifis; fans avoir été découvert, il arriva au pied des remparts, dans la nuit du 29 mai 1580. La porte du pont eft bientôt rompue, la garde affommée, ou jetée dans la rivière, & la troupe déjà dans la place. Les habitans éveillés courent aux armes; le brave *Vezins* se met à leur tête; deux mille soldats viennent disputer le terrein aux troupes d'Henri IV: le combat devient furieux. Le Roi voit tomber trois de ses meilleurs Capitaines, *Sallignac*, *Roquelaure* & *Saint-Martin*; il commande lui-même sa troupe, s'empare de l'hôtel de ville, & s'y loge. Les Bourgeois se barricadèrent pendant la nuit suivante. Le second jour on se battit sans aucun avantage de part & d'autre. Henri IV courut les plus grands dangers, combattant à pied, dans une rue étroite qui peut à peine contenir quatre homme de front. Il étoit constamment exposé aux balles, aux traits & aux pierres qu'on lui lançoit des toits & des fenêtres. Le troisième jour, 31, un détachement des troupes du Roi s'empara du couvent des Chartreux; mais la barricade de Pillegri, d'où partoit un feu terrible & continuel, arrêta de ce côté le courage obstiné des soldats; le lendemain, premier juin, cette barricade fut enfin emportée, avec le collège, qui se rendit après qu'on eut mis le feu aux portes. A peine le Roi s'en fut emparé, qu'on annonça un détachement de soldats qui venoient au secours de la ville. Le péril parut si grand pour ce Prince, qu'on le sollicita d'abandonner son entreprise, & de mettre sa personne en sûreté; sa troupe avoit diminué considérablement, & dans cette occasion alarmante plusieurs l'avoient abandonné. Le Roi, apercevant un gros de soldats entourés d'ennemis, & vivement pressés, courut aussi-tôt les dégager, & parvint à repousser les nouveaux venus. Cependant arriva *Chouppe*, qui, à la tête de la compagnie du Vicomte de Turenne, avoit fait quatorze lieues dans un jour pour venir au secours du Roi ; mais ce Prince ne leur avoit laissé que peu de chose à faire, ses soldats étoit dégagés ; le secours mis en déroute, il ne restoit qu'à renverser quelques retranchemens dans de petites rues qui aboutissoient à la grande, & qui furent vaillamment défendus jusqu'à la fin de la nuit ; enfin la plus grande barricade, que le Roi attaquoit en personne, étant renversée, il se trouva maître de la grande rue & de toute la ville.

Ce combat dura quatre jours & cinq nuits. Henri IV y fit des prodiges de valeur, & ne prit aucun repos pendant cet espace de temps ; la victoire étant décidée, il fit tous ses efforts pour arrêter ses soldats, qui, pour tirer vengeance des massacres de la Saint-Barthelemi, pillèrent les maisons, les églises, & tuèrent tous les soldats Catholiques qui ne purent leur échapper.

Les habitans de Cahors, constans dans leurs principes, embrassèrent le parti de la Ligue *avec une espèce de fureur*, dit l'Historien du Querci. Leur Evêque, qui étoit royaliste, voulut, mais en vain, changer leur opinion ; craignant même que ses ouailles ne se portassent envers lui à quelque extrémité, il sortit prudemment de cette ville, & se retira dans sa maison *du Bas*. Cette ville fut la dernière du Querci à quitter le parti de la Ligue, & à reconnoître Henri IV pour Souverain.

Usages. Nous avons parlé des privilèges
singuliers

singuliers de l'Evêque de Cahors, des usages qu'on observoit autrefois, lorsqu'il y faisoit son entrée publique. (Voyez page 15) Un usage aussi remarquable se pratiquoit dans cette ville : c'étoit *la fête des foux*, célébrée dans le Querci les trois derniers jours du carnaval. Cette coutume, dont un vieux calendrier de Cahors a conservé la mémoire, s'est maintenue long-temps (1). *Dominici* raconte que les jeunes gens de divers cantons du Querci la pratiquoient encore dans le siècle dernier; ils s'habilloient en satyres les trois derniers jours du carnaval, & le dimanche suivant, que le peuple nommoit : *Lou dimenge des salvagés*, & ils parcouroient ainsi les rues & les bals.

Homme illustre. Cahors est la patrie de

---

(1) Voici ce que rapporte ce vieux calendrier. *Notandum est quod ex antiquâ hujusce diœcesis consuetudine ante carnis privium celebratur, per tres dies festum Stultorum, cum tripudio & satyrâ.* Ceux qui célébroient ces fêtes étoient vêtus en satyres, & portoient des masques à longues barbes; ces barbes ont fait appeler cette célébration *Barbatorias facere*, faire les *barboires*, les *barbadoueres*, les *barbauts*, suivant les différentes provinces. Ces fêtes satyriques, qui sont des restes des Bacchanales, furent souvent prohibées par les Conciles. Elles étoient connues chez les Anciens, sous le nom de *Barbatoria*; les masques dont ils faisoient usage dans ces fêtes comme sur le théâtre, ne couvroient pas seulement le visage, mais la tête entière, comme le prouvent plusieurs monumens antiques. C'étoit sans doute devant un de ces masques que *Phèdre* faisoit dire au Renard de la Fable : *O la belle tête! mais elle n'a point de cervelle.*

Partie III. C

Clément Marot, comme il le témoigne lui-même par ces vers :

> Querci de toi, Solet, se vantera,
> Et comme croy, de moi ne se taira.

Ailleurs il dit, en parlant du lieu de sa naissance, qu'il quitta à l'âge de dix ans ;

> A bref parler, c'est Cahors en Quercy
> Que je laissai pour venir querre icy
> mille malheurs auxquels ma destinée
> M'avoit submis ; car une matinée,
> N'ayant dix ans, en France fus mené, &c.

Marot fut le plus bel esprit de son temps. Boileau, dans son Art poétique, le cite pour modèle, en disant :

> Imitez de Marot l'élégant badinage.

Son goût pour les nouvelles opinions sur la religion lui causa beaucoup de disgraces ; les Pseaumes de David qu'il mit en vers françois, d'après la traduction du célèbre *Vatable*, Professeur du Roi en hébreu, lui attirèrent la haîne de la Sorbonne, & le forcèrent bientôt de s'expatrier. Il n'aimoit pas les Moines. Dans son temps, où l'on faisoit brûler les moins suspects d'hérésie, voici comme il s'exprime :

> L'oisiveté des Moines & cagots,
> Je la dirois, mais garde les fagots ;
> Et des abus dont l'Eglise est fourrée,
> J'en parlerois, mais garde la bourrée.

POPULATION. La ville de Cahors peut contenir environ neuf à dix mille habitans.

MONTAUBAN.

Ville considérable, avec une Cour des Aides, une Généralité & un Bureau des finances; le siége d'une intendance, d'une sénéchauffée, d'un évêché suffragant de Toulouse, &c., située dans une plaine agréable, à l'extrémité du Querci, sur les bords du Tarn, à dix lieues de Toulouse, à dix de Cahors, & placée presque directement entre ces deux villes.

ORIGINE. La cause qui détermina la fondation de cette ville, est remarquable. La réputation des vertus de *Saint-Théodard*, Fondateur du monastère de *Montauriol*, & de la sainteté des Moines qui l'occupèrent ensuite, produisirent à ce couvent de grands biens, des prérogatives & des dévots qui vinrent habiter ce lieu; de sorte que bientôt il devint un bourg considérable dont les Abbés du monastère étoient seigneurs : ces Abbés, en conséquence de cette seigneurie, jouissoient d'un droit connu sous les noms de *prélibation* ou de *markette*, en latin de *jus cunni*.

Ce droit, qui prouve l'excès de la barbarie des mœurs, de la tyrannie des Seigneurs & de l'esclavage des peuples, & qui, dans les onzième, douzième & treizième siècles, étoit rigoureusement perçu par une infinité de Seigneurs d'Ecosse, d'Italie, de France, &c., consiste dans l'obligation où étoient les nouvelles mariées de coucher la première nuit de leurs noces avec leurs Seigneurs (1).

Les Abbés de Saint-Théodard, en qualité de Seigneurs, jouissoient, à l'égard des jeunes vassales, du droit de *prélibation* dans toute sa plénitude (2). Les habitans, indignés de ce hon-

---

(1) Voici ce qu'on lit à ce sujet dans le *tome VI de l'Histoire de France, par l'Abbé Velly, page* 228 : « Des Evêques jouirent de ce privilège en qualité de hauts Barons. Ce fut le Roi *Evens* qui l'introduisit le premier en Ecosse, d'où il passa en Angleterre, en Allemagne, en Piémont, & dans plusieurs autres parties de l'Europe... Le savant *Pembrock* nous apprend que de nos jours les Seigneurs l'exigent encore de leurs serfs, dans quelques provinces des Pays-Bas, de la Frise & de la Germanie; on voit, par plusieurs monumens, que cette coutume honteuse fut usitée dans toute sa rigueur, même en France. On lit dans un titre de 1507, article des revenus de la Baronnie de Saint-Martin, que le Comte d'*Eu* a droit de prélibation au ... lieu, quand on se marie. *Boëtius* raconte à cette ...on un fait très-singulier: J'ai vu, dit-il, à la Cour ... *Bourges*, devant le Métropolitain, un procès par appel, pour un certain Curé de paroisse, qui prétendoit avoir la première nuit des jeunes épousées, suivant l'usage reçu. La demande fut rejetée avec indignation, la coutume proscrite tout d'une voix, & le Prêtre scandaleux condamné à l'amende ».

(2) Cet usage étoit appelé dans le pays *Mener la nouvelle mariée au moustier*. Le Bret, Auteur d'une Histoire de Montauban, soutient, contre la tradition & contre le sentiment de plusieurs Ecrivains, que le droit que percevoient les Abbés de St.-Théodard sur les nouvelles épousées, n'étoit point celui de prélibation. Dom Vaissette, dans l'Histoire générale du Languedoc, ne croit pas devoir entrer dans cette discussion, & s'en rap-

teux assujettissement, réclamèrent la protection d'Alphonse, Comte de Toulouse, leur Seigneur suzerain. Ce Comte, ne pouvant pas priver l'Abbé de Saint-Théodard de ses droits seigneuriaux, offrit aux habitans de leur accorder sa protection, & des privilèges, s'ils vouloient venir s'établir au bas d'un château, assez voisin de l'abbaye, qui lui appartenoit.

Le local étoit beau & dans une situation avantageuse; le désir des habitans étoit grand de secouer le joug des Abbés de Saint-Théodard; bientôt le bourg de cette abbaye fut déserté, & le nouvel emplacement couvert d'habitations.

Alphonse & Raimond son fils donnèrent à la nouvelle ville le nom de *Mons albanus*, *Mont alba*, en langage Quercinois, d'où s'est formé le mot *Montauban*; on croit que ce nom lui fut donné à cause de la quantité de saules qui croissent aux environs. : *alba* dans le pays, signifie un saule.

---

porte à cet égard à Le Bret, dont il trouve d'ailleurs la sincérité souvent en défaut ; mais on sent bien qu'un Historien Bénédictin ne devoit pas contribuer à publier le scandale des anciens Religieux de Saint-Théodard, qui étoient Bénédictins. M. *Cathala-Couture*, dans son Histoire du Querci, publiée en 1785, annonce que ce droit étoit exercé comme nous l'avons dit, & il le nomme *Jus cunni*. L'Auteur d'un Mémoire historique qui a été inséré en 1778 dans les Affiches de Montauban, appuye le même fait, dont il existoit, dans des temps d'anarchie, plusieurs exemples très-attestés. Voyez *Laurière*, Gloss. du Droit François, au mot *Cullage* ou *Culiage*; *Charondas*, liv. 7, chap. 79; *Chenu* sur Papon, liv. 1 ; *Dolive*, liv. 2, chap. premier, &c.

L'acte de cession, daté du mois d'octobre 1144, porte la clause expresse, que la ville ne sera jamais vendue, engagée, inféodée, ni changée en un autre lieu; les habitans s'y obligèrent aussi de faire bâtir un pont sur la rivière du Tarn, &c.

L'Abbé & les Moines *de St.-Théodard*, voyant leur bourg abandonné, portèrent leurs plaintes au Pape, qui, sans autre information, excommunia le Comte de Toulouse; mais cette affaire n'eut pas de suite. Raimond V, qui succéda au Comte Alphonse, passa avec ces Religieux un acte par lequel il leur donna la moitié de la justice & de la seigneurie de Montauban. Cette transaction fut confirmée par Raimond VII, le dernier des Princes de la maison de Toulouse, & ensuite par *Alphonse*, frère de Saint-Louis, héritier de cette maison, par son mariage avec Jeanne de Toulouse. C'est en vertu de ce titre que les Evêques de Montauban, qui ont succédé aux Abbés de Saint-Théodard, sont Seigneurs de Montauban, en pariage avec le Roi, qui est successeur des Comtes de Toulouse.

Ce monastère fut dans la suite sécularisé, & l'église fut érigée en cathédrale, laquelle subsista jusqu'à ce que les Protestans la démolirent (1).

---

(1). Cette ancienne église contenoit plusieurs objets curieux. Suivant un procès verbal dressé par le Procureur du Roi, *Dalliés*, ce fut la garnison Catholique qui, après l'édit de pacification, acheva de démolir cet édifice, avant de sortir de Montauban. Catherine de

DESCRIPTION. Montauban, bâti fur une colline, au confluent des rivières du Tarn & du Tefcou, eft dans une des plus heureufes fituations. Cette ville fe divife ordinairement en fix parties; *la Ville* proprement dite, le faubourg de *Villenouvelle*, le faubourg de *Villebourbon*, le faubourg de *la Capelle*, & les faubourgs du *Mouftier* & de *Saint-Etienne*.

Villebourbon, ainfi nommé depuis que Henri, Roi de Navarre, qui devint Henri IV, en traça les fortifications de fa main, eft féparé des autres parties par la rivière du Tarn, & y communique par un pont de briques, curieux par la hardieffe de fa conftruction; il fut réparé en 1667 & en 1757.

La plupart des portes de cette ville font ornées d'architecture.

Les foffés, fi fouvent rougis du fang des François dans les deux derniers fiècles, comblés aujourd'hui, offrent une promenade délicieufe; les quais fur le Tarn font beaux, & furent conftruits pendant le règne de Louis XIV.

On jouit dans ces promenades d'une vue très-étendue; fur les bords du Tarn on découvre une plaine immenfe & magnifique, qui n'eft bornée que par les Pyrénées, dont on aperçoit les cimes lorfque l'air eft pur.

La Place royale, fituée prefque au milieu de la ville, fur l'emplacement de l'ancienne églife cathédrale, fans être bien vafte, eft re-

---

Médicis, vint en vifiter les ruines, & y ayant aperçu trois colonnes d'un marbre précieux encore entières, elle les fit tranfporter à Paris pour être employées au Louvre.

marquable par sa régularité; les bâtimens qui l'entourent sont construits en briques peintes, & offrent une même ordonnance en pilastres doriques; huit rues parfaitement alignées viennent y aboutir: cette place forme un jardin public, dont la situation est très-heureuse. On rapporte que le Roi détrôné, *Jacques II*, en passant à Montauban, s'écria en voyant ce jardin: *Dieu peut faire de plus belles choses, mais il ne l'a point fait.*

L'Eglise cathédrale fut construite, en 1739, sur les desseins de *Cotte*, & sous la conduite de *Larroque*. Le plan de cet édifice a la forme d'une croix grecque, dont la longueur dans œuvre est de quarante-cinq toises, & sa largeur de vingt; on y entre par cinq portes, trois sont à la façade; un perron de onze marches règne dans toute la longueur de cette façade, qui offre deux ordres terminés par un fronton accompagné de deux campanilles. La porte du milieu est ornée de chaque côté de deux colonnes doriques isolées & accouplées; les autres portes, plus petites, sont accompagnées de deux pilastres du même ordre avec des niches dans les entre-deux; au dessus de la principale porte s'élève l'ordre ionique, composé de pilastres accouplés, entre lesquels est un grand vitrage qui donne du jour à l'orgue.

Au devant de ces pilastres, & à l'aplomb des colonnes, sont placées sur des socles de six pieds, quatre figures de dix pieds de proportion, qui représentent les quatre Evangélistes; entre les pilastres sont des trophées d'église en bas-relief; cette ordonnance est couronnée par un fronton surmonté d'une croix placée entre deux figures, qui sont la Religion & l'Espérance. Les campanilles qui s'élèvent aux deux côtés de cette façade, sont terminées en flèche recouverte en plomb, dont un globe doré, surmonté d'une croix, sert à chacun d'amortissement; tout le comble de l'édifice est couvert en ardoise.

L'intérieur offre d'abord une nef qui communique aux bas-côtés par seize grandes arcades, au dessus desquelles sont de vastes vitraux; au milieu de la croisée, entre le chœur & cette nef, est le maître-autel; il est placé directement sous la coupole de cette église, qui a soixante-dix-sept pieds d'élévation au dessus du pavé, & qui est supportée par vingt piliers ornés de pilastres doriques, dont la hauteur, y compris le socle & l'entablement, est de quarante-cinq pieds. L'autel isolé est entouré d'une belle grille de fer, qui permet de voir, de la nef, la chapelle de la Vierge, située en face dans le rond-point.

La sacristie est belle & bien éclairée.

Il y a à Montauban un *collège de Médecine* & une *Académie de Belles-Lettres*, érigée par lettres patentes du mois de juillet 1744; le célèbre collège que les Protestans avoient établi à Montauban, sous le nom d'*Académie*, fut l'origine de cette société.

COMMERCE. *La manufacture royale des cadis*, si connue, forme le principal commerce de cette ville; elle fut d'abord établie, en 1627, par *David Vialette*, & rétablie, en 1713, par les trois frères *Vialette d'Aignan*, ses héritiers.

Outre les cadis, dont il y a une manufacture royale, on fabrique encore d'autres étoffes de laine, ou de soie & laine, &c. La fabrique des bas de soie, les filatures de laine, coton, &c., sont les principaux objets de l'industrie des habitans de Montauban.

ÉVÉNEMENS. Cette ville, quoique peu ancienne, a été féconde en événemens : à peine fut-elle, établie qu'elle devint célèbre dans les guerres des Anglois; mais elle le fut bien davantage pendant les malheureuses guerres de la Religion. En 1560, l'opinion des nouveaux Chrétiens réformés étoit répandue dans le Querci. *Jean de Lettes*, Evêque de Montauban, & *François Calvet*, son Official, avoient déjà embrassé le Calvinisme lorsque les Ministres *Crescent* & *Vignaux* vinrent prêcher publiquement la réforme (1). On essaya, mais inutile-

___

(1) *Jean de Lettes*, dans quelques négociations, avoit montré beaucoup de sagacité : son goût pour la chasse, & pour les charmes d'*Armande de Durfort*, veuve de *Dejean de Bousquet*, Seigneur de *Verlhac*, dont il étoit amoureux, lui fit, dit-on, négliger ses occupations épiscopales. Afin de voir plus commodément cette jeune veuve, il acheta la seigneurie de *Beauvais*, située, à deux lieues de Montauban, & y fit bâtir un château d'où, par un chemin qu'on nomme encore *le chemin de l'Evêque*, il rendoit de fréquentes visites à cette Dame, qu'il épousa après avoir apostasié. Pour éviter le châtiment de cette action irrégulière, il s'enfuit à Genève avec son épouse, acheta la Baronnie d'*Eaubon*, aux environs de cette ville, y vécut paisiblement & honorablement pendant plusieurs années. Avant son départ, il céda à son neveu, *Jacques Després*, l'évêché de Montauban. Quoique ce nouvel Evêque annonçât des

ment, de s'opposer aux progrès de la nouvelle religion; les nouveaux sectaires, devenus très-nombreux, s'emparèrent des églises, & en chassèrent les Prêtres Catholiques. Le féroce *Montluc* tenta d'assiéger Montauban, & se vit bientôt obligé de l'abandonner; depuis, cette ville devint le théâtre de la guerre & du fanatisme. Les habitans poussèrent le zèle de la défense de leur religion jusqu'à l'héroïsme; on vit de ces traits de courage, de fermeté, dignes des Républicains.

Le Duc de Rohan, dans ses Mémoires, déclare que les Montalbanois s'étoient toujours distingués dans la guerre. « C'est la ville, » dit-il, de tout le parti des Réformés, qui, » sans aide de personne, l'a toujours mieux » faite ».

L'événement le plus mémorable fut sans doute le siège de Montauban que Louis XIII fit en 1621. Les femmes, les enfans, transportés de cette force héroïque qui sait tout braver, secondèrent sans relâche l'activité des défenseurs de cette ville.

---

vertus, les habitans, par leur mépris, semblèrent vouloir le punir des fautes de son oncle; il se vit forcé de quitter cette ville, & son absence favorisa l'introduction de l'hérésie. Ce Prélat, vivement piqué contre ses diocésains, leva des troupes, se mit à leur tête, délaissant la mitre & la crosse, &c., le casque en tête, la pique au poing, il pourchassoit avec une valeur soldatesque tous les Réformés de son diocèse. Un Muletier, qui avoit été son ancien domestique, mécontent de *Jacques Desprès*, se mit à la tête de quelques soldats du parti Protestant, attaqua ce Prélat en 1589, défit sa troupe, & le tua.

Ces défenseurs n'étoient point des Gentilshommes gagés, des soldats excités par l'espoir du butin; c'étoient des citoyens qui combattoient pour défendre leurs biens, leurs vies, leur liberté, leur religion.

L'armée du Roi étoit très-considérable : après trois mois de tranchée ouverte, elle leva le siège, & en se retirant, laissa par-tout des traces de la cruauté des chefs & des soldats, qui brûlèrent, massacrèrent ce qui se trouvoit sur leur passage. Les Généraux royalistes firent de grandes fautes, tandis que les habitans de Montauban suivirent constamment des principes d'harmonie, d'activité & de valeur qui auroient mérité à plusieurs le titre de *Héros*, si, en défendant leur religion, leur liberté, & leurs vies, ils n'eussent pas combattu contre leur Souverain (1).

Enfin les esprits étant calmés, la paix étant faite, les Protestans, sentant leur impuissance, bannirent le fanatisme, qui leur avoit été si fu-

---

(1) Ce siège malheureux, où l'armée royale perdit beaucoup de monde, auroit été moins désastreux & moins long, si des esprits séditieux n'eussent détourné le Roi d'accepter les propositions des Protestans. L'accord étoit pour ainsi dire fait entre les deux partis, lorsque le Jésuite *Arnoux*, Confesseur de Louis XIII, fit entendre à ce Roi qu'il ne pouvoit pas en conscience traiter avec les ennemis de la foi; que Dieu lui avoit remis le glaive de la justice pour massacrer tous les hérétiques, & qu'il devoit s'attendre à allumer contre lui la colère du ciel, s'il laissoit ce glaive dans l'inaction. Ce bon Roi, qui avoit beaucoup de foi, crut aux paroles du Jésuite.

neste, & donnèrent aux Catholiques l'exemple de la modération & de la soumission aux ordres du Roi. En 1675, des impôts extraordinaires occasionnèrent une révolte dans la Guienne; les Protestans du Querci, invités à prendre part à la sédition, s'y refusèrent constamment. Cet acte de fidélité fut quelques années après récompensé par des persécutions connues sous les noms de *dragonades*, de *mission bottée*. Des soldats chargés d'inquiéter les Protestans logeoient, mangeoient chez eux, commettoient une infinité de désordres, & s'acquittoient avec férocité de cette commission tyrannique. « Les uns, dit l'Historien du Querci, pour assouvir leur voracité, arrachoient le nécessaire aux familles, & les réduisoient à l'indigence; les autres, par un raffinement inhumain... leur déroboient sans pitié la satisfaction du sommeil, en se faisant bercer le jour & la nuit; ceux-ci insultoient ouvertement à la pudicité du sexe & à l'honneur des maris, & ceux-là forçoient des citoyens infortunés à racheter leur subsistance & leur repos au prix de leur honte & de leur infamie (1) »,

---

(1) Un Bourgeois de Montauban ayant vendu jusqu'à ses meubles pour satisfaire l'avidité de quatre dragons qui étoient chez lui à discrétion, & n'ayant plus aucune ressource, vint se jeter aux pieds de l'Intendant *Dubois*, & le supplia de le délivrer des soldats cruels & insatiables qui le dévoroient. Ce Magistrat lui dit, que pour se soustraire à ces rigueurs, il n'avoit que le parti d'embrasser la religion Catholique. *Je ne saurois le faire*, répondit le Bourgeois.—*Et pourquoi pas*, reprit l'Intendant, *puisque c'est la volonté du Roi ?* — *Parce que*

Ces violences honteuses, criminelles, exercées sous prétexte de religion, furent suivies de l'édit qui révoqua celui de Nantes; cet édit fut précédé d'une lettre circulaire du Marquis de Louvois, où se trouvoient ces expressions dignes d'un Inquisiteur du treizième siècle : *Sa Majesté veut qu'on fasse éprouver les dernières rigueurs à ceux qui ne voudront pas se faire de sa religion, & ceux qui auront la sotte gloire de demeurer les derniers, doivent être poussés jusqu'à la dernière extrémité.*

C'étoit dans le siècle où vivoit *Fénelon*, que l'on croyoit les brutalités des soldats propres à convertir des citoyens éclairés & pleins de zèle pour leur religion ! C'étoit dans ce siècle que l'on prétendoit honorer le Christianisme par des persécutions qu'il condamne, que le fanatisme fascinoit encore les esprits jusqu'à faire regarder des injustices & des cruautés, comme des actions utiles & vertueuses (1) !

POPULATION. La ville de Montauban est peuplée d'environ vingt mille habitans.

---

je risquerois, ajouta-t-il, *de devenir parjure : car si les Turcs venoient, & qu'ils m'envoyassent vingt Janissaires, je serois, pour la même raison, forcé de me faire Turc.* L'Intendant, frappé de l'ingénuité de cette réponse, ôta la garnison à ce Bourgeois.

(1) « Accordez à tous la tolérance civile, non en
» approuvant tout, comme indifférent, mais en souffrant
» avec patience tout ce que Dieu souffre, & en tâchant
» de ramener les hommes par une douce persuasion ».
(*Fénelon*, *direction pour la conscience du Roi.*)

MOISSAC.

Ville ancienne, très-célèbre autrefois par son abbaye, située sur la rive droite du Tarn, à quelque distance de l'embouchure de cette rivière dans la Garonne, à quatre lieues de Montauban & à dix de Toulouse.

Suivant le Père Mabillon, l'abbaye de Moissac fut fondée sous le règne de Clotaire II, ou au plus tard au commencement de celui de Dagobert son fils, par Saint-Amand, Evêque de Mastrick. L'origine de cette abbaye ne remonte pas plus haut que le septième siècle, & c'est mal à propos que quelques Ecrivains, & notamment celui de la *nouvelle Histoire du Querci*, en attribuent la fondation à la piété du Roi Clovis. Saint-Didier contribua beaucoup à enrichir cette maison, & à y introduire le bon ordre.

En 1063, cette abbaye étoit soumise à l'autorité d'un Seigneur séculier; *Gausbert*, qui prenoit la qualité d'*Abbé laïque de Moissac*, confirma au mois de juin 1063, entre les mains de *Guillaume*, Comte de Toulouse, l'union qui avoit été faite de cette abbaye à celle de Cluni; il y avoit alors quatre Abbés à Moissac, deux réguliers & deux séculiers (1).

---

(1) *Gausbert* avoit acquis ce droit d'*Abbé laïque* ou d'*Avoué* de l'abbaye de Moissac, de Guillaume III, Comte de Toulouse, dit *Taillefer*; ce droit dont la vente fut regardée comme une simonie, appartenoit aux prédécesseurs du Comte Toulouse depuis le règne de Charlemagne.

Durand, Evêque de Toulouse, qui étoit un des Abbés réguliers de Moissac, & qui en avoit le gouvernement immédiat, fit rebâtir l'église de cette abbaye, & en fit la dédicace la même année 1063.

Gausbert se démit dans la suite de ce singulier bénéfice; malgré cette démission, *Raimond*, son parent, racheta l'*Avouerie* (1) de l'abbaye de Moissac, de Guillaume IV, Comte de Toulouse, & vint à main armée dans le monastère en revêtir *Bertrand* son frère, quoique Guillaume leur père, & Foulque leur oncle, eussent solennellement renoncé aux droits qu'ils prétendoient y avoir. *Bertrand* eut cependant des scrupules de cette usurpation, & fit une nouvelle démission de ses droits, le 20 décembre 1073, entre les mains de l'Abbé *Hunaud*.

Dans la suite, l'abbaye de Moissac eut des Abbés qui prenoient le titre d'*Abbé Chevalier*, & dont la fonction étoit la même que celle des *Avoués*. Un Seigneur de *Monte incensi*, qui

---

(1) L'office des *Avoués* étoit de défendre les biens des églises auxquelles ils étoient attachés, de plaider leurs causes, de rendre la justice à leurs vassaux, de tenir trois fois l'année, à l'exemple des Comtes, les plaids généraux dans l'étendue de leur district, & souvent de prendre les armes contre ceux qui attentoient aux biens de leurs églises. Ces *Avoués* avoient pour revenu la sixième partie des lods, bans & amendes, avec une pension annuelle plus ou moins forte, suivant la richesse du monastère ou de l'église qu'ils devoient défendre. Ces Avoués usurpèrent ensuite plusieurs autres droits, & finirent par s'emparer de l'autorité & de la plupart des biens; ce qui causa beaucoup de désordres,

prenoit

prenoit cette qualité, engagea pour un certain prix, afin d'aller visiter la Terre-Sainte, l'abbaye militaire à Raimond V, Comte de Toulouse; ce Comte fut, par cet engagement, *Abbé Chevalier de Moissac*. Les Comtes de Toulouse se montrèrent fort jaloux de la qualité d'*Abbé Chevalier de Moissac*, parce qu'elle étoit fort lucrative & honorifique; dans quelques titres ces Abbés Chevaliers sont appelés *Princes*.

Raimond VI, Comte de Toulouse, étant entré en possession du Querci, vint à Moissac, & reçut, dans le cloître de l'abbaye, le serment de fidélité des habitans du bourg, dont il autorisa les coutumes; quelques articles de ces coutumes méritent d'être rapportés.

« *L'Abbé Chevalier*, le jour de son entrée dans Moissac, fera serment aux habitans de les défendre & de les protéger, de n'imposer sur eux aucunes mauvaises coutumes ou maltôtes, &c. Il fera prêter le même serment par dix de ses Barons; ensuite tous les habitans de Moissac, au dessus de douze ans, lui jureront fidélité.....

» Les habitans de Moissac payeront tous les ans, en Carême, au Seigneur *Abbé Chevalier*, cinq cents sous de Cahors, pour tout droit de chevauchée & de queste, & ils ne doivent personnellement aucune chevauchée, à moins qu'il n'y eût guerre pour le fait de Moissac; dans ce cas ils seront tenus de suivre le Seigneur en armes, pourvu qu'ils puissent être de retour à Moissac le jour même.

» Les adultères pris en flagrant délit ne seront punis d'aucune peine afflictive; leur

Partie III. D

honneur & leurs biens seront mis seulement à la discrétion du Seigneur.

» Celui qui surprend un homme qui dérobe, & le tue, n'est sujet à aucune peine.

» Il n'y aura que l'abbaye de Moissac qui puisse servir d'asile aux malfaiteurs, &c. »

La seigneurie de Moissac causa de grands différens entre le Comte de Toulouse & l'Abbé de ce monastère.

Le 14 août 1212, Simon de Montfort vint assiéger Moissac. Les Religieux & l'Abbé de cette ville se rangèrent, comme on le pense bien, du côté de ce Général, qui eut beaucoup de peine à prendre cette ville. Ce qu'il y a de remarquable dans ce siège, c'est qu'on y voyoit différens bataillons commandés par *Gui*, Evêque de Carcassonne; par *Guillaume*, Archidiacre de Paris; par *Reginald*, Evêque de Toul, & par l'Archevêque de Reims. Pendant que ces Prélats escarmouchoient, tentoient l'assaut, ou faisoient jouer les machines de guerre, l'Abbé de Moissac & ses Moines, les pieds nus, & revêtus d'aubes, chantoient dans le camp des hymnes & des cantiques pour implorer l'assistance du Ciel, non en faveur des habitans de leur ville, mais pour leurs ennemis, pour l'usurpateur, le massacreur *Simon de Montfort*. Ces prières furent exaucées; les habitans capitulèrent, se rendirent, & payèrent, pour se racheter du pillage, la somme de cent marcs d'or; trois cents hommes qui composoient la garnison furent égorgés.

L'Abbé de Moissac eut bientôt à se repentir d'avoir préféré le parti de l'usurpateur *Mon-*

fort, à celui du Comte de Toulouse. Montfort, plus ambitieux des biens temporels que des spirituels, s'empara de plusieurs privilèges de cette abbaye, qui eut beaucoup à souffrir de ses troupes. L'Abbé se vit contraint de députer un de ses Religieux pour implorer la protection du Roi de France. Le Comte de Toulouse, Raimond VII, recouvra dans la suite cette abbaye. Les Anglois la prirent, du temps des guerres de la religion. Elle fut encore prise par le Duc d'Epernon.

L'abbaye de Moissac, qui, dans le quatorzième siècle, contenoit cent cinquante Religieux, a été sécularisée en 1618; c'est aujourd'hui un Chapitre composé de onze Chanoines; le bénéfice de l'Abbé Commendataire est un des plus riches du royaume. La ville est agréablement située; on y fait un commerce considérable de farines, appelées *minot*, destinées pour les Colonies de l'Amérique.

ANTIQUITÉS. Dans un quartier du vignoble *de Moissac*, appelé *Landerose*, on a découvert, depuis quelques années, une fontaine curieuse par sa construction; voici la description qu'on en donne :

« On descend dans cette fontaine par vingt-huit marches; son entrée, qui est voûtée, a trois pieds de large, & six pieds six pouces d'élévation, & l'on y voit des pétrifications très-curieuses ; au fond, est un grand bassin de seize pieds de hauteur, avec une belle voûte bâtie en rocaille, d'une architecture admirable; quatre aquéducs y dégorgent leurs eaux.

» Le premier de ces aquéducs, qui est à droite, est taillé dans le roc; il a vingt-cinq toises de longueur, six pieds de hauteur à l'entrée, & dix pieds de hauteur à l'extrémité, sur quatre pieds de largeur.

» Le second, qui est à côté de l'escalier, & aussi sur la droite, a quinze toises de longueur sur deux pieds & demi de largeur à l'entrée, & six pieds de hauteur dans le centre.

Le troisième, vis-à-vis l'escalier, a quatre pieds de hauteur à l'entrée, deux pieds de largeur, & trois pieds de longueur.

» Le quatrième, placé à la vingt-quatrième marche sur la gauche, a treize pieds de hauteur sur deux pieds & demi de largeur à l'entrée. On descend dans cet aquéduc par quatre marches bâties en maçonnerie, à la base duquel on trouve à côté de ces marches une ouverture qui conduit l'eau dans le troisième aquéduc ; l'extrémité de cet aquéduc forme une fourche, & son centre a huit pieds de hauteur sur quatre & demi de largeur.

» Sous l'escalier du bassin est un autre aquéduc très-bien bâti en briques, de vingt-cinq toises de longueur sur un pied & demi de largeur ; cet aquéduc conduit les eaux qui tombent des premiers aquéducs, dans le grand bassin, & les porte ensuite dans un second.

» Ce dernier bassin est très-bien voûté ; il a quatorze pieds de profondeur, & on y descend par huit marches ; à sa base est un tuyau de seize lignes de diamètre, pour porter les eaux dans Moissac.

» Le sol de la fontaine est élevé de près de cent toises au dessus des rues de la ville ; on augure que cette fontaine a été construite par les Anglois ». *Hist. du Querci*, t. III, p. 299, &c.

ROUERGUE.
RHODEZ.

VILLE ancienne & capitale du Rouergue, avec un évêché suffragant d'Albi, un Présidial, &c. Elle est située sur une éminence près de la rive droite de l'Aveyron, à onze lieues de Vabres, douze lieues d'Albi, dix-huit de Cahors, & à dix-neuf de Saint-Flour.

ORIGINE. Les anciens Itinéraires font mention de Rhodez sous le nom de *Segodunum*, que cette ville conserva jusqu'au cinquième siècle; elle prit alors le nom *d'Urbs Ruthena*, des *Ruthéniens* dont elle étoit le chef-lieu. Auguste l'attribua à la Gaule-Aquitainique; les Visigoths s'en emparèrent, en furent chassés par les Francs; elle eut ensuite des Comtes particuliers qui en furent dépossédés par les Comtes de Toulouse.

DESCRIPTION. Cette petite ville, assez avantageusement située, est divisée en deux parties; la *Cité*, dont l'Evêque est Seigneur, & le *Bourg* qui est au Roi, comme Comte de Rhodez.

L'Eglise cathédrale est dédiée à Notre-Dame; l'édifice est vaste, & d'un assez bon gothique; le clocher est sur-tout remarquable par sa hauteur. François d'*Estaing*, Evêque de cette ville, & qualifié de *bienheureux*, contribua beaucoup à la construction; en conséquence on y voit ses armes placées en différens endroits. On conserve précieusement, dans le tréfor de cette églife, un ancien *foulier* que l'on dit avoir fervi à la Sainte-Vierge. On y montre auffi une ancienne couronne de Comtes de Rhodez. Le couvent des Cordeliers fut établi en 1232; la plupart des Comtes & des Comteffes de Rhodez y ont été inhumés.

Le Collège royal eft un affez bel édifice. Il y a dans cette ville une *Académies des Jeux Floraux*, fondée, depuis environ un fiècle, par M. *Tullier*; elle diftribue annuellement des prix d'éloquence & de poéfie.

Rhodez, comme prefque toutes les villes de France où les Evêques dominoient, embraffa le parti de la Ligue; le Maréchal Matignon, en 1595, foumit cette ville à l'autorité d'Henri IV.

Rhodez fe glorifie de plufieurs Evêques illuftres par leurs vertus vraiment paftorales, parmi lefquels on diftingue *François d'Eftaing*, dont nous avons parlé; il fut élu Evêque de Rhodez l'an 1501, & fa piété lui mérita le nom de *Bienheureux*.

Louis Abelli fut pendant trois ans Evêque de Rhodez; il eft connu fous le nom de *Moelleux Abelli*, parce qu'entre plufieurs Ouvrages de Théologie, remplis d'une myftique érudition, il compofa celui intitulé: *Medulla theologica, la Moelle théologique*. Ce Livre que quelques-uns ont cru pernicieux, fut bien-tôt juftement condamné au ridicule, & enfin à l'oubli.

Un autre Evêque de cette ville, nommé *Vivien*, ne fe fit remarquer au treizième fiècle, ni par fes vertus ni par fa doctrine, mais par fon avarice, sa cruauté & ses concussions, vices qu'il exerçoit en petit despote dans son petit diocèse. *Gui*, Seigneur de *Severac*, adressa à *Alphonse*, Comte de Toulouse & frère du Roi Saint-Louis, une plainte en langue vulgaire contre ce Prélat, dont voici les principaux griefs.

Il accuse cet Evêque d'avoir attiré dans ses châteaux & dans la ville de Rhodez, des voleurs, des meurtriers & des incendiaires, qui, en temps de paix, avoient pillé & brûlé la terre de lui *Severac*, & ensuite s'étoient retirés dans la ville & dans le château de l'Evêque qui les avoient bien accueillis; il se plaint ensuite que le Prélat a depuis peu de temps établi une nouvelle coutume dans le Rouergue, par laquelle toutes personnes excommuniées par lui ou par son Official, sont tenues de payer douze deniers tournois avant de recevoir l'absolution.

Il lui reproche d'exiger des droits exorbitans sur les enterremens, les mariages, &c. & d'excommunier ceux qui ne viennent pas le lui payer à lui-même ou à son Official, &c. « Il vint un jour, continue-t-il, dans le bourg de Rhodez, qui appartenoit à *Alphonse*, & non pas à l'Evêque, avec une troupe de gens armés, pour se saisir d'un Bourgeois, le chassa de maisons en maisons : ce malheureux s'étant réfugié dans l'église du *bourg*, le Prélat brisa de sa propre main la porte de cet asile sacré; alors ce particulier s'étant évadé, l'Evêque irrité fut dans sa maison lui voler son cheval, & mettre sa maison au pillage. Quelque temps après, un autre particulier demandoit à l'Evêque de l'argent qu'il lui devoit; il le paya en le frappant

D iv

à coups de bâton sur la tête, dont il fut ensanglanté.

» *Les escorchemens & la rouberie de sa cort es si grand, que ne pareil.* Ce que ses prédécesseurs faisoient payer trois deniers, il se fait payer six & même douze. Les gens de la campagne ne sachant où mettre en sûreté, en temps de guerre, leur blé & leurs meubles, les avoient cachés dans les églises. L'Evêque excommunia ceux qui avoient porté leurs coffres (*arches*), dans lesdites églises, ordonna qu'on les sortît dehors, & se fit payer ensuite des sommes exorbitantes, pour absoudre ceux qu'il venoit d'excommunier ».

Le même Seigneur se plaint sur-tout dans cette lettre du prix excessif que l'Evêque exigeoit pour les absolutions de ceux qu'il avoit excommuniés. *Sachiez, Sire,* dit-il dans son langage naïf, *que il li vaut assés, quar il en escommunie mais, à tort o à dreit.* « Sachez, Sire, que cela lui rapporte beaucoup » d'argent; car il en excommunie un grand nom- » bre à tort & à droit ».

Cette lettre du Seigneur de *Severac* contient plusieurs autres plaintes; nous ne rapportons que celles qui peuvent donner une idée des mœurs du treizième siècle. C'étoit assez généralement l'usage des Evêques de ce temps-là d'excommunier légèrement, & de retirer une contribution de ceux qui vouloient être absous. (Voyez *Narbonne*, *Villefranche*.)

Hugues III, Comte de Rhodez, eut aussi de grands démêlés avec *Vivien*. Cet Evêque lui disputoit un droit de leude & de péage que le Comte avoit toujours perçu, & pour ce droit ce Seigneur & le Prélat en vinrent souvent aux mains. Ils firent, en 1253, un accommodement, par lequel le Comte pouvoit jouir des droits contestés, s'il prouvoit que lui ou ses prédécesseurs avoient fait cette perception. Cette clause fut un nouveau sujet de guerre. L'Evêque s'arma ; le Comte se défendit, & ils se livrèrent plusieurs combats qui causèrent de grands désordres. Il faut noter que cet Evêque querelleur, que ce spadassin avoit appris à bannir tout principe de paix & d'humanité, dans l'ordre de Saint-Dominique, & parmi les Inquisiteurs dont il étoit membre.

Commerce. Il y a à Rhodez plusieurs fabriques en ras, sergette drapés & étoffes croisées. On y compte environ vingt fabricans. Il se fait en outre dans cette ville un commerce assez étendu de toiles rousses & grises.

VILLEFRANCHE.

Cette ville est située sur les bords de l'Aveyron, à huit lieues de Rhodez.

Origine. Elle fut fondée par Alphonse, Comte de Toulouse & frère de Saint-Louis, dans le treizième siècle, avec plusieurs autres villes qui furent alors nommées *Bastides*.

Lorsqu'on commençoit à bâtir cette ville, l'Evêque de Rhodez, nommé *Vivien*, dont nous avons parlé à l'article précédent, jaloux de voir que plusieurs particuliers y construisoient des maisons pour s'y fixer, vint en cérémonie maudire ce lieu, & en excommunier les nouveaux habitans. Cet anathême jeta l'épouvante parmi eux; de sorte que plusieurs abandonnèrent leurs maisons, faites ou commencées, & s'enfuirent. Alphonse fut instruit de la conduite violente de cet Evêque, & l'obligea sans doute à lever l'excommunication, qui, à ce qu'il paroît, n'eut pas de suite.

Cette ville est décorée d'une Académie royale de Belles-Lettres & Arts, & d'une Société royale d'Agriculture.

On battoit, à Villefranche, monnoie royale; ce droit fut aboli dans cette ville, par les lettres de Charles VII, donnée à Tours en 1423.

POPULATION. On évalue la population de cette ville à dix mille habitans.

GUIENNE ET GASCOGNE.

Tableau général de la basse Guienne & de la Gascogne.

Géographie. Le Querci & le Rouergue, dont il est précédemment parlé, comprennent la *haute Guienne*, ce qu'on appelle aujourd'hui la *basse Guienne*; & ce qu'on nommoit autrefois la *Guienne propre*, comprend le *Périgord*, le *Bordelois*, le *Bazadois* & l'*Agenois*.

La basse Guienne, dont Bordeaux est la capitale, est bornée au nord par la Saintonge, l'Angoumois & le Limosin; à l'est, par le bas Limosin & le Querci; à l'ouest, par l'océan; & au sud, par la Gascogne.

La Gascogne, dont Auch est la capitale, est située entre la Garonne, l'Océan & les Pyrénées; elle comprend les Landes, la Chalosse, le Tursan, le Marsan, partie du pays d'Albret, les Basques ou la terre de Labour, le Bigorre, le Couserans, l'Armagnac, &c.

Histoire. Le *Périgord* étoit, du temps des Romains, habité par les peuples appelés *Petrocorii*, qui, sous l'Empereur Honorius, furent compris dans la seconde Aquitaine; le *Bordelois* l'étoit par les *Bituriges-Vivisci*; le *Bazadois* par les *Vasates*; & la *Gascogne* par les *Aquitains*, que l'on subdivisoit en plusieurs autres petits peuples, & qui, réunis à quelques voisins, formèrent, sous l'empire d'*Honorius*, la *Novempopulanie*.

Les Romains, les Goths, les Francs s'emparèrent successivement du pays qu'occupe aujourd'hui la basse Guienne, & qui, au commencement de la monarchie, portoit le nom de *seconde Aquitaine*. Les Gouverneurs ou Ducs de cette province commencèrent à devenir héréditaires vers le milieu du septième siècle, y régnèrent presque toujours avec une autorité absolue, & prirent la qualité de *Princes d'Aquitaine*; ils furent souvent forcés de reconnoître la suzeraineté des Rois de France, qui les avoient établis. *Hunauld*, un de ces Ducs, après avoir long-temps résisté aux armes de Charles Martel qui s'étoit déjà emparé de Bordeaux & de Blaye, & qui menaçoit toute l'Aquitaine de ses ravages, fit la paix avec ce Maire du Palais, & lui prêta serment de fidélité. Charles Martel étant mort, *Hunauld* crut pouvoir oublier des sermens forcés, & rentrer dans ses premiers droits; mais épouvanté par les menaces de *Pepin*, fils de Charles Martel, il parut renoncer aux grandeurs & à toutes les jouissances de la domination. Il fit crever les yeux à son frère *Atton*, se retira dévotement dans un monastère de l'île de Rhé, que son père *Eudes* avoit fondé, où il embrassa la vie monastique, & abdiqua ses Etats en faveur de *Waifre* son fils.

Waifre eut de longs démêlés avec *Pepin*, & fut enfin dépouillé de tous ses Etats par ce premier Roi de France de la seconde Race, qui, non content de l'avoir réduit à la plus affreuse situation, le fit arrêter, en 768, dans le Périgord, & le fit assassiner.

À la nouvelle du meurtre de son fils, *Hunauld* sentit renaître toute son ambition; le désir de venger son sang lui offrit un prétexte suffisant pour renoncer à ses vœux. Il sort du cloître, quitte le froc pour la cuirasse, revient auprès de sa femme, rassemble de tous côtés des soldats, & se fait reconnoître pour légitime Duc d'Aquitaine. *Charlemagne* venoit de succéder à Pepin; ce Monarque, à la tête d'une forte armée, s'avança dans la Guienne, battit les troupes d'Hunauld à plusieurs reprises, & le força de se réfugier, lui & sa famille, dans les Etats de *Loup*, Duc de Gascogne. Charlemagne, poursuivant ses succès, somma le Duc de lui remettre Hulnauld. *Loup*, craignant l'approche de son armée, vint aussi-tôt lui prêter serment de fidélité, & lui livrer le malheureux Hunauld, qui fut condamné à rentrer dans son monastère, où il passa deux années; il en sortit pour aller en Italie, où, sous prétexte de dévotion, il tramoit, contre Charlemagne, quelques entreprises que la mort lui empêcha d'exécuter.

Au commencement du règne féodal, le Guienne eut des Comtes héréditaires qui se qualifièrent bientôt du titre de Ducs d'Aquitaine. Louis VII, dit *le Jeune*, épousa *Eléonore*, fille & unique héritière de Guillaume X, Duc de Guienne & de Gascogne; par ce mariage, ces provinces furent réunies à la couronne de France, mais ce ne fut que pour peu de temps. Louis VII étoit aussi dévot que son épouse étoit galante; piqué de quelques infidélités, ce Roi, sous prétexte de parenté, fit dissoudre son mariage, renvoya la jeune Princesse, & lui rendit sa dot. Six semaines après cette séparation, Eléonore se remaria avec *Henri*, Comte d'Anjou, Duc de Normandie, qui, dans la suite, fut déclaré Roi d'Angleterre; ces deux mariages d'Eléonore furent la source de plusieurs siècles de guerres entre l'Angleterre & la France. La Guienne, depuis cette époque, c'est-à-dire, depuis 1152, resta presque sans interruption à la couronne d'Angleterre jusqu'en 1450, que les Comtes de Dunois, de Foix & d'Armagnac, Généraux de Charles VII, Roi de France, reprirent Bayonne & Bordeaux; enfin la même année, après la bataille sanglante, mais décisive, donnée entre les deux nations auprès de *Castillon*, sur la rive droite de la Dordogne, à neuf lieues de Bordeaux, les Anglois furent entièrement bannis de la Guienne, & cette province fut alors réunie à la monarchie.

LA GASCOGNE, comprise anciennement dans l'Aquitaine & la Novempopulanie, partagea le sort des provinces voisines; César en fit la conquête; elle fut ensuite soumise à Clovis, ravagée par les Sarrasins, & réunie à la couronne sous le règne de Charlemagne.

Les *Gascons*, ou *Wascons*, ou *Basques*, au commencement du septième siècle, n'étoient point encore fixés dans la partie de l'Aquitaine à qui ils ont donné leur nom. Ces peuples, originaires d'Espagne, jusqu'alors indépendans, & absolument Nomades, occupèrent d'abord la Navarre, une partie de l'Arragon & du Guispuſcoa. Ils ne vivoient que de brigandages ; ils deſcendoient par troupes des Pyrénées, faiſoient des incurſions dans l'Aquitaine, ravageoient & pilloient tout ſur leur paſſage, puis échappoient aux pourſuites en fuyant avec une légereté extraordinaire. Enfin ces peuples, qui n'étoient célèbres que par les maux qu'ils cauſoient à leurs voiſins, réſolurent de jouer un rôle plus diſtingué, & de s'établir dans la province dont ils avoient été long-temps le fléau. Les Rois Théodebert & Thiéri, Souverains de l'Aquitaine, envoyèrent contre les Gaſcons une puiſſante armée, les ſoumirent, & les obligèrent de ſe reconnoître leur tributaires. En cette qualité, ils s'établirent inſenſiblement dans l'Aquitaine; mais bientôt après s'être révoltés contre Dagobert & contre les Maires du Palais, Pepin parvint à les réduire. Ce fut eux qui attaquèrent enſuite l'arrière-garde de l'armée de Charlemagne, au paſſage des Pyrénées, à Ronceveaux, dans ce combat où le romaneſque *Roland*, neveu ſuppoſé de Charlemagne, fut mis à mort.

Les Gaſcons, dans la ſuite, ſe révoltèrent contre le Duc de Toulouſe, deux fois contre Louis le Débonnaire; enfin l'hiſtoire de ces peuples remuans, belliqueux & impatiens de toute eſpèce de joug, n'offre pour événemens qu'une ſuite de révoltes.

CLIMATS & Productions. Les climats des divers pays qui compoſent la Guienne & la Gaſcogne, diffèrent beaucoup entre eux.

Le Périgord, le plus ſeptentrional des autres parties de ces provinces, eſt un pays montagneux où l'on trouve cependant quelques plaines & vallées agréables & fertiles. Les bords de la Dordogne & de l'Ile produisent des grains de toute espéce; mais en général le sol est aride & sablonneux, & le pays manque de blés; les châtaignes, qui y sont abondantes, suppléent en quelque façon au défaut d'une meilleure récolte: ce fruit sert également à la nourriture des paysans & à celle des bestiaux. Il y a dans le Périgord des mines de fer, des bois & des eaux minérales qui ont quelque réputation; le poisson & le gibier y sont abondans; on peut y bien vivre sans beaucoup de dépense; l'air y est pur, sain, mais un peu froid.

Le Bordelois est un pays assez uni, l'air y est sain & tempéré; mais la continuité des pluies y devient souvent incommode, sur-tout à Bordeaux & aux environs. La partie méridionale du Bordelois est la moins fertile; la terre y est fort sablonneuse. Les vins de *Médoc*, que l'on recueille sur la côte du pays de ce nom, & ceux de *Grave*, dont le terroir est aux environs de Bordeaux, sont fort estimés.

L'Agenois est la contrée la plus abondante de tout le gouvernement de Guienne & Gascogne; elle est arrosée par plusieurs rivières qui contribuent à la fertilité du terroir; le seul canton qui avoisine le Perigord, est inférieur; au reste on y recueille néanmoins une grande quantité de châtaignes & de noix. Il y a beaucoup de vignes dans ce pays; les unes produisent des vins forts & rouges, capables de bien soutenir la mer, & les autres donnent des vins d'une qualité inférieure, que l'on convertit en eau-de-vie;

eau-de-vie. L'Agenois abonde en blés, en fruits & en chanvres qui se cultivent particulièrement le long du Lot & de la Garonne; on en fait un grand commerce pour la marine.

Le Bazadois est divisé par la Garonne en deux parties, l'une septentrionale qui dépend de la Guienne, l'autre méridionale qui fait partie de la Gascogne. Ce pays, arrosé par plusieurs autres rivières, est fertile en blés, en vins, excepté dans la partie la plus méridionale, où le sol est fort sablonneux; c'est là que commence les grandes landes. Le climat est sain & tempéré. On fait, dans le Bazadois, un grand commerce d'eau-de-vie & de chanvre; ses denrées se voiturent ordinairement à Bordeaux par la Garonne; le flux de la mer monte jusqu'à *Langon*, petite ville du Bazadois.

Gascogne. Le climat y est en général fort tempéré dans les plaines; mais dans les pays situés près des Pyrénées & où ces montagnes s'étendent, l'hiver est rude & fort long : à mesure qu'on s'avance vers les sommets, le terrain s'élève & devient aride. On trouve cependant plusieurs côteaux chargés de vignes dans les montagnes inférieures, ainsi que des collines & des vallons où sont de bons pâturages : en général, cette province produit beaucoup plus de seigle, de millet, que de froment. Quelques cantons favorisés sont aussi rians que fertiles ; mais ce pays est fort sujet aux orages, & les fruits de la terre y sont souvent ravagés par la grêle.

Les Landes s'étendent depuis Bordeaux jusqu'à Bayonne, & se divisent en grandes & petites landes, & en landes de Bordeaux. Le sol de

Partie III. E

ce pays, comme son nom semble l'annoncer, est en général fort ingrat, & presque par-tout composé d'un sable fin & stérile que le vent enlève facilement. Il n'y croît des vignes que dans quelques cantons ; on n'y recueille que du petit seigle ; il y a des pâturages & des pins dont on fait du goudron qui, avec le liège qu'on y récolte aussi, est le principal revenu de ce pays. Les eaux y sont mauvaises, & l'air peu sain ; le voisinage de la mer, appelé *les Landes sauvages*, le surpasse encore en pauvreté.

La partie du pays des landes, située à la gauche de l'Adour & de la Midour, ne doit pas être confondue avec la partie dont nous venons de parler ; car la Chalosse, qui en dépend, est un très-bon pays ; on y recueille du vin & du blé en abondance, & certains cantons des landes pourroit être mis au rang des meilleurs pays de la Gascogne, sans le fléau de la grêle, qui détruit fréquemment l'espérance des plus belles récoltes : c'est un malheur commun à tous les pays situés au bas des hautes montagnes (1).

Le pays de Labourd, dont Bayonne est la capitale, jouit d'un climat fort tempéré, excepté dans l'été, où les chaleurs sont excessives.

___

(1) Le défrichement des landes qui existent entre Bayonne & Bordeaux, seroit d'un avantage considérable. Le Roi, pendant le ministère de M. Necker, avoit envoyé un Ingénieur chargé d'examiner le projet d'un canal propre à fertiliser ce pays. M. le Baron de *Villers* étoit à la tête de ce projet ; il m'a communiqué, dans le temps, les plans, profils, nivellemens & devis du canal dont l'entreprise a été abandonnée.

Ce pays n'offre que des collines & des montagnes; les terres en sont sablonneuses; on y recueille peu de blés & de vin, mais beaucoup de fruits délicieux; on y trouve de bons pâturages; le gibier y est abondant & de bonne qualité.

Ce pays est habité par les *Basques*, peuple remarquable par la singularité de ses mœurs, de son costume & de sa langue. (Voyez *Bayonne.*)

Les autres petits pays qui dépendent de la Gascogne, n'ont, dans leur climat, leurs productions ou leur commerce, rien de particulier qui exige une mention expresse.

RIVIÈRES. Les principales rivières de Guienne & Gascogne sont la *Dordogne*, qui descend des montagnes d'Auvergne, passe dans le Périgord, y reçoit la *Vézere*, l'*Ile*, & se jette, par une bouche fort large, dans la Garonne, au dessous de *Bourg*, au *bec d'Ambez* : la marée remonte dans cette rivière jusqu'à *Castillon*.

La Garonne, qui prend sa source dans les Pyrénées, est grossie dans son cours par une infinité de *gaves* ou torrens qui descendent de ces hautes montagnes; elle reçoit plusieurs autres rivières qui arrosent la Gascogne & le Languedoc, dont les plus considérables sont l'*Arriège*, la *Serre*, le *Tarn*, la *Baise*, le *Lot*, la *Dordogne*, &c. Au confluent que forme cette dernière rivière avec la Garonne, toutes deux, mêlant leurs eaux, perdent leurs noms, pour prendre celui de la *Gironde*, dont l'embouchure dans l'Océan est vis-à-vis la fameuse *tour de Cordouan*, qui sert de phare aux vaisseaux. (Voy. *tour de Cordouan*. Voy. ci-après, p. 78.)

L'*Adour* prend sa source dans les Pyrénées, s'avance en circulant dans la Gascogne, reçoit la *Midour*, passe à Dax, reçoit le *gave de Pau*, passe à Bayonne, y reçoit les eaux de la *Nive*, & à une lieue de cette ville, se jette dans l'Océan.

ADMINISTRATION. La généralité de Bordeaux & Bayonne (1), qui comprend le Périgord, le Bordelois, l'Agenois, le Condomois, le Bazadois, les Landes & le pays de Labourd, est redimée de gabelles, exempte des aides proprement dites, & des droits sur la marque des fers; ses contributions peuvent être estimées à environ vingt-trois millions.

La population étant évaluée à un million quatre cent trente-neuf mille ames, cela fait seize livres par tête d'habitans de tout sexe & de tout âge.

Son étendue étant de seize cent vingt-cinq lieues & demie carrées, c'est huit cent quatre-vingt-cinq habitans par lieue carrée.

La généralité d'Auch & Pau comprend non seulement tous les pays de la Gascogne, mais

―――――――――

(1) Bayonne, depuis quelques années, a été réunie à l'une des deux nouvelles divisions de la généralité d'Auch. Quoique nous ne donnions pas ici des résultats d'après le nouvel état de l'administration du pays, nous n'avançons aucune erreur; quelle que soit la disposition de ces pays, l'ensemble de leur étendue, de leur population & de leurs impositions n'a point varié.

encore le Béarn, la Navarre, & autres parties des Pyrénées (1).

Cette généralité fait partie du pays rédimé de gabelles, & le sel s'y vend huit à neuf sous le quintal, l'on y est de plus exempt des aides; les droits réservés y sont abonnés; les chemins s'y font par corvée dans quelques endroits, à prix d'argent dans d'autres : ces travaux en général sont considérables.

Les diverses contributions de cette généralité peuvent être estimées à onze millions trois cent mille livres.

La population étant évaluée à huit cent treize mille ames, c'est treize livres dix-huit sous par tête d'habitans de tout sexe & de tout âge.

L'étendue de cette généralité étant de treize cent quarante sept lieues carrées, c'est six cent trois habitans par lieue carrée.

Il faut bien observer que le Béarn & la Navarre sont compris dans ce calcul.

CARACTÈRES & Mœurs. Le caractère des Gascons, qui est aussi, à quelques modifications près, celui des habitans de la Guienne, a obtenu depuis long-temps une célébrité peu avantageuse (2); on sait que *gasconnade* est

___

(1) La généralité d'Auch, comme nous l'avons dit dans la note précédente, a été divisée en deux parties; la nouvelle division, appelée *Intendance de Pau*, comprend le pays de Labourd, la Navarre, le Béarn & le Comté de Foi qui en est séparé par le Comté de Comminge.

(2) Montaigne ne parle pas avec éloge des Gentilshommes Gascons de son temps, & leur reproche des vices qu'ils n'ont plus. « Il a vu plusieurs jeunes hommes

synonyme avec mensonge, ruse, forfanterie, & quelque chose de plus encore; sans décider si cette réputation gasconne est bien fondée, nous rapporterons ici le portrait que fait de cette nation un Cosmographe du règne de Louis XIII, & certes ce portrait n'est pas flatté.

« Les Gascons, dit-il, sont de gentil esprit, prompts & soudains, tout bouillans & pleins de courage, propres à tout ce qu'ils entreprennent ; mais au reste ils sont altiers, & veulent toujours avoir le dessus, si bien qu'ils se rendent le plus souvent odieux & insupportables; toutefois quand ils se voyent parmi les autres nations, où ils sont plus foibles, ils cachent leur naturel, & se rendent souples.... Ils se plaisent à prêcher leurs louanges, & à les ouïr. A leur dire, personne n'est pauvre parmi eux, & quand ils sont hors de leur connoissance, le plus misérable & nécessiteux fait le Prince. Au reste, ils sont envieux du bien d'autrui plus que nation de la terre, & si pleins de mépris lorsqu'ils n'ont pas affaire de personne, qu'ils désobligent beaucoup de gens de leur connoissance par leur mine ; mais quand ils ont besoin de quelqu'un, on n'a jamais vu gens qui s'humilient davantage (1) ». J'ai omis de ce tableau quelques traits qui chargent encore les

---

» de bonne maison, dit-il, si adonnés au larcin, que » nulle correction ne les en pouvoit détourner ». Il cite plusieurs exemples, & finit par dire en parlant de la Gascogne : « Ce quartier en est à la vérité un peu plus décrié que les autres de la françoise nation ».

(1) *Les Etats, Empires, Royaumes & Principautés du monde*, par le sieur *D. T. V. Y.*, Gentilhomme ordinaire de la chambre du Roi, 1635.

Gascons d'avarice & de manque de délicatesse pour se procurer ce qu'ils désirent, & accusent les Gentilshommes du pays d'être fort querelleurs.

Ce portrait pouvoit être ressemblant dans le temps où l'Auteur l'a tracé; mais la politesse, l'empire de la raison & des connoissances, qui, dans tous les pays, s'est étendu aux dépens de la barbarie des siècles passés, en ont beaucoup adouci les couleurs; cependant on peut assurer que les Gascons ont encore l'esprit plus vif que solide, & que leur ambition consiste à *paroître* plutôt qu'à *être* braves, riches ou instruits; on trouveroit encore dans ce pays-là plusieurs originaux du *Baron de Fœneste* (1).

Tous les pays qui forment la Guienne & la Gascogne ne sont pas également *Gascons*. Il y a plus de franchise, de bonhomie dans le *Périgord*; plus de politesse, de connoissances dans le *Bordelois* & l'*Agenois*. La Cour d'Henri IV & de Marguerite, établie pendant quatre années dans ce dernier pays, y a laissé une teinte d'urbanité & de galanterie qui est encore sensible dans la ville d'Agen.

A l'article *Bordeaux*, nous parlons du caractère des habitans de cette ville, & à l'article *Bayonne* de celui des Basques.

---

(1) Roman de d'*Aubigné*, plein de traits ingénieux & satiriques contre les mœurs de la Cour, où il met continuellement en opposition un Gascon rempli des préjugés de la Noblesse, des vices de son temps, & des ridicules de son pays, avec un homme retiré du monde, qui pense & vit en sage.

PÉRIGORD.
PÉRIGUEUX.

Cette ville étoit anciennement la capitale des peuples nommés *Petrocorii*; elle est aujourd'hui celle du Périgord, épiscopale, & située sur la rive droite de l'*Ile*, à vingt-une lieues de Limoges, à trente-deux de Bordeaux, & à huit & demie de Sarlat.

ORIGINE. Cette ville, du temps des Romains, étoit appelée *Vesunna*; sous le bas Empire elle prit le nom de *Civitas Petrocoriorum*, des peuples dont elle étoit la capitale; quoiqu'elle ait depuis été ruinée à plusieurs reprises, elle conserve encore les traces de sa première étendue.

DESCRIPTION. Cette ville est aujourd'hui divisée en deux enceintes; l'*ancienne*, dont on vient de parler, qui est du temps du bas Empire, est dans la plaine; on la nomme encore *Cité*.

La nouvelle enceinte est au levant de la cité, sur une éminence qui fut sans doute choisie comme plus propre à la défense dans les temps d'anarchie. Les murs de cette enceinte paroissent avoir environ quatre à cinq cents ans d'ancienneté; dès le septième siècle, il y eut une église du titre de *Saint-Front*, qui fit nommer l'éminence sur laquelle elle est bâtie, le *Puy-Saint-Front*; on regarde comme un reste de cette église, le bas d'une tour carrée, sur laquelle on éleva, au neuvième siècle, un clocher qui subsiste, & à la suite duquel, dans le siècle suivant, l'Evêque fit commencer la construction du vaste édifice qui forme aujourd'hui la cathédrale.

Cette *Cathédrale*, l'une des plus anciennes de toute l'Aquitaine, est fort curieuse par son architecture qui porte l'empreinte très-marquée du genre grec, mais altéré par la barbarie des temps. Les traces du bon goût s'étoient encore, au dixième siècle, conservées dans plusieurs cantons de la France, où l'architecture arabe n'avoit point pénétré; on pourroit citer plusieurs autres monumens du même temps, & d'une construction semblable à la cathédrale de Périgueux, notamment celle de la ville du Puy & quelques anciens monastères de Bourgogne.

Cette cathédrale offre dans sa décoration extérieure des pilastres & des colonnes d'assez bonne proportion pour le temps, & des arcades à plein cintre; on voit sur la tour qui est à la principale entrée, quatre petites colonnes antiques d'un marbre couleur d'ardoise.

Le plan de cette église présente une croix, formée par cinq dômes contigus, dont les coupoles ne sont pas d'un dessin bien pur; son étendue est à peu près la même que celle de Notre-Dame de Paris.

L'ancienne enceinte de Périgueux, qui porte encore le nom de *Cité*, s'étendoit fort avant dans la plaine; sa forme étoit ronde; elle n'avoit que trois portes, dont l'une se nommoit *la porte de Rome*. La première assise des murs de cette enceinte est formée de grosses pierres brutes, mêlées de fragmens de colonnes, de chapiteaux, de statues, &c., ainsi que sont ordinairement les restes des édifices des premiers temps du Christianisme, construits des débris des monumens Romains qu'on détruisoit alors. La seconde assise est composée de petites pierres entremêlées de quelques couches de briques; cette bâtisse est la même que celle du palais des Thermes à Paris, & de plusieurs autres constructions antiques : aujourd'hui cette clôture ne renferme que des maisons de Jardiniers & de Fermiers; on y trouve plusieurs restes intéressans d'antiquités.

C'est cette enceinte qui contient l'ancienne cathédrale de Périgueux, du titre de *Saint-Etienne*; elle a été long-temps abandonnée, on l'a réparée depuis; elle subsiste encore, & sert d'église paroissiale au quartier de la cité.

Cette église, dont la construction est du douzième siècle, présente un carré long qui n'a ni aîles ni piliers; au côté méridional du mur du chœur, on voit, à la hauteur d'environ deux toises, une grande table sur laquelle est gravée, en caractères du douzième siècle, une inscription formant huit grandes lignes de cinq pieds quatre pouces & demi, & trois autres lignes plus courtes, de la longueur d'un pied & demi. Cette inscription est une *table pascale* où sont marqués les quantièmes & les mois où le dimanche de Pâques doit se trouver chaque année; cette table, suivant l'opinion de M. l'Abbé *Le Beuf*, fut faite en 1162 ou 1163, avant Pâques.

Dans un siècle où la connoissance du calendrier étoit peu répandue, où les Curés savoient

DU PÉRIGORD. 67

à peine lire leur bréviaire; cette table qu'on venoit consulter, servoit à déterminer le temps du Carême & celui de Pâques (1).

A quelque distance de la cité, vers le midi, est une grosse tour ronde, appelée *la Vesunne*. Cette tour étoit autrefois fort élevée, mais le tiers environ de sa hauteur est tombé en dedans; elle est construite de petites pierres, ainsi que plusieurs autres monumens antiques; on n'y voit aucun vestige de couverture, aucune figure, aucune inscription, & elle n'est accompagnée d'aucun autre bâtiment; on aperçoit seulement dans le haut quelques ornemens en briques : dans les jardins voisins, & sur-tout dans les casernes, on trouve un grand nombre d'inscriptions & de fragmens d'antiquité. On croit que cette tour est un reste d'un ancien temple dédié à Vénus.

Les restes de l'*amphithéâtre* se voyent au couvent des Religieuses de la Visitation, bâti dans le dernier siècle, & situé hors de la cité du côté du couchant; cet amphithéâtre ressemble assez à celui de Nîmes; il n'est construit que de petites pierres carrées de cinq à six pouces; il est ruiné en plusieurs endroits, & toute la partie

_____

(1) Le besoin de fixer chaque année les fêtes mobiles, maintint, dans les siècles les plus barbares, la science astronomique, si l'on peut nommer ainsi une connoissance très-superficielle des cours du soleil & de la lune, & qui se bornoit à ce qu'on appelle *Comput*. « Cette étude, dit l'Abbé *Goujet*, étoit expressément recommandée aux Ecclésiastiques; à commencer au règne de Charlemagne jusqu'à la fin du dixième siècle, on fit beaucoup de lois pour les obliger à s'y appliquer, & l'on en donnoit des leçons dans les écoles ».

supérieure est abattue. Les souterrains voûtés subsistent; les Religieuses en font des chapelles, ou les employent à d'autres usages. Dans la crainte que ces Dames ne fussent tentées de détruire ces restes d'antiquité, les Magistrats de la ville, en leur abandonnant ce terrain, convinrent que chaque année quelques Députés de leur corps iroient en faire la visite; ce qui s'exécute encore le jour de Saint-Louis. Cette attention des Magistrats de Périgueux fait honneur à leur goût, & leur mérite la reconnoissance des amateurs de l'antiquité.

On a découvert dans cette ville, en 1758 & 1759, des bains publics, dont M. *Jourdain de la Fayardiere* a fait la description dans un Mémoire lu à l'Académie de Bordeaux, qui contient aussi une dissertation sur le *Puy de Chalus*, sur deux tours antiques, au lieu de Vernodes, paroisse de Douchal, & sur un camp de César, &c.

Une colonne milliaire dont il n'existe que le fût, trouvée aux environs de Périgueux, offre l'unique inscription que l'on connoisse aujourd'hui, portant le nom de l'Empereur *Florien* (1).

Cet Empereur, dans cette inscription, est qualifié de maître de l'univers & d'Empereur de la paix : *Dominus orbis & pacis Imperator*.

---

(1) La rareté des monumens de cet Empereur vient de la brieveté de son règne qui ne dura qu'environ deux mois & demi; il ne fut même reconnu que dans une partie de l'Empire, le reste étant soumis à *Probus*, son concurrent.

Au treizième siècle on fabriquoit à Périgueux des couteaux qui étoient en réputation, puisqu'ils se trouvent cités dans une pièce qui contient les proverbes du temps. Cette ville jouit maintenant d'un autre genre de célébrité; ses poulardes, ses dindes aux truffes, &c. sont très-estimées; en hiver on en fait des envois considérables dans toutes les villes du royaume; les truffes du Périgord sont aujourd'hui préférées à celles que l'on recueille en Franche-Comté, en Saintonges, en Dauphiné, en Bourgogne, &c. (1)

CARACTÈRE. Les habitans de Périgueux aiment leurs devoirs, ils sont vifs & affables pour les étrangers. L'estimable Auteur du *Voyage de la raison en Europe*, dit que lorsqu'il passa à Périgueux, « Cette ville rassembla ce qu'elle » avoit de plus instruit & de plus lettré parmi » les habitans, & cela passoit la douzaine.

» La Noblesse du pays, très-ancienne & fort » empressée à s'avancer, vint le visiter; on tira » des coffres de vieux habits galonnés, & c'est » alors qu'on parla de vieilles guerres & du bon » vin; il n'y a qu'un pédant qui eût pu s'en » fâcher ».

---

(1) Les truffes sont cachées sous terre, & leur végétation ne paroît jamais à l'extérieur; pour les découvrir, on conduit dans les champs où l'on pense en trouver, des cochons muselés, qui, attiré par le parfum de ces fruits, les déterrent avec le museau; alors on les ramasse: on croit que ce moyen simple & adroit n'étoit point connu avant le seizième siècle.

DESCRIPTION

Le sol des environs de Périgueux est très-aride, les pâturages, comme dans la plus grande partie de la Guienne, y sont très-rares; c'est ce qui fait que les habitans des campagnes s'offensent vivement lorsque par dérision les étrangers leur demandent *combien vaut le beurre* : cette question a souvent été fatale à l'indiscret qui l'a faite.

MONTAGNE.

Vieux château, situé dans la paroisse de *Saint-Michel de Montagne*, à deux ou trois cents pas du Bourg, à une demi-lieue de la Dordogne, à deux lieues de la petite ville de Sainte-Foi, & à environ dix lieues de Périgueux.

Ce château étoit celui de l'illustre *Michel de Montaigne*, qui, dans un temps de fureur, de déraison, de scélératesse, resta maître de lui, & s'éleva, par sa philosophie, fort au dessus de son siècle.

Cet ancien château, bâti sur une éminence en bon air, est vaste, solidement construit, & entouré de tours & de pavillons : au milieu est une grande cour

Ce fut dans ce château qu'on trouva, il y a une trentaine d'années, dans un vieux coffre, le manuscrit de la relation des *Voyages de Montaigne*, jusqu'alors inconnue, & qui a été publiée en 1774 par M. *de Querlon*. On trouva aussi dans la tour que Montaigne appeloit sa *librairie*, son portrait qui a été gravé à la tête de cette relation.

Ce château appartient à M. le Comte de

Segur de la Roquette, qui descend, à la sixième génération, d'*Eléonore de Montaigne*, fille unique de l'Auteur des *Essais*.

SARLAT.

Seconde ville du Périgord avec un évêché, située dans un fond, à huit lieues & demie de Périgueux, à onze de Bergerac & de Cahors, & à vingt-sept de Bordeaux.

Cette ville, dans une situation désavantageuse, n'a rien de bien remarquable.

La cathédrale étoit autrefois le siège d'une ancienne abbaye de l'ordre de Saint-Benoît, sous le titre de *Saint-Sauveur*, qui donna lieu à la formation de cette ville; cette abbaye fut érigée en évêché par le Pape Jean XXII, & le chapitre resta régulier jusqu'au règne de François II, qu'il fut sécularisé par le Pape Pie IV.

Les miracles nombreux qu'opéroient dans cet endroit les reliques de *Saint-Parsoux*, y attiroient une si grande affluence de Pélerins, que les Moines, dans la crainte que ce concours ne nuisît à la régularité de leur maison & n'y introduisît le relâchement, prirent le parti de transférer ces reliques dans l'église de Saint-Jean, hors de leur monastère, & les miracles furent moins fréquens.

EVÈNEMENS remarquables. Le Vicomte de Turenne, à cause d'une querelle particulière, élevée entre lui & l'Evêque de Sarlat, vint en 1587, avec des forces considérables, assiéger cette ville, dont les fortifications étoient très-foibles, & qui n'étoit défendue que par ses habitans, & un très-petit nombre de militaires que l'Evêque *de la Motte Fénelon* avoit attirés. Cependant cette place résista vingt-un jours, sans artillerie, aux forces du Vicomte de Turenne, qui fut obligé enfin de lever le siège. La prudence & le zèle de l'Evêque, le courage des Gentilshommes ses parens, qui défendoient Sarlat, sur-tout de *la Motte Fénelon* qui en fut nommé Gouverneur, sauvèrent les habitans des malheurs dont ils étoient menacés. Le Vicomte de Turenne avoit promis de ne rien négliger pour s'emparer de la ville, & les citoyens avoient fait serment de plutôt mourir que d'écouter la moindre composition.

L'Ecrivain qui nous a laissé la relation de ce siège, dit que les habitans de Sarlat, fidèles à ce serment, ne répondoient ni aux injures ni aux propositions honnêtes que leur adressoient leurs ennemis du bas des remparts. « Nous ré-
» pondions seulement à leurs injures, dit-il,
» avec le son des violons & des luths, & autres
» musiques : ce qui les fâchoit merveilleuse-
» ment de ne voir en nous aucun signe de crainte :
» & advint une nuit qu'un principal homme,
» appelé *le Meny*, ayant haussé la tête par
» dessus une barricade pour mieux ouïr notredite
» musique, fut frappé d'une arquebusade, &
» s'écria en mourant : *Ah ! vous êtes courtois*
» *& cruels tout ensemble* ».

Le premier jour de l'an 1653, Sarlat fut pris par les troupes du parti des Princes. Le Comte de *Marchin*, qui commandoit cette expédition, y établit son principal quartier d'hiver, y laissa son régiment & celui d'*Enguien*, & confia le gouvernement de cette ville à *Chavagnac*.

Faujan

Faujan, Major du régiment de *Marchin*, trama pendant l'hiver une conspiration dont l'effet excite l'horreur ; de concert avec quelques officiers, vendus comme lui au parti de la Cour, il fit révolter, dans le voisinage, quelques régimens du parti des Princes. Ces secrètes manœuvres exécutées, *Faujan* vint lui-même à Bordeaux annoncer, comme un malheur, cette nouvelle au Comte de Marchin & au Prince de Conti. Marchin, comptant toujours sur sa fidélité, le renvoya à Sarlat, en lui recommandant de veiller à la sûreté de cette place. Loin de remplir l'intention de ses maîtres, *Faujan*, arrivé dans cette ville, s'occupa d'abord à séduire tous ceux de son régiment ; soit par argent, soit par promesse, il détermina soldats & Officiers à commettre une action atroce.

Deux mois s'étoient écoulés depuis la prise de Sarlat, lorsque les Officiers des deux régimens d'*Enguien* & de *Marchin* soupèrent ensemble ; après le repas, tous ceux du régiment de Marchin profitèrent du sommeil, ou de l'ivresse, ou de la sécurité de leurs camarades du régiment d'Enguien, & les égorgèrent tous.

Ces lâches assassins avoient prévenu *Marin Castellior* de se rendre avec ses troupes à Sarlat pendant la nuit, pour s'emparer de cette ville. Ce Capitaine, avec ses soldats, arriva à point nommé ; quoique complice de la trahison de *Faujan*, il ne put, lui & ses Officiers, s'empêcher de frémir d'horreur en apprenant le carnage qui venoit de se faire.

Rassurés par ce secours, les meurtriers mirent le comble à leurs trahisons ; ils furent assié-

Part. III.

ger le logis de *Chavagnac*. Ce Gouverneur, que la goutte retenoit au lit, ne pouvoit imaginer la cause du bruit qu'il entendoit; cependant il se lève, & aperçoit que sa maison est assaillie de tous côtés par des coups de mousquets & de pistolets; pour mettre sa vie en sûreté, il se retire dans un endroit caché. Sa femme effrayée se lève du lit, & cherche aussi à se mettre à l'abri du danger; mais plus malheureuse que son mari, elle est aussi-tôt atteinte de trois coups de pistolet, dont elle mourut deux jours après. Ce nouvel attentat ralentit la fureur des plus déterminés. Chavagnac fut pris, mais sa vie fut conservée.

Ce fut par des moyens aussi criminels que la ville de Sarlat fut remise sous la domination du parti de la Cour.

VILLEFRANCHE.

Petite ville située à six lieues de Sarlat, & à deux lieues de Montpazier.

Événement remarquable. Sous le règne de Henri III, dans le temps de nos guerres de religion, « les habitans de Villefranche en Périgord, lit-on dans les Mémoires de Sully, formèrent le complot de s'emparer de Montpazier, petite ville voisine; ils choisirent pour cette expédition la même nuit que ceux de Montpazier, sans en rien savoir, avoient aussi choisie pour s'emparer de Villefranche; le hasard fit encore qu'ayant pris un chemin différent, les deux troupes ne se rencontrèrent point;

tout fut exécuté des deux côtés avec d'autant moins d'obstacles, que de part & d'autre les murs étoient demeurés sans défense; on pilla, on se gorgea de butin, les deux troupes triomphoient : mais quand le jour parut, elles connurent bientôt leur erreur ; la composition fut que chacun s'en retourneroit chez lui, & que tout seroit remis dans son premier état ».

GUIENNE.
BLAYE.

VILLE ancienne, située sur la rive droite de la Gironde, à dix-sept lieues d'Angoulême, & à onze de la Tour de Cordouan.

ORIGINE. M. *de la Sauvagère* a démontré, contre l'opinion des plus savans Géographes, que cette ville est l'ancienne *Blabia* des Romains, qu'on avoit mal à propos placée en Bretagne, à l'endroit où est bâti *Fort-Louis*.

HISTOIRE. Le Roi *Cherebert* ou *Charibert* mourut à Blaye en 570, & y fut enterré dans l'église de Saint-Romain. Dans cette même église fut enseveli le fameux *Roland*, tué à Ronçevaux en 778. Charlemagne, suivant les grandes chroniques, fit embaumer le corps de ce guerrier, avec du baume, de la mirrhe & de l'aloës ; on le transporta ensuite sur deux mules jusqu'à Blaye, « dans une bière dorée, cou-
» verte de riches draps de soie, & fut ensépul-
» turé moult honorablement, & fut mise son
» épée *durandal* à sa tête, & son olifant (1) à
» ses pieds, en l'honneur de Notre Seigneur,
» & en signe de sa haute prouesse ».

Long-temps après, le corps de Roland fut transporté dans la ville de Bordeaux, & enterré dans la paroisse Saint-Surin ; son épée *duran-*

---

(1) Petit cor dont sonnoient les Paladins & les Chevaliers errans pour appeler & défier l'ennemi.

dal fut déposée à *Notre-Dame de Roquamadour* (1).

Blaye fut pris par les Anglois, & repris par les François en 1339. En 1568, cette ville fut surprise par le parti des Protestans, qui y commirent plusieurs excès, & détruisirent le tombeau du Roi Charibert. Quelque temps après, les habitans embrassèrent le parti de la Ligue. Le Maréchal de Matignon vint les assiéger; mais les Espagnols, accourus à leur secours, forcèrent ce Maréchal de lever le siège.

DESCRIPTION. La ville est divisée en haute & basse; c'est dans la ville basse que logent les marchands, & que se fait le commerce. La ville haute est connue plus particulièrement sous le nom de *Citadelle de Blaye*; cette citadelle, bâtie sur la hauteur, est flanquée de quatre grands bastions, accompagnés de plusieurs ouvrages qui sont entourés d'un fossé large & profond.

Le port est fort fréquenté par des vaisseaux étrangers, & par des barques Bretonnes qui viennent y échanger du vin & du blé.

La Gironde a dix-neuf cents toises de largeur vis-à-vis de cette ville; ce grand espace détermina, en 1689, le Gouvernement à faire construire, dans une île qui est au milieu de ce

---

(1) Roland, dit-on, en passant à Roquamadour, avoit donné à l'église de Notre-Dame le poids de son épée en argent; cette épée qu'on appelle *le bracmar de Roland*, se voit encore dans cette église, & si ce n'est pas la même, c'en est une représentation. Nous en parlons à l'article du Tableau général du Querci, partie 2, dans une Note, page 6.

fleuve, & en face de Blaye, un fort qu'on nomme *le Pâté*; entre la ville & cette île, il y a une distance de sept cents toises.

Au bord opposé de ce fleuve, & en face de l'île du Pâté & de Blaye, est le *fort de Médoc*, ainsi nommé parce qu'il est bâti sur la côte de ce nom. Ce fort est éloigné de celui *du Pâté* de onze cents toises.

Suivant une ordonnance du Roi Louis XI, de l'an 1475, tous les vaisseaux qui vont à Bordeaux, sont obligés de laisser à Blaye leurs canons & leurs armes.

Le pays de Médoc, situé à la rive opposée de Blaye, est une grande langue de terre bordée par les eaux de l'océan, de la Gironde & de la Garonne, par le pays de Buch & par les landes de Bordeaux; le sol y est en général sablonneux & marécageux; il y a cependant de bons cantons où l'on recueille du blé, & des côteaux qui produisent d'excellent vin. Ceux de *La Fitte* sont les plus estimés; on y trouve aussi des pâturages où l'on nourrit des moutons & des chevaux qui sont très-petits, & des pins dont on tire la résine. Du temps des Romains, on prenoit sur la côte de Médoc des huitres très-estimées, qu'on portoit, suivant le témoignage d'*Ausonne*, jusqu'à Rome, pour être servies sur la table des Empereurs. Le bourg de l'Esparre est le principal lieu de ce petit pays.

TOUR DE CORDOUAN.

Cette tour est bâtie sur un rocher situé dans la mer, à l'embouchure de la Gironde, à onze lieues de Blaye, & à dix-sept de Bordeaux.

En 1584, *Louis de Foix*, Architecte & Ingénieur du Roi, commença à jeter les fondemens de cette tour, proche une plus ancienne qui étoit en ruine; cette construction se fit aux frais de toute la province, comme le remarque l'Auteur de la chronique Bordeloise; on présume qu'alors le rocher sur lequel elle est élevée n'étoit point encore une île, & joignoit la terre de Médoc.

Cette tour sert de phare, & sa construction est aussi admirable que sa destination est utile; son extérieur présente trois ordres d'architecture qui s'élèvent en pyramidant; celui du rez de chaussée est dorique, le second corinthien, & le dernier composite; sur le fronton du premier étage sont les armes de France, accompagnées de deux figures de pierre fort usées; l'une représente *Mars*, l'autre *la Victoire*. Plus bas, dans des niches, sont à droite & à gauche les bustes d'Henri II & d'Henri IV: sous le règne du premier, cette tour fut construite; sous le règne du second, elle fut réparée.

Le diamètre de cette tour est, dans le bas, de vingt-une toises cinq pieds; sa hauteur entière est de soixante-quinze pieds; elle est terminée par une lanterne de fer qu'en 1727 on substitua à une autre en pierre que le feu avoit calcinée: cette lanterne de fer, de quinze pieds de hauteur, est portée par quatre barres de même métal, de trois pouces & demi de grosseur par en bas, & réduites à deux pouces & demi par en haut; de sorte qu'elles ne produisent aucune ombre. Au dessus est un dôme de huit pieds de diamètre, posé sur un massif de pierre qui a un pied & demi d'épaisseur ; ce dôme, fait en cul de lampe, offre un volume assez gros, pour être, pendant le jour, aperçu par les Navigateurs.

Sur ce dôme s'élève une petite lanterne de trois pieds & demi de diamètre, surmontée d'un globe avec sa girouette.

C'est sous le dôme, & dans la grande lanterne de fer dont nous avons parlé, qu'est le foyer du phare ; ce foyer consiste en un réchaud semblable à celui qui est au haut de la tour de *Chassiron*, dans l'île d'Oléron ; ce réchaud contient deux cent vingt-cinq livres de charbon de terre que l'on allume chaque jour au coucher du soleil : le feu dure toute la nuit.

Cette lanterne, qui est du dessin de M. *Bitry*, Ingénieur en chef à Bordeaux, a été fabriquée dans les forges du Berry ; elle fut posée au mois d'août 1727. Dans le même temps on fit réparer la tour, qui l'avoit déjà été sous Henri IV & sous Louis XIV ; la mer, très-orageuse en cet endroit, y avoit fait des dégradations considérables.

L'intérieur de cette tour offre un rez de chaussée voûté, & deux étages supérieurs ; le premier étage, qu'on appelle *la chambre du Roi*, est composé d'une grande salle avec ses garde-robes.

La Chapelle occupe le second étage ; elle est pavée en pierres, & l'on voit au milieu le dessin de la couronne de France en marbre noir.

On y voit aussi les bustes en marbre des Rois

Louis XIV & Louis XV, sculptés par *le Moine*, avec cette légende, composée par l'Académie des Inscriptions de Paris :

Ludovicus XIV, Rex christianissimus, Cordubanam hanc turrim, quæ nocturnis ignibus, inter vadosa Garumnæ ostia, navium cursum regeret, à fundamentis restituit anno 1665.

Ludovicus XV, novis operibus firmavit & Pharon ferream altiorem, ampliorem que pro veteri lapideâ superimponi jussit, anno 1727.

On trouve encore dans la même chapelle le buste de l'Architecte de cette tour, *Louis de Foix* ; au dessus de ce buste est l'inscription suivante, qu'il fit, dit-on, graver lui-même de son vivant (1).

L'antique Babylon, miraculeuse ville,
Or est un grand désert d'une grande cité ;
Sur le ferme élément a été si mobile :
Cordouan dans les eaux y demeure arrêté.

Le colosse orgueilleux de l'île Phébéanne
Tomba d'un tremblement de terre combattu ;
Et ce phare est fondé sur la plaine océane,
Qui tremble incessamment sans qu'il soit abattu.

---

(1) *Louis de Foix* est celui que Philippe II, Roi d'Espagne, préféra à tous les Architectes de l'Europe, pour la construction de son palais de l'Escurial.

Le bâtiment en vain long, & moins difficile,
Des pointes de Memphis, hausse en forme de feux;
Miracle ne peut être une chose inutile ;
Cordouan est utile & tout miraculeux.

Qu'on cesse d'exalter le mausole en Carie;
Ce monument marin est bien plus excellent;
Celui-là contenoit une cendre amortie,
Et celui-ci contient un feu vif & brûlant.

Un homme ambitieux put jadis mettre en cendre
Ce temple Ephésien; mais sur cet œuvre éclos,
Deux immortels en vain n'ont cessé d'entreprendre,
Jupiter par son foudre, & Neptune ses flots.

Jupiter qui n'a pu conserver son image
Au temple Olympien, ne peut rien en ce lieu.
Henri fait voir ici combien peut davantage
L'image d'un vrai Roi, que celle d'un faux Dieu.

Soit le palais de Mède, ou l'insulaire Phare,
Qui soit mis en ce rang, que veut-on estimer?
Bâtir dessus la terre, est-ce une chose rare ?
Mais qui jamais a vu bâtir dessus la mer?

Jusqu'en 1720, la tour de Cordouan avoit été sous la direction des Intendans de la Rochelle ; mais comme elle ne sert uniquement qu'à la sûreté du commerce de Bordeaux, cette direction fut depuis à la charge des Intendans de Guienne.

Quatre gardiens demeurent constamment dans cette tour, & veillent à l'entretien du feu. Les fonds nécessaires aux réparations & consommation de cet édifice, sont prélevés sur chaque

LIBOURNE.

VILLE peuplée & marchande, avec une Sénéchauffée, un Préfidial, &c., fituée fur la rive droite de la Dordogne, au confluent de la rivière d'Ile, à trois lieues de Coutras, & à huit lieues de Bordeaux.

ORIGINE. On a cru pendant long-temps que cette ville fut bâtie précifément au même endroit où étoit l'ancienne *Condate*, dont il eft parlé dans Aufone & dans Saint-Paulin. M. d'Anville a prouvé que ce lieu étoit à la place d'un ancien château fitué dans le voifinage, que les Princes Anglois, poffeffeurs de la Guienne, ont habité quelquefois, & dont les ruines portent encore le nom de *Condat*.

La ville de Libourne a été prife & reprife plufieurs fois pendant les guerres des Anglois & pendant les guerres de la religion. La Cour des Aides de Bordeaux y a été, à différentes époques, transférée, & elle y a tenu fes féances l'an 1675, jufqu'en 1690; alors elle fut rétablie à Bordeaux; le Parlement de cette ville y a été plufieurs fois exilé.

DESCRIPTION. Les deux rivières de la Dordogne & de l'Ile, qui bordent cette ville de deux côtés, en rendent les dehors fort agréables. L'édifice le plus remarquable qu'on y trouve eft celui des caſernes, conſtruites depuis quelques années; elles font vaftes, & l'intérieur en est bien distribué. Si les rivières de l'Ile & de Vezère étoient plus propres à la navigation, Libourne seroit heureusement situé pour un commerce considérable; on pourroit y exporter bien facilement les vins, les eaux-de-vie & les autres denrées superflues des provinces du Périgord & du Limosin: néanmoins cette ville est assez commerçante; on y envoie, par la Dordogne, des sels qui passent ensuite dans le Périgord & le Querci; elle est un des entrepôts du commerce de Bordeaux.

COUTRAS, petite ville située à trois lieues de Libourne, sur la rivière d'Ile & sur celle de la Drome, est célèbre dans l'Histoire de France, par la bataille qui se donna dans les environs, le 28 octobre 1587, entre *Henri*, Roi de Navarre, qui fut depuis *Henri IV*, & le Duc de *Joyeuse*, Général de l'armée du Roi Henri III.

Le Roi de Navarre étant dans le bourg de Coutras, apprit de grand matin que le Duc de Joyeuse, dont l'armée étoit bien plus nombreuse que la sienne, se disposoit à une bataille; il fit tous les préparatifs nécessaires, monta à cheval, plaça avantageusement son artillerie; & s'adressant aux Princes de son sang, qui commandoient dans son armée, il leur fit cette courte harangue: *Je ne vous dis autre chose, sinon que vous êtes du sang de Bourbon, & vive Dieu, je vous ferai voir que je suis votre aîné.* Le Prince de Condé lui répondit avec vivacité: *Et nous vous montrerons que vous avez de bons cadets.* Après avoir réveillé le courage de ses soldats, il fit faire la prière de troupe en troupe, & chacun mit un genoux en terre (1).

Vers les huit heures du matin l'artillerie commença à tirer de part & d'autre ; celle du Roi de Navarre, par sa situation avantageuse, incommodoit beaucoup les ennemis, tandis que celle du Duc de Joyeuse, à cause d'une petite éminence de terre, ne produisoit que peu d'effet.

Sur les neuf heures le combat s'engagea ; on remarqua que les lances qui étoient en grand nombre dans l'armée du Duc de Joyeuse, furent presque inutiles pendant la mêlée, où il falloit s'attaquer de près.

« C'est chose étrange, dit un Historien du temps, qu'en un moment une si furieuse troupe, comme étoit celle de M. de Joyeuse, armée & équipée à l'avantage, flanquée à droite & à gauche de deux gros bataillons, composés de plusieurs régimens d'infanterie, fut renversée, & vaincue par une troupe qui n'avoit ni en nombre d'hommes, ni en armes ou équipages, ni en assiette d'armée, aucun avantage ».

Dans l'espace d'une heure, toute l'armée du Duc de Joyeuse fut mise en déroute ; ses baga-

---

(1) « Le Duc de Joyeuse, en les voyant dans cette humble posture, crut qu'ils étoient déjà atteints par la frayeur ; il dit à M. de *Lavardin* : *Ils sont à nous ; voyez-vous comme ils sont à demi battus & défaits ; à voir leur contenance, ce sont gens qui tremblent. Ne le prenez pas là*, répondit Lavardin, *je les connois mieux que vous, ils font les doux, les chattemites, mais que ce vienne à la charge, vous les trouverez diables & lions ; souvenez-vous que je vous l'ai dit* ».

ges, son artillerie furent pris; un très-grand nombre de Seigneurs furent tués dans le combat, lui-même il y perdit la vie. La Reine Catherine de Médicis, en apprenant le nombre des personnes illustres tuées dans cette bataille, dit tout haut que depuis vingt-cinq ans il n'étoit mort autant de Gentilshommes François qu'en cette malheureuse journée.

Henri perdit peu de monde. On admira son humanité & sa douceur envers ses ennemis blessés ou prisonniers; il fit soigneusement panser les premiers, & renvoya presque tous les autres sans rançon; il récompensa même les plus distingués, & rendit à quelques-uns leurs drapeaux : mais ce Prince, qui avoit montré beaucoup de courage & de sang froid avant & après cette victoire, ne sut pas en profiter : au lieu de suivre ses ennemis, & de continuer sa route pour aller au devant des Reistres & des Suisses qui venoient à son secours, il sacrifia ses intérêts à son amour, & ne put résister au désir bien naturel d'aller le premier annoncer à sa maîtresse, *Corisandre d'Andouin*, l'heureux succès de ses armes, & lui faire partager son contentement & sa gloire. Il partit promptement de Coutras, alla en Gascogne, & vint déposer aux pieds de cette belle vingt-deux drapeaux qu'il avoit enlevés à ses ennemis (1).

---

(1) Le soir de cette glorieuse journée, Henri soupa chez *du Plessis Mornay*, dans une chambre qui étoit au dessus de la salle où l'on avoit déposé le corps mort du Duc de Joyeuse, tué à cette bataille. On lui pré-

BORDEAUX.

Cette ville, une des principales du royaume, belle, riche & ancienne, est la capitale de la Guienne & du pays appelé *Bordelois* ; elle est le siège d'un Archevêque qui prend le titre de *Primat des Aquitaines* ; elle a une Université, une Académie des Sciences & des Arts, un Parlement, une Cour des Aides, une Généralité, une Intendance, une Amirauté, une Sénéchaussée, un hôtel des Monnoies, &c. ; elle est située sur la rive gauche de la Garonne, qui y forme un des plus sûrs & des plus beaux ports de France ; à dix-sept lieues de l'embouchure de cette rivière dans l'Océan, & de la tour de Cordouan ; à six de Blaye par eau, & à huit par terre ; à cinquante-deux de Bayonne, & à cent cinquante-quatre de Paris.

HISTOIRE. On ignore également l'origine de cette ville & l'étymologie de son nom *Bordeaux*. On a, sur ces deux objets, donné bien des conjectures, mais aucune preuve satisfaisante (1).

---

senta la vaisselle d'or & d'argent de ce fastueux courtisan; mais il refusa de s'en servir, & ne voulut pas non plus accepter aucun de ses riches bijoux, & répondit avec beaucoup de sagesse, *qu'il ne convenoit qu'à des Comédiens de tirer vanité des riches habits qu'ils portent, mais que le véritable ornement d'un Prince étoit le courage & la présence d'esprit dans une bataille, & la clémence après la victoire.*

(1) M. *Sarrau*, dans une lettre imprimée dans le Mercure de Mars 1733, prétend qu'il faut prononcer &

On ignore auſſi comment la ville de Bordeaux tomba au pouvoir des Romains, & quels furent, ſous leur domination, l'état, les lois & les mœurs de ſes habitans; on ſait ſeulement que les Romains embellirent cette ville, &, comme dans preſque toutes celles qu'ils avoient conquiſes, qu'ils y firent conſtruire pluſieurs beaux édifices, ruinés dans la ſuite par les barbare qui leur ſuccédèrent.

Suivant le témoignage de Strabon, Bordeaux étoit déjà une ville conſidérable quand ces vainqueurs du monde en firent la conquête, & avoit alors le titre de capitale des peuples appelés *Bituriges-Viviſques*.

La ville de Bordeaux fut premièrement, en 413, priſe par les Viſigoths, puis par les François, commandés par *Clovis*, en 507; par les Sarraſins, en 732; repriſe, en 736, par les François qui y étoient conduits par Charles *Martel*, enſuite par les Normands en 848: tous ces vainqueurs, qui ne ſavoient que piller & détruire, ne laiſsèrent des édifices Romains, que ceux qu'ils ne purent renverſer.

DESCRIPTION. L'avantage de la ſituation de Bordeaux, ſur les bords d'un fleuve très-navigable, dans un terroir fertile en excellens vins, favoriſant ſon commerce & ſa population, a conſtamment réparé, dans cette ville, les ra-

_____

écrire *Bourdeaux*. M. *Leydet*, Conſeiller au Préſidial, ſoutient, dans le Mercure ſuivant, qu'il faut dire *Bordeaux*. On a beaucoup écrit ſur l'étymologie & l'orthographe de ce nom; l'opinion la plus générale eſt celle que nous adoptons.

vages

vages du temps & des guerres, & a même accru son ancienne splendeur.

Cette ville forme, en suivant la courbure de la Garonne, un croissant dont la partie orientale comprend la ville, & la partie occidentale, le faubourg des *Chartrons*, un des plus remarquables qu'il y ait en France, par son étendue & par la beauté de ses bâtimens.

Quand on arrive par eau du côté de Blaye, la largeur de la Garonne, les nombreux vaisseaux fixés au port, les quais, les édifices modernes & uniformes qui suivent la vaste sinuosité de cette rivière, & la bordent dans une étendue d'une grande demi-lieue, offrent le tableau le plus varié & le plus magnifique qu'on puisse imaginer : Paris n'a rien de si imposant.

L'ensemble de cette ville présente imparfaitement un triangle qui a environ mille toises de longueur, depuis le fort de *Sainte-Croix* jusqu'à l'emplacement du *Château-Trompette*, & cinq cent cinquante toises de largeur depuis le château du *Ha* jusqu'à la Garonne. On entre dans Bordeaux par dix-neuf portes, dont douze sont du côté de la rivière, & sept du côté de la terre ; en général, les rues y sont assez étroites, & le pavé en est mauvais ; il n'y a que celle du Chapeau rouge qui puisse être distinguée des autres. Cette belle rue, prolongée par celle des Fossés de l'Intendance, aboutit d'un côté au *Cours Saint-Surin*, planté d'arbres, & de l'autre sur le quai & sur les bords de la Garonne ; elle communique aussi à la nouvelle *Salle de la Comédie*, à l'emplacement du *Château-Trompette*, & à la *Place*

Partie III. G

Royale. Nous allons décrire cette partie de Bordeaux qui contient les plus intéressans édifices modernes de cette ville.

La Place Royale, située dans le quartier du Chapeau rouge, sur les bords de la Garonne, n'est séparée de cette rivière que par un quai magnifique ; elle fut construite, en 1733, sur les desseins de M. *Gabriel*, premier Architecte du Roi. Elle est entourée de bâtimens réguliers, & forme un parallélogramme dont les angles sont coupés à pan ; du côté de la ville se présente une ouverture où viennent aboutir deux rues, du côté de la rivière elle est absolument ouverte. Les bâtimens qui entourent cette place, bien petite pour une grande ville, sont couronnés de frontons chargés de bas-reliefs qui représentent des figures allégoriques du Commerce, de la Marine, &c. ; ils sont sculptés par *Claude Francin*, & par *Vandervort.* Au milieu s'élève la statue équestre, en bronze, de *Louis XV.*

La première pierre du piédestal fut, le 8 août 1733, posée en grande cérémonie par les Jurats, ayant à leur tête le Sous-Maire & l'Intendant de la province. La statue ne fut placée que dix ans après. Sa hauteur est d'environ quatorze à quinze pieds, sans y comprendre le piédestal ; elle fut exécutée d'après les desseins de *Jean-Baptiste Lemoine*, Sculpteur du Roi, de l'Académie de Paris, & jetée en fonte par le célèbre *Varrin.* Pendant l'opération, il arriva un accident ; la partie postérieure du moule se brisa dans le moment de la fusion : le Fondeur, pour réparer ce mal, imagina de faire servir ce qui avoit réussi, & d'y joindre, par une nouvelle fusion, la partie qui manquoit; cette entreprise hardie réussit à merveille.

Le 12 juillet 1743, on aperçut de Bordeaux le vaisseau qui portoit cette figure de bronze. Les cris de joie, le bruit de tous les canons de la ville annoncèrent cette nouvelle. Le jour de l'arrivée & celui de l'inauguration de cette statue équestre, furent des jours de fêtes pour les habitans de cette ville (1).

On lit sur le piédestal une inscription qui n'offre point un de ces éloges outrés jusqu'au ridicule, qu'on trouve souvent sous les statues de Louis XIV; elle a quelque chose de simple & de pathétique qui va au cœur, & qui caractérise bien l'amour que les François portoient à Louis XV dans le commencement de son règne;

LUDOVICO QUINDECIMO, sæpè victori, semper pacificatori; suos omnes, quàm latè regnum patet, paterno pectore gerenti; suorum in animis penitùs habitanti.

On y voit deux grands bas-reliefs en marbre, qui représentent d'un côté *la prise de Port-*

___

(1) Cette statue fut posée le 19 août suivant. Pendant cette cérémonie, Lemoine s'étoit modestement placé dans la foule. M. *Boucher*, Intendant de la province, le fit appeler, & après l'avoir complimenté sur la beauté de son ouvrage, il l'embrassa, & cet exemple fut suivi par tous les Jurats & autres Officiers municipaux; quelques jours après, ce Sculpteur reçut une gratification de trente mille livres; il fut aussi dédommagé des frais de son voyage, & pendant son séjour à Bordeaux, on lui fit servir une table splendide.

G ij

Mahon par le Maréchal *de Richelieu*; de l'autre la bataille de Fontenoy, au moment où le même Maréchal demande l'ordre de faire pointer les canons sur la colonne Anglaise.

Les deux magnifiques bâtimens qui forment cette place, & qui font face à la rivière, sont, à droite *la Bourse*, à gauche *l'hôtel des Fermes*.

L'escalier de la Bourse offre de l'architecture peinte à fresque par *Berinzago*; au plafond est un Mercure du même Artiste, qui doit être remarqué.

La plupart des salles de cet édifice sont garnies de portraits en pieds des Consuls, & des bustes des Négocians célèbres.

La Salle de Comédie n'est pas éloignée de la Place royale; cet édifice, entièrement isolé, peut être, en ce genre, mis au rang des plus magnifiques de l'Europe.

La façade offre un péristile de douze colonnes corinthiennes; au milieu de la frise sont les armes de France : cette ordonnance est couronnée par une balustrade, sur les piédestaux de laquelle & à l'aplomb des colonnes, sont douze statues.

On entre dans un vaste & beau *vestibule*, au fond duquel est un escalier dont la cage est éclairée par le comble; il est décoré d'architecture & de sculptures, & sa forme heureuse produit un grand effet; en face de l'entrée est la porte des loges, ornée de cariatides; aux deux côtés sont deux statues dans des niches.

La Salle du Concert est au dessus de ce vestibule; cette salle, de forme elliptique, a trois rangs de loges; elle est décorée superbement de colonnes ioniques modernes, & d'un joli plafond.

La Salle du Théâtre est une des plus grandes de l'Europe, tout au tour des loges, ornées de balustrades, sont douze colonnes corinthiennes d'une grande proportion, portant des pendantifs, & un vaste plafond, peint par M. *Robin*; il représente quatre sujets, dont voici le principal: « La ville de Bordeaux protégée par le Gouvernement, sous la figure de la Sagesse, fait son offrande à Apollon & aux Muses; l'encens fume; un Sacrificateur immole des victimes; Mercure, Dieu du commerce, préside à celui de Bordeaux, indiqué par des vaisseaux, des travailleurs au port, & un Capitaine qui tient des Nègres à sa suite; Bacchus & ses attributs annoncent une des grandes richesses de la Guienne; le peuple en fait hommage à la ville ».

On regrette que ce plafond ne soit pas peint sur toile marouflée; il est sur bois, & les planches s'étant retirées, laissent voir leurs joints, ce qui détruit entièrement l'effet de cette peinture.

Au dessus des pendantifs, on place, dans la forme circulaire de ce plafond, des lampions, qui, sans être aperçus des Spectateurs, doivent éclairer la salle; ils produiroient un merveilleux effet, si une parcimonie déplacée n'en diminuoit la lumière.

Cet édifice est entouré d'une galerie ouverte par des arcades; des pilastres corinthiens décorent les faces latérales, ainsi que la face opposée

G iij

à l'entrée principale, qui, quoique moins magnifique, doit plaire davantage aux connoisseurs. Cette construction a été commencée en 1774; les statues & la plupart des autres sculptures sont de M. *Berruer*, & tous les dessins ont été fournis & l'exécution en a été conduite par M. *Louis*, Architecte de Monseigneur le Duc d'Orléans.

Le *Château-Trompette* (1) ayant été démoli

---

(1) Le *Château-Trompette* étoit une ancienne citadelle, bâtie en 1454, & qui commandoit tout le port. Louis XIV, en 1700, la fit réparer, & beaucoup augmenter par M. de *Vauban*. Pour donner de l'étendue à l'esplanade qu'on pratiqua alors devant le château, on détruisit les superbes restes d'un temple antique, dédié à la déesse *Tutèle*, comme il parut par une inscription qui portoit ces mots:

TUTELÆ AUG. LASCIVUS CANIL. EX VOTO. L. D. EX D. D.

Elle signifie que *Lascivus Canilius* érigea ce temple à cette Déesse; les dernières lettres s'expliquent par *locus datus ex decreto Decurionum*, c'est-à-dire, *l'emplacement fut assigné par un décret des Décurions de la ville*. Il paroît par cette inscription, que la Déesse *Tutèle* étoit la Divinité adoptée par les Bordelois, & que la ville jouissoit alors du droit de colonie Romaine. La face principale de ce temple étoit ornée de six colonnes, & chaque côté de huit, toutes d'ordre corinthien; il restoit encore dix-huit de ces colonnes sur pied, quand *Vinet* publia ses Notes sur *Ausonne*; leur élévation étoit si considérable, qu'il n'y avoit aucun édifice dans la ville qui la surpassât. La démolition de ce superbe monument excita les regrets de plusieurs Antiquaires de ce temps-là; mais la politique impérieuse du Monarque exigeoit ce sacrifice pour des fortifications qui ont été inutiles.

conformément aux lettres patentes du Roi, données au mois d'août 1785, & enregistrées au Parlement le 9 septembre suivant, M. *Louis* a été chargé d'élever, sur son emplacement, un nouveau quartier, avec une place décorée de la statue de Louis XVI.

Place de Louis XVI. Voici les détails de ce magnifique projet, dont l'exécution est déjà commencée, & dont M. *Louis* m'a communiqué les dessins.

A peu près au milieu de ce vaste emplacement, & en face de la Garonne, sera une place demi-circulaire de neuf cents pieds de diamètre; treize rues & les deux parties du quai aboutiront à cette place, &, comme autant de rayons, répondront au centre où sera élevée la statue de Louis XVI. Les treize rues auront chacune cinquante-quatre pieds de largeur, & seront bordées de trotoirs; celle du milieu ira aboutir directement au centre de la *place de Tourny*.

Les façades des bâtimens de la place, ainsi que de ceux des deux parties du quai, offriront, en développement, une étendue de deux mille six cents pieds.

En face du centre de la place, le quai s'avancera sur la rivière en forme circulaire, & ajoutera de la largeur à l'emplacement.

L'architecture de cette place projetée sera de la plus grande magnificence; les quatorze façades, placées entre l'ouverture des treize rues, seront décorées de colonnes d'un grand module d'ordre corinthien composé; ces façades seront unies entres elles par treize arcs de triomphe, qui formeront l'entrée des treize rues ; chaque arc de triomphe aura sous le milieu de son cintre environ soixante-six pieds d'élévation, & sera soutenu par quatre colonnes détachées, du même ordre, qui seront séparées du mur de l'espace du trotoir ; ces arcs seront aussi ornés de bas-reliefs & de trophées, qui offriront des attributs du commerce & de la marine ; les bâtimens des deux parties du quai offriront la même architecture que ceux de la place, & cette architecturee, dans toute son étendue, sera couronnée d'une balustrade.

Au milieu de la place s'élevera, comme nous l'avons dit, la statue pédestre de Louis XVI ; elle sera exaucée sur une colonne dorique qu'on a d'avance, à l'instar de la colonne *Trajane*, nommée *Ludovise*. Cette colonne aura cent quatre-vingt pieds de hauteur sur quinze pieds de diamètre ; son piédestal sera orné de bas reliefs, représentant les principales actions du règne de Louis XVI.

Les desseins de cette place & de ce monument, entièrement de la composition de M. *Louis*, sont bien faits pour justifier la réputation de cet Artiste célèbre, qui possède sur-tout l'art de produire de grands effets. Quelques Critiques qui ne sauront pas que le but de M. *Louis* est de faire dominer la figure pédestre du Roi sur une partie de la ville, sur le port, & de la faire apercevoir de loin par les vaisseaux, pourront censurer sa grande élévation. Quelques bons citoyens qui aiment à voir de près l'image de leur Roi, pourront aussi se plaindre de ne pouvoir, de la la place même faite pour cette statue, l'apercevoir qu'en raccourci, & à une hauteur de cent quatre-vingt pieds.

Outre les treize rues dont nous avons parlé, on en pratiquera plusieurs autres qui n'aboutiront pas à la place; comme celles de *Mouchi*, de *Ségur*, qui conduiront du quai au cours Saint-Surin, au jardin public, &c.; celle de *Vergenne*, la plus longue de toutes les rues de ce projet, aboutira d'un côté à la place de la Comédie; de l'autre, au cours Saint-Surin & au jardin public. Les deux parties du quai qui bordent les deux faces latérales de la place, sont nommées dans le projet, *quai de Calonne*; il seroit curieux de savoir si, dans l'exécution, ce nom sera conservé.

Dans les lettres patentes qui ordonnent la construction de ce vaste quartier; il est dit, article XI : « Les étrangers, non naturalisés, de quelque Nation qu'ils soient, sans exception aucune, pourront acquérir parties desdits terreins du Château-Trompette, & ceux qui seront propriétaires de soixante toises carrées de superficie au moins, après y avoir fait construire des maisons, seront censés régnicoles, & jouiront de tous les droits & privilèges attachés à cette qualité dans tous les pays & terres de notre obéissance, sans qu'il soit besoin d'obtenir de Nous d'autres lettres de naturalité, dont nous les avons dispensés & dispensons par ces présentes; dérogeant à cet effet à tous édits, déclarations, ordonnances, réglemens & lois à ce contraires ».

Les constructions modernes, régulières & magnifiques de ce quartier, en feront un des plus beaux quartiers des villes de l'Europe; à cet avantage il réunira encore celui d'être environné des endroits les plus agréables & les plus fréquentés de Bordeaux. Tels sont les bords animés de la Garonne, la Place royale, la Bourse, la superbe salle de Spectacle, le vaste cours qui mène de la place de la Comédie à la place de *Tourny*, le cours de *Saint-Surin*, le jardin public & le beau faubourg des *Chartrons*.

PROMENADES. Les deux cours que nous venons de nommer, & le jardin public, sont aujourd'hui les promenades les plus fréquentées de la ville.

Le Jardin public est dessiné dans un grand genre; à gauche sont des terrasses bordées de bâtimens dont les superbes façades, composées de péristiles, offrent un abri à ceux qui se promènent.

L'Hôtel de ville étoit autrefois un bâtiment distingué, sur-tout par la distribution de l'intérieur; aujourd'hui ce bâtiment tombe de vétusté; son architecture n'a rien de remarquable; dans l'intérieur on voit de belles salles, dont quelques-unes sont ornées des portraits des Jurats & des Maires de Bordeaux.

A l'entrée de l'hôtel de ville, sur une pierre de quatre pieds de haut & de deux pieds de large, est un bas-relief antique, représentant deux figures à mi-corps; l'inscription qui est au bas, constate que c'est un monument sépulcral qu'un Romain nommé *Marcus Calventius Sabinianus*, fit dresser de son vivant, pour lui & pour sa femme appelée *Tarquinia Fastina*.

Dans la cour de l'hôtel de ville sont deux statues antiques en marbre, mutilées, qui furent déterrées, en 1594, hors la ville, au bord du ruisseau de la Devise, près du prieuré de Saint-Martin ; MM. les Maire & Jurats de Bordeaux les firent, dans le temps, placer en cet endroit, avec des tables de marbre portant des inscriptions latines qui annoncent le temps & le lieu où se fit cette découverte. Ces deux statues n'ont ni têtes ni mains ; on croit que l'une représente *Drusus*, l'autre *Claude*. On trouva dans le même temps, & dans le même endroit, une troisième statue, dont la tête étoit conservée ; elle fut, comme les autres, placée à l'hôtel de ville ; elle représentoit, à ce qu'on croit, *Messaline*, femme de l'Empereur *Claude*. Louis XIV ayant ordonné qu'elle fût transportée à Versailles, le vaisseau sur lequel cette précieuse figure étoit voiturée, échoua auprès de la ville de Blaye, & depuis elle est restée au fond de la Garonne.

On voit encore, dans la même cour, un autel antique, avec une inscription qui prouve qu'il étoit consacré à Auguste & à la Divinité tutélaire de la ville. On présume que cet autel a appartenu à l'ancien temple de *Tutèle*, qu'on a démoli pour fortifier le Château-Trompette, & dont nous avons parlé au commencement de cet article, page 94 (1).

---

(1) C'est dans la cour de l'hôtel de ville que se font quelques exécutions de la police dont les Jurats ont l'administration. Les filles publiques en contravention y reçoivent le châtiment de leur faute, d'une manière parti-

DESCRIPTION

La Cathédrale de Bordeaux a le titre de *Saint-André*; elle est située à l'une des extrémités de la ville opposée à la rivière, proche du vieux château du *Ha*; cette église est vaste & belle; mais un événement récent l'a beaucoup endommagée. Le 25 août 1787, vers les 10 heures du matin, le feu prit à la charpente du chœur, & cette belle partie de l'église, qui étoit couverte en plomb, fut presque subitement embrasée; la cloche du petit clocher aussi revêtu en plomb, fut fondue.

Cette église met Charlemagne au rang de ses bienfaiteurs : dans la nef, qui est la partie la

---

culière. Elles sont conduites dans cette cour, le *Géheneur*, espèce de Bourreau, les prend les unes après les autres, leur attache les mains à un anneau de fer, les dépouille toutes nues jusqu'à la ceinture; alors le Jurat, du haut d'une fenêtre de l'hôtel de ville, dicte les arrêts par des gestes, & fixe le nombre de coups que chacune doit recevoir, en levant, à plusieurs reprises, les dix doigts de ses mains. Ces mouvemens de mains règlent ceux du bras de l'Exécuteur qui fait aussi-tôt tomber sur les épaules & sur le dos nus de la patiente, une grêle de coups de verge. Après avoir été flagellées, ces filles sont conduites à l'Hôpital. Ces exécutions, fréquentes dans cette ville, révoltent par leur indécence & leur cruauté. Des habitans de tous les âges, de tous sexes, s'empressent d'y assister comme à un spectacle divertissant; la plupart plaisantent à la vue des appas meurtris ou ensanglantés de ces malheureuses, d'autres s'amusent des imprécations que la douleur leur arrache. Des supplices qui égayent le public, le rendent cruel sans le rendre meilleur; le Jurat qui, en levant ses dix doigts huit ou dix fois de suite, a fait déchirer le dos d'une jeune fille, & a fait rire la populace, croit-il avoir réformé les mœurs de son pays?

plus ancienne de l'édifice, on voit sur la muraille le portrait de cet Empereur peint à fresque; on dit que cette peinture est de son temps, mais depuis elle a été retouchée.

Les reliques que l'on conserve dans le trésor de cette église sont remarquables. Outre plusieurs corps de saints Martyrs ou Confesseurs, on montre des reliques des douze Apôtres, du lait, des cheveux & des vêtemens de la Sainte Vierge, & une côte du grand Saint-George, Patron de la Chevalerie.

Saint-Surin ou *Saint-Seurin*, autrefois *Severin*, est le nom d'un grand faubourg de Bordeaux, & d'une église qui y est située.

Saint-Surin, qui est aujourd'hui une collégiale, étoit une ancienne abbaye de l'ordre de Saint-Augustin, qui fut sécularisée dans le treizième siècle.

Dans cette église, on voit, sur une table attachée au mur, une inscription latine, dont voici la traduction :

« Il y a dans le monde deux cimetières célè-
» bres, l'un à Arles, dans les *Champs Elysées*;
» l'autre à Bordeaux, à Saint-Seurin; Notre-
» Seigneur Jésus-Christ les consacra tous deux,
» sous la figure d'un Archevêque, avec sept
» Evêques ci-dessous nommés, qui n'osèrent
» point lui demander qui il étoit, le reconnois-
» sant bien pour le Seigneur, jusqu'à ce qu'enfin
» il disparut à leurs yeux; il consacra aussi les
» églises de ces deux villes, &c. »

Les noms des sept Evêques qu'on trouve ensuite, & qui ne sont point les mêmes que les sept Evêques dont parle Grégoire de Tours, qui, les premiers prêchèrent l'Evangile dans les Gaules, prouvent assez que l'Auteur de ce pieux mensonge étoit ignorant comme un Moine du douzième siècle.

On conserve dans cette église *la verge de Saint-Martial*, qui jouit de la réputation, non comme celle de Moïse, de faire jaillir l'eau des rochers, mais de faire descendre l'eau du ciel. Cette précieuse relique appartenoit anciennement aux habitans de Limoges. Dans un temps de sécheresse, les Bordelois la leur empruntèrent; ils eurent de la peine à l'obtenir, mais quand une fois cette verge de Saint-Martial fut entre leurs mains, leur dévotion pour elle devint si grande, qu'ils refusèrent toujours de la rendre, malgré les vives réclamations des Limosins (1).

L'Abbaye de Sainte-Croix, autrefois située hors la ville, se trouve aujourd'hui dans son enceinte; elle est de l'ordre de Saint-Benoît, & de la Congrégation de Saint-Maur; on croit

―――――――――――

(1) On raconte que les Limosins, se méfiant des Bordelois, ne consentirent à prêter, pour quelques temps, la verge de Saint-Martial, qu'à condition que ceux-ci leur enverroient pour ôtages les Jurats de Bordeaux. Les Bordelois, pour avoir la relique si ardemment désirée, le promirent; mais ils n'envoyèrent en effet que des Jurats postiches. Des Portes-faix, vêtus des ornemens municipaux, se rendirent à Limoges, y jouèrent pendant quelques jours assez gravement leur rôle; mais la fraude fut bientôt découverte, & le dénouement devint tragique. Les Limosins furieux de cette trahison & de cette perte, massacrèrent les faux Jurats : on nomme encore à Bordeaux, par dérision, les Portes-faix, *Jurats de Limoges*.

qu'elle fut fondée par Clovis II, vers l'an 650. Ce monaſtère fut détruit par les Sarraſins ; Charlemagne le rétablit ; dans la ſuite, les Normands le pillèrent, & Guillaume, ſurnommé *Geofroid*, huitième Duc de Guienne, & Amée ſa femme, qualifiée de *Comteſſe de Bordeaux*, le firent reconſtruire, & le dotèrent en 1013 ; cette abbaye eſt aujourd'hui en commende, & vaut plus de quinze mille livres de rente.

Sur le portail de l'égliſe de Sainte-Croix eſt un grand bas-relief en pierre qui peut avoir dix à douze pieds de hauteur ſur autant de largeur. Un arceau gothique, ſoutenu par des colonnes du huitième ſiècle, ſert de cadre à ce bas-relief qui repréſente un homme à cheval, avec une couronne ſur la tête ; le cheval, dont la tête & les deux jambes de devant ſont détruites, ſemble fouler aux pieds un guerrier aſſis à terre. Devant ces figures eſt une femme à qui la tête manque, & qui paroît ſortir par une porte. Suivant une ancienne tradition, le cavalier repréſente Charlemagne, qui entra dans Bordeaux après la défaite de *Hunold*, Duc d'Aquitaine, & qui rétablit ce monaſtère ; la figure du guerrier aſſis à terre eſt ſans doute celle du Duc vaincu (1).

---

(1) M. l'Abbé *Venuti*, ſavant antiquaire, dans un Mémoire ſur la vie de Waifre, Duc d'Aquitaine, dit que la figure principale n'eſt point celle de *Charlemagne*, mais celle de *Pepin*, & que l'homme foulé aux pieds du cheval eſt le Duc *Waifre* ; il m'a ſemblé que cette opinion n'étoit pas ſuffiſamment appuyée dans l'ouvrage de M. l'Abbé *Venuti*, pour être adoptée. Ce Savant convient que la ſeule jambe qui reſte à l'homme à cheval eſt revêtue de bandelettes croiſées, chauſſure

Parmi plusieurs monumens de l'antiquité de cette église, on voit sur une table de marbre qui est appliquée à l'un des piliers de l'église, l'épitaphe d'un *Saint Maumoulin*; elle est du septième siècle. Voici son éloge, qui n'est ni long ni exagéré :

« Il fut ni méchant ni fripon, sans rancune,
» toujours joyeux... Il mourut la septième an-
» née du règne du Roi Clovis ».

---

semblable à celle dont Eginhart nous dit que Charlemagne faisoit usage ; il convient aussi que la tradition attribue ce monument à Charlemagne ; il pourroit encore convenir que, suivant la coutume ancienne, on ne plaçoit sur les façades des églises gothiques que les statues des fondateurs ou des bienfaiteurs. C'est Charlemagne, & non pas Pépin, qui a rétabli ce monastère ; il est donc à présumer que c'est ici la figure de Charlemagne. L'unique raison sur laquelle M. *Venuti* fonde son opinion contraire, c'est que la figure du cavalier porte une longue barbe, & que Charlemagne, dit-il, n'en portoit point ; cependant dans les monumens les plus authentiques du règne de cet Empereur, on le voit représenté avec une barbe. Il est singulier que M. *Venuti* réclame en sa faveur des témoignages qui le condamnent ; pour s'en convaincre, il ne s'agit que d'ouvrir le premier volume des *Monumens de la monarchie Françoise*, par le Père *Montfaucon*; on y verra ce Prince avec une barbe plus ou moins longue, suivant les différentes dignités auxquelles il est parvenu, & les différens pays qu'il a habités, mais toujours barbu. Si quelques médailles le représentent sans barbe, c'est qu'il étoit jeune alors; d'ailleurs cette exception n'emporteroit pas la règle. M. l'Abbé *Venuti* paroît, avec une aussi foible raison, très-mal fondé à soutenir, contre les fortes présomptions que nous avons établies, contre une tradition constante, que ce monument représente *Pepin* vainqueur de *Waifre*, plutôt que *Charlemagne* vainqueur d'*Hunold*.

L'église

L'église de *Saint-Michel* a été bâtie du temps que les Anglois étoient maîtres de la Guienne. Le clocher fut long-temps regardé comme le mieux construit & le plus haut de la France; plusieurs ouragans, notamment celui de décembre 1574, avoient porté atteinte à sa construction, lorsqu'en 1767 un nouvel ouragan plus terrible l'abattit tout à coup.

On voit dans une chapelle de cette église le tombeau d'Antoine de *Noailles*, fils de Louis, & de Catherine de *Pierre-Bufiere*; dans son épitaphe on lit :

Son corps est à Noailles, avec ses aïeux; mais Jeanne de Gontaud sa femme, esplorée, a mis ici son cœur en mars 1567.

A côté du maître-autel de cette église, on voit aussi le tombeau de M. *Antoine Prevost de Sansac*, Archevêque de Bordeaux, mort au mois d'octobre 1591 : sa bienfaisance le fit généralement aimer; au bas de son épitaphe, en prose latine, on trouve ces quatre vers :

Vitæ bene actæ mors beata,
Mortalis incola cœlitum colonus fio,
Non est vivere vita, sed mori,
Vivere desine, vivere desinam.

Les *Chartreux* s'etablirent à Bordeaux au mois de juillet 1574. Leur église est ornée de peintures à fresque, qui offrent une ordonnance d'architecture. Le plafond est remarquable; ces peintures sont de *Berinzago*. Sur la porte du chœur on voit un crucifiement, composé d'un très-grand nombre de figures; on croit ce tableau d'un Maître Italien.

Les Feuillans s'établirent à Bordeaux en 1589; l'église de *Saint-Antoine* leur fut alors accordée, & ils la possèdent encore.

Dans une chapelle qui est au côté gauche du maître-autel, fut enterré le célèbre *Michel de Montaigne*; sur son tombeau on voit une figure en pierre, qui le représente couché & armé; au dessous on lit une épitaphe latine assez curieuse pour trouver place ici (1).

Michaeli Montano, &c..., Equiti torquato, civi Romano, civitatis Biturigum Viviscorum ex-majori; viro ad naturæ gloriam nato. Quojus morum suavitudo, ingenii acumen, extemporalis facundia & incomparabile judicium, supra humanam sortem æstimata sunt. Qui amicos usus Reges, maxumos & terræ Galliæ Primores, viros ipsos etiam Sequiorum partium præstites, tamen etsi patria-

---

(1) M. de Querlon, dans l'édition qu'il a donnée du *Voyage de Michel de Montaigne en Italie*, dit que l'Auteur de cette épitaphe, « en rassemblant tous les vieux mots latins dont elle est composée, sembleroit avoir voulu caractériser l'élocution obscure des *Essais*, s'il n'étoit pas plus simple, ajoute-t-il, de penser que c'est une pédanterie monacale, ou une élégance germanique. » Il est vrai que le style de cette épitaphe est d'une latinité barbare, & quelquefois inintelligible; mais en y réfléchissant on est tenté de croire qu'on n'a employé ce style obscur, que pour envelopper quelques traits un peu trop véritables pour le temps, & pour préserver le tombeau de Montaigne de quelques insultes monacales.

rum ipse legum, & sacrorum avitorum retinentissimus, sine cojusquam offensa. Sine palpo aut pipulo, universis populatim gratus, utque antidhac semper adversus omnes dolorum minacias, mænitam sapientiam labris & libris professus, ita in procinctu fati, cum morbo pertinaciter inimico diutim validissumè conluctatus, tandem dicta factis exæquando, polcræ vitæ polcram pausam cum Deo volente, fecit. Vixit ann. 59. mens. 7. dieb. 11 : obiit anno salutis 1592.

Francisca Chassanea, ad luctum perpetuum, heu ! relicta marito dolcissimo, univira, unijugo, & benè mærenti mærens. P. C.

« A Michel de Montaigne, &c., Chevalier, citoyen Romain, ancien Maire de la ville de Bordeaux, né pour être la gloire de la nature ; dont la douceur de ses mœurs, la pénétration de son esprit, l'éloquence vive & l'incomparable jugement l'ont placé au dessus des autres hommes ; qui, ayant eu les Rois, les grands du royaume, & *les Chefs même d'un parti inférieur*, pour amis (1),

---

(1) C'est ici que se trouve toute l'ambiguité de cette épitaphe. Les mots *viros ipsos etiam sequiorum partium præstites*, que j'ai traduits littéralement par ceux-ci : « Les chefs mêmes d'un parti inférieur », sembleroient désigner les chefs des Protestans ou des Ligueurs. Le pronom *ipsos* qui sert ici à affirmer une chose peu facile à croire, n'auroit pas été employé si l'on eût voulu exprimer que Montaigne fut l'ami des Rois, des grands du royaume & des chefs des états moins considérables ; d'ailleurs le membre de phrase suivant éclaircit suffi-

» n'en fut pas moins, sans blesser les intérêts de
» personne, très-attaché aux lois de son pays
» & à la religion de ses pères ; il sut, sans bas-
» sesse & sans injustice, se rendre agréable aux
» hommes de tous les états ; & comme, pen-
» dant sa vie, il avoit constamment professé
» dans ses discours, ainsi que dans ses écrits,
» une philosophie qui l'avoit fortifié contre tous
» les maux ; ainsi, aux approches du terme fatal,
» après avoir lutté avec courage contre une
» longue & cruelle maladie, conformant ses
» actions à ses principes, il termina enfin, lors-
» qu'il plut à Dieu, sa belle vie par une belle
» mort.

---

samment l'obscurité : *Il n'en fut pas moins attaché aux lois de son pays & à la religion de ses pères ;* ce correctif étoit inutile, si ce qui le précède n'eût pas signifié que Montaigne étoit l'ami des Royalistes comme des Ligueurs, des Protestans comme des Catholiques. Dans ses Essais il annonce en plusieurs endroits son opinion à cet égard. « Aux présens brouillis de cet Estat, dit-il, mon interest ne m'a fait méconnoistre, ni les qualités louables en nos adversaires, ni celles qui sont reprochables en ceux que j'ai suivis... J'accuse merveilleusement cette vicieuse forme d'opiner : *Il est de la Ligue,* car il admire la grace de M. de Guise ; l'activité du Roi de Navarre l'estonne, *il est Huguenot* ; il trouve ceci à dire aux mœurs du Roi, *il est séditieux en son cœur*, &c. » On ne doit point de là conclure contre la catholicité de ce Philosophe ; il fut toujours attaché à la religion dans laquelle on l'avoit élevé ; mais hors de cette croyance il doutoit de tout, comme l'expriment deux vers de l'épitaphe grecque qui est à la suite de celle que nous rapportons : « Attaché fermement aux seuls
» dogmes du Christianisme, il sut peser tout le reste à
» la balance de Pyrrhon ».

» Il vécut 59 ans, 7 mois & 11 jours, & mou-
» rut l'an 1592. Françoise *de la Chassagne*,
» pleurant la perte d'un époux, hélas ! si fidèle
» & si tendrement chéri, a consacré ce monu-
» ment comme un témoignage éternel de ses
» regrets & de sa douleur ».

Cette épitaphe est suivie d'une autre en langue grecque.

Dans la même église & dans le chœur, qui se trouve au dessus de la nef, suivant l'usage des anciens monastères, on voit un très-grand tableau représentant l'Adoration des Mages ; il est peint par *Boucher*.

Les grands Carmes de Bordeaux doivent leur fondation à une cause peu commune : contre le dernier pilier de la nef de leur église, en entrant à droite, sont gravés les vers suivans, qui contiennent à peu près l'histoire de cette fondation.

L'an de grace mil & cent,
Fonda premier un Seigneur de la Lande,
Au Carme vieil cette église & couvent,
Pour ce qu'au lieu obtint victoire grande
Contre un géant qui conduisoit la bande
Des Espagnols, pour Bordeaux assaillir.
Le desusdict lui fit payer l'amende :
Car il lui fit la tête à bas saillir.

L'an onze cents avec six vingts moins trois,
Un Messire Gaillard, de la Lande, Seigneur,
L'édifia pour la seconde fois,

Tout de nouveau fut rédificateur
En ce lieu-ci : outre il fut fondateur
De la messe qu'on dit de Notre-Dame
Un chascun jour : prions le Créateur
Qu'il veuille avoir en paradis son ame.

On raconte que la ville de Bordeaux étant assiégée par le Comte d'Armagnac, qui avoit embrassé le parti des Espagnols, les habitans, tourmentés par une affreuse famine, étoient sur le point de se rendre. Les ennemis, réduits à la même extrémité, devoient bientôt lever le siège. Avant de se retirer, le Comte d'Armagnac proposa aux Bordelois de terminer la guerre par un combat singulier, dont le succès décideroit celui de l'un ou l'autre parti ; en conséquence il envoya un Gentilhomme d'une grandeur extraordinaire, qui défia celui de la ville qui voudroit le combattre. Les Bordelois, intimidés par la taille gigantesque de ce guerrier, ne savoient qui choisir pour lui résister & le vaincre ; il falloit au moins un *David* pour ce nouveau *Goliath*. Alors un Seigneur *de la Lande* s'offrit, accepta le défi du redoutable champion, & promit de revenir vainqueur. Avant d'entrer en lice, il se recommanda à *Notre-Dame du Mont-Carmel*, & lui promit que si, dans cette occasion importante, elle le rendoit victorieux, il fonderoit au lieu même de sa victoire une église & un monastère à son honneur. Fortifié par l'assurance d'une protection divine, la Lande, armé de toutes pièces, s'élance dans la carrière ; il charge vigoureusement son gigantesque adversaire, le terrasse & le tue: après ce succès, étonnant pour tous les spectateurs, il somma le Comte d'Armagnac de tenir sa parole & de lever le siège; ce Comte se retira avec son armée, & Bordeaux, par cette victoire, fut délivré de la famine & des ennemis.

La Lande, fidèle au vœu qu'il avoit formé avant le combat, fit bâtir le monastère des Carmes qu'on voit aujourd'hui, & pour témoignage de sa victoire, il y déposa *le collier de fer* de son ennemi; c'est une espèce de haussecol qu'on voit encore pendu au même pilier où sont les vers que nous avons rapportés. Pour récompenser ce libérateur, les habitans de Bordeaux, accordèrent à sa maison le droit de franchise, par lequel les criminels qui pouvoient s'y réfugier, étoient comme dans un asile sacré: cette maison est située *rue Neuve* (1).

Le véritable bâton de Saint-Roch est conservé dans l'église des grands Carmes. Ces bons Pères étoient dans l'usage de mettre, chaque année, à l'enchère le droit de posséder ce bâton. Les

___

(1) En 1460, un voleur, nommé *Sigale*, se réfugia dans cette maison; les Magistrats l'en firent sortir, & le firent conduire en prison. *Jean de la Lande*, successeur de celui dont nous avons parlé, fit valoir son privilège. Une sentence du Sénéchal fit sortir le criminel des prisons, confirma ce droit de franchise, & défendit à l'avenir aux Magistrats ou Procureurs de la ville d'y porter préjudice, sous peine de cinq cents livres d'amende, & ce privilège, digne des temps de barbarie, fut maintenu très-long-temps; on regardoit alors comme fort honorable le droit de protéger des scélérats.

habitans, & sur-tout les gens de commerce, persuadés que cette relique portoit bonheur à la maison dans laquelle elle étoit déposée, sacrifioient des sommes assez considérables pour la garder seulement une année. L'enchère a souvent été portée, même au commencement de ce siècle, à quinze cents, dix-huit cents, & jusqu'à deux mille livres; par la suite, la foi au bâton de Saint-Roch, s'étant réfroidie, les actions ont considérablement baissé; on a vu, dans ces derniers temps, la relique n'être louée que douze ou quinze livres, & enfin être absolument dédaignée. Les différentes valeurs attribuées à ce bâton devenoient alors le thermomètre de la superstition du peuple Bordelois.

Les Augustins ont dans leur église un tombeau magnifique, qui mérite de fixer les regards des curieux; c'est celui de M. *de Candale*, Evêque d'Aire, & Captal de Buch, mort à Bordeaux le 5 février 1594; il avoit fait dans cette ville plusieurs fondations utiles, entre autres celle d'une chaire de mathématiques qu'il dota de cinq cents livres de pension. Son mausolée est en marbre; au dessus du sarcophage est la figure à genoux du Prélat, aux quatre coins sont quatre statues en bronze, qui représentent les Vertus cardinales.

Le Palais archiépiscopal est un bâtiment moderne; sa construction, dénuée de tout membre d'architecture, est d'une simplicité que le bon goût ne sauroit approuver: un grand mur uni, percé de fenêtres: voilà l'édifice. Le dernier Archevêque, M. de Rohan, le fit bâtir ainsi, après avoir fait démolir l'ancien palais;

monument gothique, mais vénérable par son ancienneté, & magnifique par la richesse de son architecture & la délicatesse de ses ornemens (1).

Antiquités. En travaillant aux fondations de ce bâtiment, on découvrit des débris considérables qui appartenoient à un temple qu'autrefois les habitans de Bordeaux avoient élevé à *Jupiter*; le nom d'une porte voisine, appelée *Dijaux* (de Jove), les branches de chêne sculptées dans les frises, & d'autres monumens historiques, en sont la preuve; on a déterré des chapiteaux corinthiens & des tambours de colonnes cannelées d'un très-grand module; les bas-reliefs des frises & les autres ouvrages étoient d'un dessin pur & d'un travail précieux.

La Porte basse est un morceau d'architecture antique, remarquable par sa solidité, qui l'a fait triompher du temps & des conquérans; elle formoit autrefois une des portes de Bordeaux,

---

(1) On fit alors détruire le superbe jardin qui dépendoit du palais archiépiscopal. Cette promenade ombragée de marronniers touffus, & que M. de *Lussan*, prédécesseur de M. de Rohan, entretenoit avec le plus grand soin, étoit ouverte au public; les Bordelois la regretteront long-temps. On fit encore arracher & vendre les arbres d'une grande partie de la magnifique *allée d'Albret*; par bonheur le surplus de cette allée appartenoit aux Chartreux, & non point à l'évêché; car elle auroit éprouvé le même sort; ainsi, les arbres n'en furent point vendus. Ces promenades ainsi ravagées, les arbres des allées de *Tourny* étant très-petits, ceux du *jardin public* étant taillés en boule, il est bien difficile aujourd'hui de pouvoir se promener à Bordeaux à l'abri des rayons du soleil.

lorsque cette ville étoit plus étroitement circonscrite.

L'Amphithéâtre, vulgairement appelé *Palais Galien*, offre des restes d'antiquités fort intéressans ; il est situé au faubourg *Saint-Surin*. Dans les anciens titres de Bordeaux, cet amphithéâtre est nommé *les Arènes*. Le plan de cet édifice forme une éllipse entourée de cinq enceintes, dont la plus grande avoit vingt-un pieds & demi de largeur, les autres onze pieds; l'arène est de forme semblable; son plus grand diamètre est long de deux cent huit pieds, & son petit de cent soixante-huit : cette arène devoit être entourée d'un mur qui composoit la plus petite & la sixième enceinte; mais il n'a jamais été élevé au dessus de ses fondemens, dont on voit encore des traces.

L'élévation extérieure de cet amphithéâtre étoit de soixante-deux pieds; on présume qu'il n'avoit que deux étages, & que la partie du rez de chaussée étoit décorée de l'ordre toscan. Les galeries étoient au nombre de quatre ; deux au rez de chaussée, & deux au dessus. Quinze portiques conduisoient à l'arène, & les autres aux escaliers par lesquels on montoit aux vomitoires & dans les parties supérieures de l'amphithéâtre. Outre ces entrées, il y avoit aux deux extrémités du grand diamètre deux portes principales d'une construction particulière, ornées avec plus de magnificence; ces deux portes sont les parties de cet antique édifice les mieux conservées.

Celle de ces deux portes qui a le plus résisté aux ravages des temps, offre un vaste portique à plein cintre; à chaque côté sont deux pilastres doriques; une espèce d'architrave couronne cette première ordonnance; au dessus sont trois portiques égaux, celui du milieu est ouvert, ceux des côtés pourroient bien être regardés comme des niches; cette seconde ordonnance est aussi composée de pilastres, & semble avoir été terminée par un fronton.

Il reste encore une partie de la cinquième, de la quatrième & de la seconde enceinte; mais on ne peut y apercevoir aucun vestige des sièges où se plaçoient les spectateurs. L'arène est aujourd'hui un pré que l'on cultive, & les lieux anciennement destinés à renfermer les bêtes féroces qu'on y faisoit combattre, servent à renfermer du foin. La tradition qui a conservé à ce monument le nom de *Palais Galien*, fait croire qu'il fut construit sous le règne de cet Empereur, c'est-à-dire, vers le milieu du troisième siècle (1).

L'Académie royale des Belles-Lettres, Sciences & Arts de Bordeaux, est une des plus distinguées des Académies de provinces; elle fut établie par lettres patentes du 5 septembre 1712. M. *Le Bel*, Conseiller au Parlement, légua en 1738, à cette compagnie, l'hôtel qu'elle occupe aujourd'hui, rue Saint-Dominique, & en

---

(1) Voyez une Dissertation sur cet amphithéâtre, qu'on trouve avec des gravures dans les Mémoires de l'Académie des Inscriptions, tom. XXII, pag. 239. Voyez aussi la Dissertation préliminaire de l'Histoire de Bordeaux, par Dom de Vienne.

même temps sa bibliothèque, à condition qu'elle seroit publique.

Cette bibliothèque, qui est ouverte le lundi matin, le mercredi & le vendredi après midi, a été, depuis sa fondation, considérablement augmentée.

Dans une des salles de l'Académie, on voit le buste en marbre de *Montesquieu*, placé en 1768, exécuté aux frais de M. le Prince de Beauveau.

ÉVÉNEMENS remarquables. Lors de l'établissement des gabelles, les habitans du Poitou, de la Saintonge, de l'Angoumois & de la Guienne, ne virent pas sans humeur une imposition si onéreuse, si éloignée du droit naturel ; les esprits s'échauffèrent, l'émotion fut générale dans tous ces pays ; des armées de vingt ou trente mille révoltés assiégeoient les villes, afin de combattre & détruire la nouvelle troupe de préposés pour la perception de cet impôt (1).

Les habitans de Bordeaux, ardemment attachés à leurs privilèges auxquels le nouvel impôt portoit atteinte, prirent les armes en 1548. M. de *Monneins*, Lieutenant Général du Roi en Guienne, chercha à temporiser, & à employer les moyens les plus modérés. Ces moyens réussirent d'abord ; mais les habitans mutinés, pensant qu'on ne cherchoit qu'à gagner du temps, se portèrent à des excès ; ils forcè-

---

(1) Ce fut alors qu'on commença à donner par mépris, aux soldats de la Ferme, les noms de *Gabeleurs* ou *Gabelloux* qu'on leur a toujours conservés depuis.

rent l'hôtel de ville, s'emparèrent des armes & munitions qu'il renfermoit, pillèrent plusieurs maisons, mirent en fuite plusieurs Magistrats, & massacrèrent M. de *Monneins* ; enfin les séditieux auroient poussé plus loin les effets de leur fureur, lorsqu'ils furent battus, chassés ou pris ; les plus coupables furent punis du dernier supplice.

Tout étoit calmé, lorsqu'Henri II, qui commençoit à régner, crut devoir punir d'une manière exemplaire tous les habitans de Bordeaux ; il envoya dans cette ville le Connétable *Anne de Montmorenci* à la tête d'une forte armée. Ce Connétable résolut d'agir avec la dernière rigueur. Quoique les portes lui fussent ouvertes, que, bien loin de lui faire aucune résistance, on fût au devant de lui & qu'on s'occupât de préparatifs pour lui faire une réception convenable, il voulut entrer dans Bordeaux par la brèche. Il fit pointer le canon dans les principales rues qui étoient cependant, pour le recevoir honorablement, tapissées *comme en pleine joie*, dit l'Auteur de la chronique Bordeloise. Il obligea les habitans à lui remettre toutes les armes qui étoient dans Bordeaux ; il fit détruire toutes les cloches de cette ville, &c., la dépouilla de tous ses privilèges, & interdit le Parlement. Cette punition ne fut pas encore suffisante ; le Connétable de Montmorenci avoit amené des Juges, qui, après avoir fait le procès à la ville, condamnèrent, de dix en dix maisons, un Bordelois à être pendu, & la plupart des Officiers municipaux à être suppliciés dans la place publique. Ce n'étoit pas seulement les coupables qu'on vouloit rechercher pour les punir, c'étoit à tous les habitans qu'on vouloit faire expier, avec la plus grande rigueur, le crime de quelques mutins déjà punis : plusieurs innocens furent sacrifiés.

Le Duc de Montmorenci ne se contenta point d'exercer contre les malheureux Bordelois une sévérité excessive, mais il se deshonora aux yeux de la postérité (1), par une action qui fait horreur, & qui persuaderoit que la cruauté a des charmes pour les ames féroces. Voici comment ce fait est raconté par Dom *de Vienne*, Auteur de l'Histoire de Bordeaux : Un des Jurats de cette ville, nommé *Lestonat*, fut en cette occasion condamné à perdre la vie. La femme de ce Magistrat vint, dit-il, « se jeter aux pieds du Connétable, pour lui demander la grace de son mari ; elle étoit d'une beauté rare ; le Connétable en fut frappé, il lui fit entendre que la grace qu'elle sollicitoit dépendoit du sacrifice de son honneur ; elle eut la foiblesse d'y consentir. Le Connétable, après avoir passé la nuit avec elle, ayant ouvert une des fenêtres de son appartement, le premier objet qui frappa cette malheureuse femme, fut une potence à laquelle on avoit attaché le corps de son mari (2) ».

―――――――――――

(1) Je dis *aux yeux de la postérité*, parce qu'alors le brigandage, les atrocités les plus révoltantes ne déshonoroient guère les grands Seigneurs.

(2) Voyez l'*Histoire de Bordeaux*, par Dom *de Vienne*, & l'Avant-propos de la seconde Partie de l'*Histoire d'Artois*, par le même Auteur, où ce fait se

Bordeaux a été le théâtre de plusieurs événemens de cette espèce; les révoltes y ont été

trouve rapporté avec plus de détails, & d'où la citation est tirée. Les connoissances, la culture de l'esprit adoucissent les mœurs, & tempèrent le naturel le plus féroce ; ce Connétable joignoit à la cruauté des Seigneurs de son temps, l'ignorance la plus parfaite. Voici ce que le savant Abbé de *Longuerue* pensoit de lui : « C'étoit un vrai Cacique & Capitaine de Sauvages, dur, barbare, & prenant plaisir à rabrouer tout le monde ; ignorant jusqu'à avoir peine à signer son nom; haï généralement de tout le monde, se croyant grand Capitaine, & ne l'étant point, toujours battu, & souvent prisonnier.... Sa catholicité ne l'avoit pas empêché de s'unir aux *Colignis* quand il y avoit trouvé son compte ».

Brantome prétend faire l'éloge de ce Connétable, en disant : « Tous les matins il ne failloit de dire & entretenir ses patenostres, fust qu'il ne bougeast du logis, où fust qu'il montast à cheval, & allast parmi les champs, aux armées, parmi lesquelles on disoit qu'il se failloit garder des patenostres de M. le Connestable, car en lés disant ou marmotant, lorsque les occasions se présentoient... il disoit : *Allez-moi prendre un tel, attachez celui-là à un arbre, faites passer celui-là par les piques tout à cette heure, ou les arquebusez tout devant moi ; taillez-moi en pièces tous ces marauts qui ont voulu tenir ce clocher contre le Roi, brûlez-moi ce village, boutez-moi le feu par-tout à un quart de lieue à la ronde,* & ainsi tels ou semblables mots de justice ou police de guerre proféroit-il selon les occurences, sans se débaucher nullement de ses *Paters*, jusqu'à ce qu'il les eût parachevés, pensant faire une grande erreur s'il les eût remis à dire à une autre heure, *tant il étoit conscientieux* ». Quelle religion pour un premier Baron Chrétien, pour un défenseur des Catholiques ! Quel temps que celui où des petitesses ridicules, des traits de cruauté étoient vantés comme des actions honorables & vertueuses !

fréquentes; des impositions nouvelles dont on a accablé les Bordelois à diverses reprises, en ont presque toujours été les motifs : ce n'est pas qu'ils soient plus qu'un autre peuple enclins à la sédition, mais ils ont fort à cœur la conservation de leurs privilèges & de leur liberté ; leur caractère énergique & impatient du joug les a quelquefois portés à se soulever, sans réflexion, contre des charges dont l'imposition ne leur sembloit pas d'abord nécessaires ; d'ailleurs, en mille occasions, ils se sont montrés les sujets les plus zélés de l'autorité royale.

Ne parlons plus de ces événemens orageux, de ces scènes affligeantes, où les plus coupables même, justement punis, ont des droits à notre compassion. Passons à des aventures moins chagrinantes; celles que nous allons rapporter prouveront combien les *Grands* sont petits, lorsqu'ils ne font consister leur grandeur que dans leurs titres, leur dignité ou leur fortune.

Henri d'Escoubleau, Cardinal *de Sourdis*, étant Archevêque de Bordeaux, fit, en 1692, démolir deux autels de l'église cathédrale de Saint-André, contre l'avis des Chanoines ; ceux-ci résolurent de les faire relever, & pour cela ils se transportèrent dans cette église avec des maçons. L'Archevêque averti y vint à la tête de ses domestiques, pour s'opposer à cette réparation. Alors il s'éleva dans l'église, entre les Chanoines ; les Maçons & les Domestiques du Prélat, une querelle suivie d'un combat assez vif, d'où plusieurs sortirent blessés. Le Parlement ordonna que les deux autels seroient rétablis, nomma deux de ses membres pour
Commissaires

Commissaires, à l'effet de veiller à leur réparation, & fit mettre en prison tous ceux qui avoient travaillé à les démolir.

L'Archevêque fut outré de cet arrêt; pendant que les Commissaires du Parlement, assistés du Capitaine du Guet & de ses soldats, étoient dans la nef de la cathédrale, afin de veiller à la restauration des autels, il députa un Ecclésiastique pour déclarer aux Conseillers qu'ils étoient excommuniés. Ceux-ci méprisèrent cette excommunication. Alors le Prélat, furieux, envoya ses gens pour enfoncer les portes de la prison, & pour en tirer les Maçons que le Parlement y avoit fait enfermer. Il assista lui-même à cette effraction, & frappa vivement le Trésorier *Desaigues* & le Chanoine *Bureau*, qui voulurent opposer quelque résistance.

L'Archevêque vint le lendemain dans l'église de Saint-Project, c'étoit un jour de dimanche; la messe étoit alors à l'évangile, & le Curé, monté en chaire, avoit déjà commencé son prône. Le Prélat, apercevant dans cette église les deux Conseillers du Parlement qu'il avoit excommuniés, ordonna au Prédicateur de descendre, fit mettre un fauteuil sur les marches de l'autel, & prêcha avec véhémence sur le pouvoir que Dieu a donné à son Eglise, à Saint-Pierre & à ses successeurs. Après ce sermon séditieux, il prit les quatre cierges allumés de l'autel, & s'adressant aux Conseillers: *Je vous excommunie*, leur dit-il, *& en signe de ce....* Aussitôt, pour donner plus de force à l'anathême, il éteignit les quatre cierges; puis il commanda hautement aux Conseillers de sortir de l'église.

Partie III. I

Ils répondirent qu'ils respectoient beaucoup sa dignité, mais fort peu son excommunication. La querelle s'émut ; le Cardinal de Sourdis, furieux, eut recours à son dernier moyen ; il fit cesser le service, & se vengea des Conseillers, en obligeant le peuple de sortir sans avoir entendu la messe.

Sur le champ, les deux Magistrats allèrent porter leurs plaintes au Premier Président & au Maréchal d'Ornano, Gouverneur de la Guienne.

Le Cardinal refusant de donner l'absolution aux deux Conseillers Commissaires, le Parlement déclara son excommunication abusive, le condamna à la lever dans le jour, sous peine de douze mille livres d'amende à prendre sur son temporel, & députa auprès du Roi l'Avocat Général, pour remontrer à Sa Majesté qu'il seroit utile pour la ville de Bordeaux que ce Cardinal fût mandé à la Cour.

Le Cardinal, alarmé, prévint le Pape en sa faveur, leva l'excommunication, & écrivit à Henri IV contre le Parlement. Il fut mandé auprès du Roi qui l'accueillit mal ; mais ne voulant point, en cette occasion, déplaire au Pape, ce Prince prit le parti de la modération ; il exhorta le Prélat à être à l'avenir moins turbulent & moins séditieux, & le renvoya dans son diocèse, en l'exemptant de l'amende à laquelle il étoit condamné.

M. *de Sourdis* ne profita point de cette leçon, comme le témoignent les deux exemples suivans.

En 1606, quelques années après la dernière querelle, ce Cardinal excommunia un Prêtre nommé *Philippe Premier*, Curé de Ludon,

Bénéficier de Saint-Michel, & Aumônier du Maréchal d'*Ornano*. Cet Ecclésiastique, pour remplir cette dernière fonction, ne pouvoit assister à sa cure; fort de la protection du Maréchal d'Ornano, il refusa de se retirer auprès de ses paroissiens, & appela de la sentence de l'Archevêque. Le Parlement déclara l'excommunication nulle & abusive, & ordonna au Prélat de la lever dans le jour. L'Archevêque fit réponse à l'Huissier qui lui signifia cet arrêt : *Je n'ai jamais lu qu'autre que le Diable ait commandé à Notre-Seigneur, & que les seuls Ministres du Diable peuvent avoir la hardiesse de commander à un Evêque. Quant à la partie excommuniée, qu'elle se présente le jour de Noël à une heure & demie après dîné, à Saint-André, & je lui parlerai.*

Le Cardinal, après avoir signé cette réponse, excommunia tous les membres du Parlement qui avoient assisté à la prononciation de l'arrêt, & fit défenses expresses à tous les Prêtres de son diocèse de donner l'absolution à aucun d'eux. Le Roi, informé de cette seconde querelle, parvint à en arrêter les progrès. Le Prélat retira son excommunication contre le Parlement, & tout fut calmé jusqu'à une nouvelle occasion.

Cependant le Curé de Ludon restoit dans les liens de l'anathême; voyant que le Parlement avoit abandonné sa défense, il demanda enfin à rentrer au nombre des Fidèles, & à recevoir l'absolution. Le Cardinal, tout fier d'avoir au moins une victime à sacrifier à sa vengeance, voulut donner à cette cérémonie humiliante pour l'Ecclésiastique, tout l'éclat que son orgueil put lui suggérer. Dans ces dispositions, peu conformes à la charité chrétienne, il fit élever un théâtre dans la nef de la cathédrale, ordonna à tous les Curés de la ville & des environs d'annoncer au prône de leur paroisse le jour, l'heure & le lieu de cette cérémonie. C'étoit au premier dimanche de l'Avent, & à l'issue de la grand'messe : le peuple, avide d'un tel spectacle, étoit accouru en foule, & remplissoit l'église. Le Cardinal, assis sur le théâtre, vêtu de ses habits pontificaux, étoit assisté de son Chapitre qui lui servoit de Cour. Le Prêtre excommunié, en soutanne & en manteau, vint se coucher à ses pieds, & pendant qu'on récitoit le *Miserere*, le Prélat, armé d'une verge, frappoit à coups redoublés sur le corps étendu du malheureux Curé; cette cérémonie fut suivie de plusieurs autres aussi humiliantes; enfin l'Archevêque donna l'absolution au patient, & lui imposa des pénitences particulières & publiques, très-rigoureuses.

L'aventure suivante devint plus sérieuse, & peu s'en fallut qu'elle n'eût des suites très-funestes pour le Cardinal de Sourdis.

Pendant le séjour que fit Louis XIII à Bordeaux, en 1615, lors de la célébration de son mariage en cette ville (1), le Parlement profita

---

(1) Le mariage de Louis XIII fut accompagné de fêtes magnifiques. Lorsque le jeune Roi entra à l'hôtel de ville, on servit sur deux longues tables une superbe collation ; « mais il y eut une grande confusion, dit l'Auteur de *la Chronique Bordeloise* ; car après que le Roi eut pris un plat où étoit en sucre le temple de Salomon

de la présence du Souverain pour condamner au dernier supplice plusieurs scélérats, qui, parce qu'ils étoient Gentilshommes, & qu'ils avoient des châteaux fortifiés, se croyoient absolument à l'abri des poursuites de la justice. Un Gentilhomme du Querci, nommé *Antoine Castagnet*, sieur de *Hautcastel*, étoit de ce nombre. Le Parlement l'avoit condamné à avoir la tête tranchée pour des crimes énormes. Le Cardinal de Sourdis & le Maréchal de Roquelaure, qui s'intéressoient vivement pour ce scélérat, demandèrent sa grace à Louis XIII, & l'obtinrent; cette grace fut signifiée quelques heures avant le moment de l'exécution du criminel. Le Parlement ne crut pas devoir le relâcher, sans avoir auparavant remontré au Roi l'énormité du crime, & la nécessité de la punition. Louis XIII, mieux instruit, révoqua la grace. L'arrêt alloit être exécuté ; mais les protecteurs du criminel avoient fait disparoître le Bourreau ; on ne le trouva qu'à dix heures du soir, ivre & incapable de remplir sa fonction. Le Maréchal de Roquelaure, voyant que le cri-

---

avec force singularités, pour le réserver & le faire porter, toute la Noblesse, avec d'autres survenans qui s'étoient glissés dans la salle, se jetèrent si avidement sur lesdites confitures, qu'ils renversèrent plats & tables, & cassèrent presque tous lesdits plats & bassins qui étoient de vaisselle de faïence ; se jetèrent tous sous les planches pour amasser lesdites confitures ; & le Roi étoit tout assiégé de tels gens ; & fut contraint de donner un soufflet à un jeune enfant qui se fourroit jusqu'aux jambes de Sa Majesté ».

minel alloit être exécuté le lendemain à midi, fit naître plusieurs difficultés, pour gagner du temps. Le Cardinal de Sourdis, qui avoit encore plus à cœur la délivrance du condamné, eut recours à un moyen bien simple. Il monte à cheval, en manteau rouge, accompagné de quarante ou cinquante Gentilshommes, marche à la tête de sa troupe vers le palais, en trouve la porte fermée, la fait enfoncer à coups de marteau. Le concierge ayant refusé de remettre la clef de la chambre où étoit enfermé *Hautcastel*, un Gentilhomme de la suite du Cardinal, nommé *Moulin-Darnac*, plonge son épée dans le corps de ce malheureux, qui mourut une demi-heure après. On se saisit alors des clefs; *Hautcastel* est tiré de sa prison; le Cardinal fait monter ce scélerat dans son carrosse, part avec lui, & l'amène dans son château de Lormon.

Le Roi, la Reine & le Nonce du Pape qui se trouvoit alors à Bordeaux, blâmèrent hautement la conduite violente de l'Archevêque, & son crime auroit reçu le châtiment mérité, si les vives sollicitations du Nonce du Pape n'eussent désarmé la justice du Roi; le Pape à qui, par faveur, la connoissance de cette affaire fut renvoyée, interdit l'Archevêque, & le Roi l'exila.

Henri de Sourdis, frère du Cardinal de ce nom dont nous venons de parler, lui succéda à l'archevêché de Bordeaux; il avoit été militaire, & employé, pendant le siège de la Rochelle, à l'intendance de l'artillerie; on va voir qu'en changeant d'habits & d'état, Henri de Sourdis conserva le caractère de son premier métier, &

en occupant la même place que son frère, il s'y montra avec la même vanité, avec la même humeur hautaine & querelleuse; ses démêlés violens avec le Duc d'*Epernon* en sont la preuve.

Le Duc d'Epernon, le plus fier, le plus arrogant, & peut être le plus criminel de son siècle (1), étoit Gouverneur de la province pendant qu'Henri *de Sourdis* étoit Archevêque de Bordeaux. Ces deux hommes, également jaloux de leurs prérogatives, auxquelles la moindre atteinte leur causoit de vives émotions, ne purent long-temps vivre en bonne intelligence. Ils nourrissoient déjà l'un contre l'autre une animosité fondée sur ce que tous les deux s'étoient réciproquement offensés en manquant à l'étiquette : bientôt l'occasion fit éclater leur secrète haine. Les gens de l'Archevêque eurent une querelle avec les gardes du Duc d'Epernon, & en furent très-maltraités. Le Prélat se plaignit vivement, & demanda main-forte aux Jurats. Le Duc d'Epernon ordonna à *Naugas*, Lieutenant de ses gardes, d'aller se présenter, avec sa troupe, devant l'Archevêque, pour lui demander quels étoient ceux dont il avoit à se plaindre. Le Prélat, en voyant sur son passage ces gardes, assemblés, crut qu'on vouloit l'insulter : il étoit en carrosse ; il commanda à son cocher de passer outre. Le Lieutenant des gardes, qui avoit ordre de lui parler, crioit au cocher d'arrêter ; celui-ci

---

(1) Le Duc d'Epernon est violemment accusé d'avoir contribué à l'assassinat d'Henri IV.

I iv

ne répondoit qu'en accélérant sa marche : enfin, voyant ce mal-entendu, *Naugas* arrête lui-même les chevaux ; alors l'Archevêque épouvanté descend promptement de son carrosse, se sauve à pied dans son palais, en criant qu'on en vouloit à sa vie ; aussi-tôt il assemble son clergé, députe deux Ecclésiastiques au Duc d'Epernon, qui plaisanta sur l'alarme de Sa Grandeur, & les renvoya sans une réponse satisfaisante.

L'Archevêque, piqué de nouveau, excommunia le Lieutenant des gardes & tous ceux de sa troupe. Peu de jours après, ayant aperçu dans la cathédrale quelques-uns de ces gardes excommuniés, il leur ordonne impérieusement de sortir : ceux-ci refusent de lui obéir. L'Archevêque administroit au peuple le Sacrement de confirmation ; il interrompt la cérémonie, & veut se deshabiller ; mais les cris des assistans l'en empêchent. Il s'avise alors d'un autre moyen ; il s'arme de sa crosse, marche droit vers les gardes, & les pousse lui-même hors de l'église.

Le Duc d'Epernon fit assembler des Docteurs qui examinèrent la validité de l'excommunication, & qui prononcèrent qu'elle avoit été lancée sans fondement. Le Prélat, outré de se voir ainsi abandonné par les gens même du parti ecclésiastique, fulmina contre ces déserteurs une longue sentence d'interdit, & convoqua une assemblée des principaux Ecclésiastiques de la ville qui lui étoient restés fideles.

Pour empêcher la tenue de cette assemblée

qui alloit donner plus d'importance à la querelle, le Duc d'Epernon ordonna à ses gardes de se placer dans les avenues du palais archiépiscopal, afin de s'opposer au passage de ceux qui devoient s'y rendre. A cette nouvelle, le Prélat entre en fureur, & pour rendre plus sacrés les mouvemens de sa vengeance, il endosse ses habits pontificaux, assemble plusieurs Ecclésiastiques, & dans l'appareil le plus imposant, sort avec eux à pied, parcourt les principales rues de la ville, ameute la populace, en criant : *A moi, mon peuple, il n'y a plus de liberté pour l'Eglise*; & le peuple le suivit en foule, disposé à défendre son Archevêque.

Le Duc est bientôt instruit de cette marche séditieuse; il monte en carrosse, accompagné du Comte de Maillé & du Commandeur d'Illières, atteint le Prélat & sa troupe dans la place Saint-André, & l'ayant aperçu comme il étoit sur le point d'entrer dans son palais, il descend de carrosse, court à lui, & le saisissant brusquement par le bras : *Vous voilà donc, impudent, qui faites toujours du désordre*, lui dit-il en levant sa canne pour le frapper. L'Archevêque, sans s'effrayer, lui répondit qu'il faisoit son devoir. *Vous êtes un insolent*, répliqua le Duc, *un brouillon, un méchant & un ignorant; je ne sais ce qui me tient que je ne vous mette sur le carreau*; en prononçant ces paroles, il lui appliquoit le poing tantôt sur l'estomac, tantôt sur le visage. Comme l'Archevêque avoit gardé son chapeau sur la tête, le Duc, d'un coup de canne, le fit voler dans la place avec la calotte. *Si tu m'a frappes, tu es excommunié*, crioit le Prélat. — *Je ne sais ce qui m'empêche de te donner des coups de bâton*, répétoit le Duc. — *Frappe, tyran*, s'écrie ensuite l'Archevêque, *frappe, tes coups seront pour moi des lis & des roses. Je t'excommunie.* Le superbe d'Epernon, blessé de cette dernière parole, poussa la pointe de sa canne contre l'estomac de l'Archevêque, & alloit faire tomber sur lui une grêle de coups, lorsqu'il fut arrêté par le Comte de Maillé & le Commandeur d'Illières.

Les Ecclésiastiques qui accompagnoient le Prélat dans cette expédition, participèrent aux disgraces du combat, plusieurs furent maltraités; le Promoteur eut la barbe brûlée, & le Prieur de Montravel fut grièvement blessé.

A peine l'Archevêque battu fut-il rentré chez lui, qu'il s'occupa de la vengeance; les premiers effets consistèrent à faire fermer les églises, à en tirer le Saint-Sacrement, & à le transporter chez lui, enfin à excommunier authentiquement le Duc d'Epernon.

Cette affaire fit beaucoup de bruit; la Cour en fut bientôt informée. Le Cardinal de Richelieu embrassa vivement la défense de l'Archevêque de Bordeaux; le Duc d'Epernon fut exilé, & dans la suite il fut condamné à recevoir l'absolution des mains même du Prélat qu'il avoit battu.

Le 19 avril 1761, un événement d'une autre espèce épouvanta les habitans de Bordeaux. Entre onze heures & midi on vit tomber une pluie mêlée d'une poussière jaune, semblable à de la fleur de soufre, mais d'une couleur encore plus vive; toute la ville en fut couverte de l'épaisseur de deux lignes. Les habitans effrayés crurent que c'étoit une pluie de soufre. Pendant que les ignorans & les superstitieux créoient des chimères, trembloient pour des malheurs dont cette pluie extraordinaire leur paroissoit un présage certain, les Savans ramassèrent de cette poussière, & l'examinèrent attentivement au microscope. Ils découvrirent enfin qu'elle provenoit des étamines des fleurs de pins qui sont en abondance dans les landes de Bordeaux; qu'un tourbillon de vent ayant enlevé cette poussière, l'avoit apportée à Bordeaux; le 20 du même mois on vit encore dans cette ville le même phénomène reparoître.

CARACTÈRES des Bordelois. Les voyages, la fréquentation des Etrangers, la politesse du siècle, une éducation plus soignée ont beaucoup adouci, à Bordeaux, les traits peu avantageux qui caractérisent l'esprit dominant de toute la Gascogne (1). Les habitans de cette capitale se font sur-tout remarquer par leur activité & leur bonne foi dans le commerce; mais ils sont méprisans pour tout ce qui n'est pas riche, pour tout ce qui n'est pas de Bordeaux. La jeunesse, bouillante & courageuse, a conservé ce caractère audacieux qui fait des héros dans les combats, & des tapageurs en temps de paix: les duels y sont assez fréquens. Les filles publiques

---

(1) Voyez ci-devant ce que nous avons dit du caractère des Gascons, à la fin de l'article du Tableau général de la Guienne & de la Gascogne, page 61, &c.

paroissent en proportion aussi brillantes & aussi nombreuses qu'à Paris. Les meilleures dispositions à la raison y sont étouffées par la vanité d'usage : paroître est un mot dont la puissance occulte assujettit tous les esprits à la même loi ; cette foiblesse est continuellement alimentée, ainsi que le luxe & la débauche, par le concours des habitans des Colonies de l'Amérique, qui, empressés de jouir, viennent dissiper dans cette ville leurs richesses avec un éclat séduisant, qui donne au luxe & aux vices une considération funeste : leur or & leurs désirs épuisés, ils partent & dérobent au lieu où ont triomphé leurs désordres, le salutaire exemple des maux qui les suivent.

COMMERCE. Bordeaux est une des villes les plus commerçantes du royaume ; l'exportation considérable de ses vins dans les pays étrangers, l'importation de la plus grande partie des denrées des Colonies d'Amérique, qui, de Bordeaux, se distribuent ensuite dans toute l'Europe, forment les principales sources de son commerce ; elle tire encore un grand avantage du débit des eaux-de-vie & des prunes.

POPULATION. Cette ville étant le siège d'un Parlement, d'un Archevêque, &c., & son commerce étant très-étendu, sa population est très-abondante : on évalue le nombre des habitans à environ quatre-vingt-dix mille ames.

AIGUILLON.

Petite ville d'Agenois, avec le titre de Duché-Pairie, située à cinq lieues d'Agen, à vingt de Bordeaux, sur la rive droite de la Garonne,

& au confluent de cette rivière & de celle du Lot.

Cette ville est connue dans l'Histoire par le siège opiniâtre qu'elle soutint pendant quatorze mois, contre Jean, Duc de Normandie, & depuis Roi de France ; il ne parvint point à réduire cette place, qui étoit défendue par *Gautier de Mauny*, homme d'un grand courage. Le Duc de Normandie leva le siège d'Aiguillon le premier octobre 1346, par l'ordre du Roi Philippe son père, qui, dès le 26 du mois d'août de la même année, avoit perdu la bataille de Crecy. On croit que c'est au siège d'Aiguillon qu'on s'est servi pour la première fois de canons en France.

Cette ville fut érigée en Duché-Pairie l'an 1599, par le Roi Henri IV, en faveur d'Henri de Lorraine, Duc de *Mayenne*; mais ce Duché étant revenu à la couronne, la ville d'Aiguillon fut de nouveau érigée en Duché-Pairie en 1634, par Louis XIII, en faveur d'Antoine *de Lage*, Seigneur de Puy-Laurent ; ce Seigneur étant mort à la Bastille, la Duché-Pairie d'Aiguillon s'éteignit ; mais en 1638 le Roi la fit revivre en faveur de Madelaine de Vignerot, veuve d'Antoine du Roure, sieur de Comballet, avec cette clause remarquable : *Pour en jouir par ladite dame, ses héritiers & successeurs, tant mâles que femelles, tels qu'elle voudra choisir.* En vertu de cette clause, Madelaine de Vignerot appela par son testament de l'année 1674, à cette Duché-Pairie, *Marie-Thérèse* sa nièce, à laquelle elle substitua son petit neveu Louis, Marquis *de Richelieu*, dont la fils, Comte d'Agenois, a été declaré Duc d'Aiguillon par arrêt du Parlement de 1731, contradictoire avec tous les Pairs de France. Emanuel-Armand de Vignerot *Dupleſſis*, petit-fils de Louis, Marquis de Richelieu, est aujourd'hui *Duc d'Aiguillon* depuis l'an 1731, par la démiſſion que ſon père fit en ſa faveur.

Ce Seigneur n'a rien négligé pour embellir ce lieu. La ville est dans une poſition des plus heureuſes que l'on connoiſſe; deux belles rivières, le Lot & la Garonne, baignent le pied du côteau ſur lequel elle est bâtie; au deſſus est le château, qui domine ſur une plaine des plus riantes & des plus fertiles de la Guienne. Ce château, autrefois d'une ancienne conſtruction, offre aujourd'hui ce que l'architecture moderne a de plus recherché: le veſtibule, où l'on voit pluſieurs rangs de colonnes, annonce ſa grande magnificence.

A G E N.

Cette ville ancienne a le titre de Comté; elle est auſſi épiſcopale, & capitale du pays de l'Agenois; elle est ſituée ſur la rive droite de la Garonne, à onze lieues & demie de Montauban, à dix-ſept de Toulouſe, à huit de Condom, & à vingt-trois de Bordeaux.

On ignore l'origine de cette ville; on ſait ſeulement que du temps des Gaulois, elle étoit le chef-lieu des *Nitiobriges*: il en est fait mention au ſixième ſiècle. *Didier*, Duc de Toulouſe, conformément aux ordres de Chilpéric, ſe rendit maître d'Agen, il y fit priſonnière la femme du Duc Ragnoalde, qui, dans la crainte d'être maltraitée par le vainqueur, s'étoit réfugiée dans l'église de Saint-Capraise. Didier, sans égard pour un lieu qui, suivant l'opinion de son temps, étoit un asile inviolable, l'arracha de cette retraite, fit arrêter tous ses domestiques, se saisit de tous ses biens, & la fit conduire à Toulouse; pour éviter de nouveaux outrages, cette Dame se réfugia dans l'église de Saint-Saturnin, où elle fit sa demeure.

Après la prise d'Agen, Didier s'empara de l'Agenois, & l'unit, ainsi que le Périgord, au domaine du Roi Chilpéric.

L'Archevêque *Turpin* dit, dans la Vie de Charlemagne, que ce Prince défit les Sarrasins auprès de cette ville. Le château d'Agen étoit fort célèbre autrefois; il n'en reste plus aucune trace.

DESCRIPTION. Cette ville est située dans un pays beau & fertile; des plaines très-bien cultivées, des côteaux couverts de vignes jusqu'au sommet, des arbres fruitiers de toute espèce offrent, dans les environs, un spectacle satisfaisant pour l'esprit & pour les yeux; mais l'heureuse situation de ce pays a quelquefois été funeste à ses habitans; leur richesse devint, dans les premiers temps de la monarchie, l'objet de l'avidité des Barbares, Vandales, Sarrasins, ou Normands.

La ville est mal bâtie; les rues en sont étroites, tortueuses & sales; la cathédrale & la collégiale de *Saint-Capraise* sont les principaux édifices; l'église la plus remarquable est celle des *Carmélites*.

Les murs y sont peints en clair-obscur; le plafond offre un toît, à travers lequel on semble apercevoir le ciel; on y voit dans les nuages Sainte Thérèse en extase, étendant les bras vers son céleste époux qui descend environné de sa gloire; si l'on ne se rappeloit pas que ces figures sont dans une église de Carmélites, on croiroit voir, à l'air passionné qui les anime, l'histoire de Jupiter & de Semelé. Auprès de ce morceau de peinture on lit: *Quid non conatur amor ! cœlos in terris adumbrare Carmeli filiæ tentantur, anno salutis* 1773.

On voit encore les tourelles & les creneaux qui formoient les fortifications de la ville. *Le Cours* s'étend sur les bords de la Garonne, & forme une promenade qui, par ses propres agrémens & par la vue qu'elle présente, dédommage un peu de l'irrégularité de la ville.

Au nord d'Agen s'élève un rocher, au sommet duquel est un couvent dont la chapelle & quelques-unes des cellules adjacentes sont taillées dans le roc; ces excavations ont été faites autrefois par des Hermites. On y voit aussi une source qui ne tarit jamais, & qui, suivant les anciennes légendes, fut ouverte miraculeusement par Saint-Capraise. Comme un autre Moïse, ce Saint fit tout à coup jaillir l'eau du rocher en le frappant d'une baguette; on croit qu'il fut le premier Evêque d'Agen, & qu'il habita cet hermitage. De ce rocher, on jouit d'une des plus belles vues qui soient en France; on domine sur de vastes campagnes, sur la ville d'Agen, & sur les prairies des environs, où l'on voit couler la Garonne,

Il existe à Agen une société libre des Belles-Lettres & Arts.

Si les Voyageurs Bachaumont & Chapelle ne trouvèrent pas cette ville bien curieuse, ils furent au moins enchantés de la beauté des femmes qui l'habitoient :

>Agen, cette ville fameuse,
>De tant de belles le séjour,
>Si fatale & si dangereuse
>Aux cœurs sensibles à l'amour.
>Dès qu'on en approche l'entrée,
>On doit bien prendre garde à soi;
>Car tel y va de bonne foi,
>Pour n'y passer qu'une journée,
>Qui s'y sent, par je ne sais quoi,
>Arrêté pour plus d'une année.

Ces aimables Voyageurs ajoutent en prose : « Ces Dames ont tant de beauté, qu'elles nous » surprirent dans leur premier abord, & tant » d'esprit, qu'elles nous gagnèrent dès la pre- » miere conversation &c. »

Evénemens remarquables. Joseph-Juste Scaliger, Poète, Critique, & un des plus savans de son siècle, étoit d'Agen ; il raconte que pendant les premiers troubles, causés par le fanatisme, on fit pendre plus de trois cents Religionnaires : « Jamais, dit-il, en aucune ville de France il n'y eut tant d'hommes tués par main de justice.... Il y avoit plus de quatre mille personnes de la religion. On brûla à Agen, ajoute le même Auteur,... un Jacobin, Frère

Jérosme, foit cruellement, pour être de la religion. On dit qu'on brûle tous les procès des hérétiques ; mais il se trouve toujours des gens curieux qui les gardent ; mon frère eut celui-là, & l'envoya à Genève où on l'a mis au livre des martyrs ».

Marguerite de Valois, après avoir perdu son amant *Chanvallon*, parti pour l'Allemagne ; après lui avoir donné quelques successeurs, voulut enfin se dérober aux reproches du Roi son mari ; elle quitta brusquement *Nérac*, où étoit la Cour de Navarre, & se réfugia à *Agen* qui formoit une partie de sa dot. Cette ville tenoit pour les Catholiques ligués contre le Roi son époux. Afin d'y être mieux reçue, elle prétexta sa religion, & dit qu'elle avoit abandonné son mari, *parce qu'elle ne pouvoit plus vivre avec un Prince excommunié par le Pape* (1).

Cette scrupuleuse Princesse, qui ne pouvoit pas vivre à Nérac avec un époux *excommunié*, vivoit à Agen avec des amans qui ne l'étoient pas. Ses débauches & les extorsions de Madame de Duras, qui l'accompagnoit, la rendirent odieuse aux habitans, & pour l'obliger à n'y

---

(1) Sixte Quint venoit en effet de lancer sa fameuse bulle d'excommunication contre le Roi de Navarre, le Prince de Condé son cousin, & autres Princes leurs adhérens. Le Parlement s'opposa vigoureusement à cette bulle. *François Hotman* eut le courage d'afficher aux portes du Vatican une protestation qui comprenoit un appel à un Concile libre, & même une excommunication contre le Pape auteur de la Bulle.

plus demeurer, ils consentirent à ce que le Maréchal de Matignon fît le siège de cette ville qui se rendit sur le champ. La Reine de Navarre fut alors forcée de décamper & de se sauver en désordre jusqu'au château du *Carlat* (1).

VILLENEUVE D'AGENOIS.

C'est une petite ville située sur les bords de la rivière du Lot, à six lieues d'Agen, dans une plaine fertile & agréable, & où l'on voit un beau pont.

Dans le temps que Marguerite de Valois faisoit la guerre, dit M. de Saint-Foix, à Henri III

___

(1) Voici comme à cette occasion on fait parler Henri IV dans la Pièce intitulée : *Le Divorce satirique*. « Ce haut de chausse à trois culs se laisse derechef emporter à lubricité & débordée sensualité, me quittant sans mot dire, & s'en allant à *Agen*, ville contraire à mon parti, pour y établir son commerce, & avec plus de liberté continuer ses ordures; les habitans, présageant d'une vie insolente, d'insolens succès, lui donnèrent occasion de partir avec tant de hâte, qu'à peine se put-il trouver un cheval de croupe pour l'emporter, ni des chevaux de louage, ni de poste, pour la moitié de ses filles, dont plusieurs la suivoient à la file, qui, sans masque, qui, sans devantier, & telles sans tous les deux, avec un désarroi si pitoyable, qu'elles ressembloient mieux à des garces de Lansquenets à la route d'un camp, qu'à des filles de bonnes maisons; accompagnée de quelque Noblesse mal harnachée, qui, moitié sans bottes, moitié à pied, la conduisirent, sous la garde de *Lignerac*, aux monts d'Auvergne, dans *Carlat*, d'où Marsé, frère de Lignerac étoit châtelain; place forte, mais ressentant plus sa tannière de larrons que la demeure d'une Princesse, fille, sœur & femme de Rois ».

son frère, & au Roi de Navarre son mari, elle avoit campé sa petite armée devant Villeneuve d'Agenois; elle ordonna à trente ou quarante soldats de conduire *Charles de Cieutat* aux pieds des murailles, & de le tuer, si son fils, qui commandoit dans cette place, refusoit d'en ouvrir les portes. *Cieutat*, après qu'on eut fait cette indigne sommation à son fils, lui cria : *Songe à la fidélité & au devoir d'un François, & que si j'étois capable de te dire de te rendre, ce ne seroit plus ton père qui te parleroit, mais un traître, un lâche, un ennemi de ton honneur & de ton Roi.* Ses gardes avoient déjà le bras levé, & alloient le frapper; le jeune Cieutat leur fit un signe; on ouvrit la porte; il sortit avec trois ou quatre hommes, feignit de parlementer, & mettant tout à coup l'épée à la main, il fondit avec tant d'impétuosité sur ceux qui tenoient l'épée nue sur son père, & fut si soudainement secondé par plusieurs soldats de sa garnison, qu'il le délivra.

Cette ville fut prise & ravagée par le parti des Protestans, qui détruisirent sur-tout un monastère de l'ordre de Saint-Benoît. Les Bénédictins, Auteurs du *Voyage Littéraire*, disent, en parlant de Villeneuve, qu'ils virent encore dans les débris de l'ancienne église de ce monastère, sous le maître-autel, un grand tombeau de marbre blanc, avec cette inscription :

Hîc requiescit beatissimus
Advinus, Episcopus urbis Romæ.

On croit que ce bienheureux *Adouin* étoit

un Evêque envoyé de Rome, qui mourut dans ce lieu. « Il y a quelques années, continuent les mêmes Auteurs, qu'un homme d'autorité ayant vu ce tombeau, voulut l'enlever, pour l'employer à un usage profane. Il envoya du monde avec des ordres précis, auxquels on ne pouvoit pas résister, pour le transporter dans son palais. On le tira de l'église ; mais quand il en eut été tiré, *le tombeau devint immobile.* Au lieu de quatre ou de six bœufs qu'on avoit pris pour en faire le transport, on les multiplia jusqu'à quatorze ; mais on reconnut que si quatorze bœufs n'avoient pu enlever ce que quatre devoient aisément porter, on emploieroit inutilement un plus grand nombre ; ainsi, on fut obligé de laisser le tombeau dans sa place. J'aurois pris ce fait pour une fable, ajoute le crédule Bénédictin, s'il n'étoit tout à fait récent, & s'il n'étoit attesté par des personnes auxquelles on n'a pu refuser créance ».

NÉRAC.

Jolie petite ville, chef-lieu du Duché d'Albret, avec un grand château, située sur la rivière de Baise, à trois lieues de Condom, à onze de Bazas & à vingt-deux de Bordeaux.

Les Rois de Navarre ont fait long-temps leur séjour dans le château de Nérac. Henri IV & sa femme *Marguerite de Valois* y ont tenu pendant quelque temps leur Cour ; c'est ce qui a donné de la célébrité à cette ville.

Catherine de Médicis & Henri, Roi de Navarre, son gendre, y tinrent, en 1579, une conférence dont l'objet étoit de redreſſer les griefs réciproques des Catholiques & des Proteſtans, & l'on convint de la paix.

DESCRIPTION. La ville eſt diviſée, par la rivière de Baiſe, en grand & petit Nérac. Le château, qui eſt dans la partie du grand Nérac, fut bâti par les Anglois; ſon architecture eſt dans le beau genre du gothique anglois. On voit dans cette ville de belles promenades.

Marguerite de Valois, première femme de Henri IV, ſe plaiſoit beaucoup à Nérac; elle dit dans ſes Mémoires, que ſa Cour y étoit plus belle que celle de France; elle en trouvoit les courtiſans *auſſi honnêtes gens que les plus galans qu'elle eût vûs à la Cour* (1). « Il n'y avoit rien à regretter en eux, ajoute-t-elle, ſinon qu'ils étoient Huguenots; mais de cette diverſité de religion, il ne s'en oyoit point parler; le Roi mon mari, & Madame la Princeſſe ſa ſœur, allant d'un coſté au preſche, & moi & mon train à la meſſe, en une chapelle qui eſt dans le parc; d'où comme je ſortois nous nous raſſemblions pour nous aller promener enſemble, ou dans un très-beau jardin qui a des allées de lauriers & de cyprès fort longues, ou dans le parc que j'avois fait faire, en des allées de trois mille pas, qui ſont au long de la rivière, & le reſte de la journée ſe paſſoit en toutes ſortes de *plaiſirs honnêtes*, le bal ſe tenant d'ordinaire l'après dînée, & le ſoir, &c. »

---

(1) *Honnête* ſignifioit alors *poli;* Brantome appelle *honnêtes* pluſieurs femmes de ſon temps qui ne l'étoient guère.

La guerre étant allumée entre le Roi de Navarre & le Roi de France, cette Reine obtint du Roi son mari, & du Duc de Biron qui commandoit pour le Roi de France, que Nérac seroit neutre, & qu'à trois lieues de cette ville on ne feroit point la guerre; mais cette neutralité ne devoit avoir lieu que dans le cas où le Roi de Navarre ne se trouveroit pas dans la place. Cette condition fut respectée par le Duc de Biron; mais Henri, amoureux de *la belle Fosseuse*, venoit, malgré le traité, quelquefois à Nérac se délasser des travaux militaires dans les bras de sa maîtresse; il y passa une fois trois jours de suite. Biron en fut averti, & comme il ne cherchoit qu'une occasion favorable pour prendre le Roi de Navarre, il s'approcha de cette ville jusqu'à la portée du canon : mais le temps n'étoit point favorable, & Henri venoit de recevoir de nouvelles troupes que M. de la Rochefoucauld lui avoit amenées. Biron abandonna son projet, & se contenta de faire tirer sept à huit volées de canon contre la ville, dont l'une atteignit le château; en se retirant il envoya un trompette pour excuser sa démarche.

Le 2 juin 1621, les Ducs de Rohan & de Laforce se rendirent maîtres de Nérac, & y laissèrent une forte garnison. Le Duc de Mayenne investit cette ville le même jour, & en fit le siège, qui fut violent & de longue durée. Le 25 du même mois, la garnison de Nérac fit une sortie imposante, mais qui n'eut point de succès; elle fut enfin forcée de capituler. *Vignole*, qui donne de grands détails sur ce siège, rapporte, comme une chose rare, que la capitulation fut exactement observée de la part des vainqueurs, que les soldats ne pillèrent aucun logis, & que lorsque le Général entra trois heures après que ses troupes y furent arrivées, « il trouva toutes les boutiques ouvertes, le pain, le vin, le fruit & toutes sortes de denrées sous la halle, *pour de l'argent*, comme à l'ordinaire ».

La rivière de Baise, qui commence à être navigable à Nérac, rend cette ville un peu commerçante.

GASCOGNE.
LECTOURE.

VILLE ancienne, dans l'Armagnac, capitale de la *Lomagne*, avec un évêché, située sur une montagne à six lieues de la rive gauche de la Garonne, à quatre lieues de Condom, à sept de Nérac, & à six d'Auch.

ORIGINE. Cette place étoit connue du temps des Romains, sous le nom de *Lactora*; on y a découvert plusieurs antiquités, & il en existe encore d'assez remarquables, dont nous parlerons.

HISTOIRE. Lectoure étoit le séjour ordinaire des Comtes d'*Armagnac*, Princes souverains. Jean V, le dernier de ces Comtes succéda, en 1450, à Jean IV, son père. Ce Comte avoit une sœur nommée *Isabelle*, qui étoit d'une beauté extraordinaire; il en devint éperdûment amoureux, & eut d'elle deux enfans. Cet inceste lui attira l'excommunication du Pape & l'indignation de Charles VII. Ce Roi lui députa des gens de confiance pour lui remontrer son devoir, avec promesse, s'il vouloit renoncer à cette liaison illégitime, de lui faire obtenir l'absolution. Le Comte d'Armagnac promit de rompre ses criminelles habitudes, & le Pape lui envoya l'absolution. Mais sa passion étoit trop vive; au lieu de chercher à la vaincre, il mit dans ses intérêts deux Ecclésiastiques en dignité, *Antoine de Cambray*, Référendaire du Pape, qui fut depuis Evêque d'Alet, & *Jean de Voltaire*, Notaire apostolique. Ces deux Prêtres lui fabriquèrent de fausses lettres par lesquelles le Pape lui permettoit d'épouser sa sœur. Le Comte força un de ses Chapelains de lui donner la bénédiction nuptiale dans son château de Lectoure, &, de cette union irrégulière, il eut un troisième fils. A cette nouvelle, le Pape excommunia une seconde fois le frère & la sœur. Charles VII envoya de nouveau auprès d'eux pour les porter à rompre des liens si scandaleux; mais les démarches du Roi de France ne firent pas plus d'effet que l'excommunication du Pape.

Charles VII, ayant eu depuis un nouveau sujet de mécontentement, à l'occasion de l'élection d'un Archevêque d'Auch, ne crut plus devoir alors garder aucun ménagement avec le Comte d'Armagnac; il envoya, en 1455, une armée de vingt-quatre mille hommes qui assiégea Lectoure. Le Comte & Isabelle sa sœur ayant trouvé le moyen de s'évader, se réfugièrent dans les états du Roi d'Arragon. Lectoure se rendit, & toutes les terres du Comte d'Armagnac furent saisies. L'année suivante, *Jean V* fut ajourné au Parlement de Paris; il comparut, & après avoir subi son interrogatoire, il fut mis en prison, d'où il parvint à s'échapper. Le Parlement continua ses procédures, & par arrêt du 13 mai 1460, bannit le Comte du royaume, & confisqua tous ses biens au profit du Roi.

Jean V, dépouillé de toutes ses possessions, jugea que le parti le plus salutaire à prendre, étoit d'intéresser le Pape en sa faveur; & afin de témoigner une parfaite contrition, il fit le voyage de Rome en mendiant son pain. Pie II lui imposa une pénitence rigoureuse, lui donna l'absolution, & écrivit au Roi Charles VII, pour obtenir de lui la grace du Comte pénitent. Le Roi fut inflexible; le Comte continua de vivre hors du royaume, & Isabelle sa sœur prit le voile dans le monastère du Mont-Sion, à Barcelonne.

Aussi-tôt que Louis XI fut monté sur le trône de France, il rétablit le Comte d'Armagnac dans ses domaines, lui restitua le château de Lectoure & autres places. Mais le Comte, peu sensible à ce bienfait, prit bientôt les armes contre le Roi dans la guerre appelée *Ligue du bien public*. Louis XI, indigné de cette ingratitude, envoya vers Lectoure une armée commandée par le Comte Dammartin. Le Comte d'Armagnac prit la fuite & sortit du royaume. *Charles*, frère & ennemi du Roi, étant Duc de Guienne, le rappela, le rétablit dans ses biens, & accrut même son autorité; mais il mourut bien-tôt (1). Louis XI, qui avoit vu avec peine la faveur que son frère accordoit au Comte d'Armagnac, envoya contre lui une armée formidable qui vint assiéger Lectoure. Cette armée, composée de quarante mille hommes, étoit commandée par Pierre de Bourbon,

---

(1) Il mourut, le 28 mars 1472, à Bordeaux, dit-on, après avoir mangé la moitié d'une pêche empoisonnée, que l'Abbé de Saint-Jean d'Angely lui présenta,

Sire de Beaujeu, & par le Cardinal *Jean Geoffroy*, Archevêque d'Alby. Le Comte d'Armagnac ne pouvant résister à tant de forces, pressé d'ailleurs par la disette qui commençoit à se faire sentir dans Lectoure, demanda, le 15 juin 1472, à capituler. Il rendit la place & abandonna ses domaines, à condition que le Roi lui feroit une pension de douze mille livres. Le Sire de Beaujeu prit possession de Lectoure, y établit une garnison, & congédia l'armée. A la fin d'octobre suivant, le Comte d'Armagnac, qui s'étoit ménagé des intelligences dans cette ville, la fit surprendre par le cadet d'*Albret*, qui fit prisonniers le Sire de Beaujeu & autres Officiers.

Louis XI, plus irrité que jamais, convoqua toute la Noblesse du Languedoc pour aller de nouveau assiéger Lectoure. Au mois de janvier 1473, l'Archevêque d'Alby, qui commandoit, non pas son clergé, mais l'armée du Roi, commença le siège de cette place. Le Comte d'Armagnac s'y défendit avec beaucoup de valeur, soutint pendant plus de deux mois tous les efforts de l'armée royale. L'Archevêque, voyant le peu de succès de ce siège, fit offrir au Comte des propositions avantageuses; il les accepta : la ville fut rendue, la capitulation fut signée de part & d'autre; tout annonçoit la cessation des hostilités (1). Le lendemain, le

---

(1) On ajoute que ce Cardinal Geoffroy, pour ôter tout soupçon au Comte d'Armagnac, lui administra la communion à la messe, & pour plus grande confirmation du traité, il lui donna la moitié de l'hostie, après en avoir pris lui-même l'autre moitié.

Comte d'Armagnac étant avec sa femme, fille du Comte de Foix, vit entrer dans sa chambre *Guillaume de Montfaucon*, accompagné d'un Gendarme, & d'un franc Archer nommé *Pierre Gorgias*, vêtu & armé d'une manière effrayante. Après quelques saluts & paroles d'amitié, Montfaucon fait signe au franc Archer, qui tire aussi-tôt son épée, perce le Comte de plusieurs coups aux yeux de sa femme & de sa famille. Sur le champ, les autres Gendarmes entrent dans le palais, dépouillent le Comte le traînent dans la cour, arrachent aux femmes de la Comtesse leurs bagues, joyaux & autres ornemens; ils étoient même sur le point d'assouvir sur elles leur brutalité, lorsque *Gaston de Lyon* étant survenu, s'opposa à cet attentat, & fit mettre ces femmes en lieu de sûreté. Cependant les troupes du Roi faisoient un carnage horrible dans Lectoure, brûloient les maisons & les églises, massacroient les habitans de tout âge, de tout sexe; soldats, citoyens, tout fut égorgé; il n'y eut que trois ou quatre hommes & trois femmes de sauvés. La Comtesse, trois jours après ce massacre, fut conduite prisonnière au château de *Buzet*, en Toulousain; cette malheureuse Dame étoit enceinte de sept mois. Quelque temps après, plusieurs Gentilshommes, Secrétaires du Roi, entrèrent dans sa prison avec un Apothicaire, & lui ayant fait avouer sa grossesse, la forcèrent d'avaler un breuvage qui la fit avorter & mourir. Louis XI témoigna beaucoup de joie en apprenant la ruine de Lectoure, l'avortement forcé & la mort de cette Comtesse, qui lui assuroit la paisible possession du Comté d'Armagnac (1). Le *Cadet d'Albret*, qui avoit surpris Lectoure, eut la tête tranchée à Poitiers (2).

En 1632, le Duc de Montmorenci, après avoir été pris au combat de Castelnaudari, fut conduit à la forteresse de Lectoure, dont le Duc de Roquelaure étoit alors Gouverneur. Pour la garde de cet illustre prisonnier, on posta aux environs du château huit cornettes de cavalerie. On raconte que pendant le séjour que fit le Duc de Montmorenci dans la forteresse de Lectoure, les habitans de cette ville, qui, ainsi que les François raisonnables & désintéressés, chérissoient autant ce malheureux Duc, qu'ils détestoient le Cardinal de Richelieu, auteur de sa perte, pensèrent à favoriser son évasion. Les Dames de la ville voulurent avoir l'honneur de cette entreprise délicate ; elles envoyèrent au prisonnier un présent qui consistoit en un grand pâté, dans lequel elles avoient caché une échelle de soie. Le Duc

---

(1) On rapporte que Louis XI récompensa le franc Archer qui avoit assassiné le Comte d'Armagnac, en lui donnant une tasse d'argent pleine d'écus, & en le mettant au nombre de ses gardes.

(2) Quoique cette histoire soit absolument relative à la ville de Lectoure, & par conséquent conforme au plan que je me suis prescrit, je l'aurois peut-être rapportée avec moins de détails, si la plupart des Biographes qui ont parlé de ce Comte d'Armagnac, n'avoient entièrement confondu ou dénaturé les traits de sa vie: pour s'en convaincre, il ne faut que comparer la narration qui se trouve dans les *Dictionnaires Historiques*, avec celle que je donne.

saisit cette occasion favorable; le même soir, il attacha l'échelle à la fenêtre de sa chambre, ordonna à son valet de descendre le premier, avec l'intention de le suivre; mais celui-ci s'étant mal-adroitement laissé tomber, se cassa la cuisse, & attira, par ses cris, les sentinelles, qui arrêtèrent le valet & le maître qui commençoit à descendre. Le Duc fut surveillé avec de nouveaux soins, & on le conduisit bientôt à Toulouse, où il eut la tête tranchée. Voyez *Toulouse*, Part. II, pag. 252, &c., & *Castelnaudari*, même Partie, pag. 205, &c.

DESCRIPTION. La ville de Lectoure est située sur une montagne escarpée, au bas de laquelle coule la rivière de Gers. On voit encore quelques restes des anciennes fortifications, & la triple muraille qui l'entouroit; cette place étoit très-avantageuse pour la défense. Au sommet de la montagne s'élevoit autrefois l'ancien & célèbre château de Lectoure; il n'en reste aucuns vestiges depuis qu'on a construit sur ses fondemens un hôpital, nommé dans le pays *la Manufacture*, parce qu'il s'y fabrique des étoffes grossières de laine.

M. *de Narbonne Pellet*, ancien Evêque de cette ville, & dont la mémoire est encore chère aux habitans, laissa des fonds considérables pour la construction de cet édifice.

Devant cet hôpital est l'*Esplanade*, petite promenade plantée de quelques rangs d'arbres; c'est de là que, du côté du sud, on découvre une des plus magnifiques vues qu'on puisse trouver en France. Au bas de Lectoure est une immense prairie traversée par la rivière de Gers; plus loin un bois considérable, au dessus des côteaux immenses, chargés de vignes, qui se prolongent à une grande distance, & parmi lesquels on découvre plusieurs villes ; enfin ce tableau est magnifiquement terminé par les hautes montagnes des Pyrénées : ces masses énormes, dont la chaîne borne l'horison, & sépare deux grands royaumes, frappent d'étonnement, quoiqu'à une distance de plus de vingt lieues.

La Cathédrale, nommée *Saint-Gervais*, est située à l'autre extrémité de la ville ; on y arrive par une rue qui n'est pas en droite ligne, mais qui est la plus belle, parce qu'elle n'est point en pente comme les autres.

Cette église étoit surmontée d'une très-belle flèche ; mais dans la crainte de sa chûte, depuis quelques années, on l'a fait démolir.

Le Palais épiscopal est proche de la cathédrale ; sa position sur une éminence le fait jouir d'une vue aussi étendue que celle qu'offre l'esplanade.

Au bas de ce palais, est une promenade publique, appelée *du Bastion*, à cause qu'elle a été faite dans l'emplacement d'un ancien bastion qu'on a détruit, & dont on a comblé les fossés.

La Fontaine, monument antique & curieux, est située au bas de la montagne. Suivant une ancienne tradition, elle fut dédiée à *Diane*, qui avoit un temple tout auprès : on pourroit même croire que le bâtiment qui forme le réservoir de cette fontaine, étoit ce temple de Diane ; il est vaste, & sa construction est antique ; on voit même au dessus de la façade une petite figure assez grossière qu'on dit être celle de la Déesse; ce qu'il y a de certain, c'est que cette fontaine est nommée dans l'idiôme Gascon, *Hondelia*; les *f* se prononçant dans ce langage comme l'*h* aspirée, on doit écrire *fondelia*, composé de *fons* & de *Delia*, fontaine de *Délie*, surnom de Diane, à cause de l'île de Delos où elle naquit.

On descend à cette fontaine par plusieurs degrés; sa forme extérieure & sa grandeur sont à peu près celles des anciennes chapelles rurales; l'intérieur est rempli d'eau jusqu'à la hauteur de cinq ou six pieds; cette eau se répand en abondance au dehors par des mascarons formant des têtes des beliers.

Au dessous de cette fontaine est un vaste & moderne édifice qui a le titre de *Manufacture royale*; c'est une des plus considérables tanneries du royaume.

VERDUN.

Petite ville située sur les bords de la Garonne, chef-lieu du pays, appelé Rivière-Verdun.

ÉVÉNEMENT. Une troupe de Bergers, de gens de la campagne, hommes, femmes & enfans, formèrent, au commencement de 1320, une association connue sous le nom de *Pastoureaux*, & projetèrent de passer dans la Terre-Sainte pour la délivrer des mains des infidèles. Ils s'associèrent des vagabons, des malfaiteurs & des brigands, par lesquels la France étoit alors désolée. Ils se partagèrent en diverses bandes, marchèrent d'abord deux à deux sous l'étendart de la croix; mais bientôt cette dévotion fut suivie des plus grands désordres; ils tuoient tous les Juifs qu'ils rencontroient, & qui refusoient de se convertir. Toujours pillant & massacrant par dévotion, ils s'avancèrent du côté de Toulouse au nombre de quarante mille. Les Juifs, nombreux alors dans le Languedoc & dans la Guienne, fuyoient à leur approche. Plus de cinq cents se réfugièrent au château de Verdun, & demandèrent un asile au Gouverneur de cette forteresse. Cet Officier les accueillit dans la place, & les logea dans une tour fort élevée. Les *Pastoureaux* vinrent bientôt les y assiéger avec tout l'acharnement que peut inspirer le fanatisme le plus aveugle. Les Juifs se défendirent avec la même ardeur : mais les moyens leur manquoient ; ils jetoient à leurs ennemis toutes les pierres & les poutres qu'ils avoient pu ramasser ; enfin, entièrement dépourvus d'armes & de vivres, & réduits au plus affreux désespoir, ils jetèrent à ces forcénés jusqu'à leurs propres enfans. Les Pastoureaux poursuivirent toujours leur entreprise ; ne pouvant escalader la tour, ils rassemblèrent une grande quantité de bois, & mirent le feu à la porte. Les Juifs, alors incommodés par la fumée, & perdant tout espoir de se sauver, prirent la résolution extrême de se donner réciproquement la mort plutôt que de périr par la main des Pastoureaux ; le plus fort d'entre eux fut choisi pour égorger tous les autres ; ils se prêtèrent tous à cet affreux sacrifice. Celui qu'on avoit chargé de cette horrible boucherie, fut se présenter ensuite aux Pastoureaux, leur conta l'événement, & leur demanda le baptême pour lui & pour quelques enfans qu'il avoit épargnés. Les Pastoureaux lui répondirent : « Tu as commis un aussi grand attentat contre ta nation, & tu crois éviter la mort »! Ils se jetèrent aussi-tôt sur lui, le mirent en pièces ; les enfans furent les seuls qui échappèrent à la mort, on se contenta de les baptiser.

Après cette affreuse expédition, les zélés Pastoureaux abandonnèrent Verdun pour aller à Toulouse, où ils tuèrent en un jour tous les Juifs de la ville, & s'emparèrent de leurs richesses. Les Officiers du Roi & les Magistrats ne purent s'opposer aux violences de ces brigands, qui étoient en trop grand nombre, & d'ailleurs favorisés par la populace.

Il est constant que les escorchemens, les massacres sans nombre, exécutés contre les Albigeois par les Croisés & par les Moines Inquisiteurs, approuvés, & même sanctifiés par les Papes & les Prélats de France, avoient autorisé les ravages des Pastoureaux, avoient persuadé au peuple que piller, égorger un homme d'une religion différente, étoit une action utile & agréable à Dieu, & avoient perverti la raison de ces fanatiques, au point de leur faire croire que des crimes étoient de bonnes actions.

AUCH.

Capitale du Comté d'Armagnac en particulier, & de toute la Gascogne en général ; cette ville, le siège d'un Archevêque, le chef-lieu d'une généralité, d'un présidial, &c., est située à treize lieues un tiers de Toulouse, à quatorze de Montauban, à dix-sept & un tiers de Pau, & à vingt-neuf de Bordeaux.

ORIGINE. Auch est une ville fort ancienne. *Crassus*, Lieutenant de César, soumit les peuples appelés *Auscii*, qui bientôt jouirent du droit latin. Dans les premiers temps du christianisme, dès le quatrième siècle, cette ville étoit le siège d'un Évêque. Vers la fin du neuvième siècle, ce siège devint archiépiscopal, & *Ayrard* en fut le premier Archevêque ; depuis ce temps les Prélats d'Auch ont ajouté au titre d'Archevêque celui de *Primat d'Aquitaine*.

DESCRIPTION. Une partie de la ville est située sur le sommet, & l'autre sur le penchant d'une colline, au bas de laquelle coule la rivière de Gers ; ainsi, la ville se trouve naturellement divisée en haute & basse. La partie inclinée de cette ville est escarpée, & l'on y trouve un escalier de pierre qui a environ deux cents marches ; les rues sont etroites, mais généralement propres & bien pavées.

La Cathédrale, située au centre de la ville, est le seul monument intéressant. Cette basilique est mise au rang des plus magnifiques de France ; pour la disposition & pour la grandeur, on peut la comparer à l'église de Saint-Eustache de Paris.

Le portail est moderne, & produit avec l'architecture dominante, un effet choquant, qui résulte de l'union des genres grec & gothique. Ce portail, construit aux frais d'*Henri de la Mothe Houdancourt*, Archevêque d'Auch, offre trois portes cintrées, accompagnées de colonnes accouplées d'ordre corinthien ; aux deux côtés s'élèvent deux campanilles carrées, décorées d'un ordre composite & d'un attique.

Ce portail communique à une espèce de porche qui soutient le buffet d'orgues, & qui, du côté de la nef, est décoré de pilastres corinthiens.

Le jubé qui sépare le chœur de la nef, offre aussi une décoration moderne; on y voit des colonnes corinthiennes accouplées de marbre de Languedoc : les trumeaux sont remplis par des tables de marbre noir. Au milieu est la porte du chœur, au dessus de laquelle sont représentés en bas-relief les quatre Evangélistes; tout cet ouvrage a été exécuté en 1671 par *Germain Drouet*; ni l'architecture ni la sculpture ne font honneur à cet Artiste.

Les chapelles qui entourent la nef & le chœur, sont chacune fermées par une balustrade en marbre de Languedoc; trois de ces chapelles ont des rétables de marbre qui présentent de grands bas-reliefs, accompagnés d'architecture; la principale de ces chapelles est dédiée à la Sainte-Trinité; on y voit les trois Maries & l'ensevelissement de Jésus.

Dans le *chœur*, le maître-autel est décoré de colonnes corinthiennes qui sont de la même matière & de la même main que celles qui ornent le jubé. Tous les travaux dont nous venons de parler, faits au siècle dernier par *Germain Drouet*, sont bien inférieurs aux ouvrages de la boiserie du chœur qui ont été exécutés au commencement du seizième siècle. Les figures qu'on voit dans les bas-reliefs & ailleurs, ne sont pas d'une grande pureté de dessin, mais les ornemens qui les accompagnent, sont admirables par l'élégance des contours, & sur-tout par la délicatesse de l'exécution : c'est une espèce de *filigrane* en bois.

Derrière le maître-autel est la chapelle du Saint-Sacrement ; la voûte offre une singularité peu commune, elle est formée d'une seule pierre découpée à jour, & ne se soutient que par les arêtes qui sont très-déliées.

Les vitraux ne sont pas un des objets les moins curieux de cette église ; ils peuvent être comparés avec ce qu'il y a de plus beau en ce genre ; c'est *François-Guillame de Clermont-Lodève* qui fit sculpter la boiserie du chœur & peindre les vitres de cette église ; il étoit Cardinal & Archevêque d'Auch : il mourut à Avignon en 1540.

Au dessous du chœur est une crypte où reposent les corps de *Saint-Léotalde*, de *Saint-Ostende*, & de quelques autres anciens Archevêques d'Auch.

L'archevêché d'Auch est un des plus riches du royaume ; le *Palais primatial* est en conséquence un édifice somptueux ; l'intérieur est décoré avec beaucoup de recherches, & semble fort éloigné de la simplicité patriarcale qu'on aimeroit à y trouver ; mais cette observation pourroit s'appliquer à plusieurs autres maisons épiscopales du royaume.

Dans les archives de la cathédrale, on trouve quelques manuscrits curieux. Les deux Bénédictins, Auteurs du Voyage Littéraire, disent y avoir vu *une ancienne crosse de bois, qui servoit*, ajoutent-ils, *dans le temps que l'on avoit des Evêques d'or*. On voit bien que ces bons Religieux ont voulu rappeler cette moralité attribuée à Saint-Boniface, & qu'on a rimée de cette manière :

> Au temps jadis, au siècle d'or,
> Crosses de bois, Evêques d'or ;
> Maintenant ont changé les lois,
> Crosses d'or, Evêques de bois.

Nous aimons à rapporter un exemple qui prouve que ce dicton proverbial n'est pas généralement vrai. C'est M. *d'Apchon* qui nous le fournit. Il fut le père des pauvres, l'ami & le protecteur des malheureux. Son nom rappelle aux habitans de Dijon, dont il a été Evêque, & à ceux d'Auch, une longue suite d'actions généreuses & touchantes. Dans différens papiers publics on a annoncé & répété que, dans un incendie arrivé à Auch, une femme & son enfant étant sur le point d'être dévorés par les flammes, ce Prélat offrit quinze cents livres à celui qui les sauveroit, & que personne ne se présentant, il se précipita lui-même au milieu du feu, parvint à en tirer ces malheureux, & leur donna les quinze cents livres qu'il avoit destinées à leur libérateur. Il est prouvé, d'après le témoignage de plusieurs personnes dignes de foi, qui ont connu particulièrement M. *d'Apchon*, qui ont vécu avec lui à Dijon & à Auch, que cette aventure est controuvée; qu'il n'y eut point alors d'événement semblable à Auch, & que ce Prélat montra beaucoup de surprise en apprenant l'action qu'on lui attribuoit. Il n'avoit pas besoin, pour exciter l'amour & la vénération du public, d'un semblable mensonge.

Du temps des guerres de la religion, les Gentilshommes exerçoient des pilleries, des violences si excessives sur les habitans des campagnes, que l'existence étoit insupportable à ces malheureux (1). Ces vexations étoient très-communes dans le diocèse d'Auch. *Froumenteau*, dans son *Secret des Finances*, dit que lorsqu'on s'alloit plaindre à *Montluc*, alors Lieutenant de Roi dans la province de Guienne, on étoit payé en *gambades*. « Montluc, continue le même Auteur, faisant sa chevauchée par le gouvernement, un bon & notable Curé de ce diocèse lui fit entendre une infinité de concussions & pilleries que certains Gentilshommes de sa compagnie avoient faites à ses paroissiens, jusqu'à l'assurer qu'en deux jours & demi ils les avoient intéressés de plus de dix mille livres, sans les désordres, violemens & autres insolences perpétuées à l'endroit de plusieurs hommes, femmes & filles, la plupart desquelles il présenta à Montluc en toute humi-

---

(1) *Vivre sur le bonhomme* étoit l'expression alors en usage pour dire piller les maisons des paysans, les forcer d'aller dans les villes voisines acheter à leur compte des vivres pour les soldats ; trop heureux encore si ces pauvres cultivateurs, plus utiles & plus respectables cent fois que les Gentilshommes, en étoient quittes pour se voir dépouillés ; souvent on les battoit, on les égorgeoit, on violoit leurs filles, & on brûloit leurs maisons. Les Gentilshommes étoient si accoutumés à ces brigandages pendant les guerres civiles, qu'ils les continuèrent durant la paix. Lorsqu'Henri IV eut rétabli le calme dans le royaume, il fit pendre un grand nombre de ces *Nobles* qui faisoient le métier d'assassins & de voleurs sur les chemins.

lité : car les bonnes gens fléchirent les genoux en terre, & les femmes, tenant leurs filles qui avoient été offensées, fondoient en larmes, réquérant justice. Montluc, après les avoir regardées, demanda au Curé, en langage Gascon, laquelle étoit sa garce, & ayant fait réponse qu'il n'en avoit aucune, & qu'il étoit ici question d'une remontrance pleine de commisération qu'il faisoit pour & au nom de ses pauvres paroissiens ; Montluc toujours l'interpelloit de lui montrer sa garce, avec des coups de bec, tels que le pauvre Curé & ses paroissiens eussent bien voulu être loin de là, veu l'injustice & dérision de ce Lieutenant de Roi. Toutefois un bon paysan âgé de quatre-vingts ans, prit la parole & dit : *Escoutas Monseignou* (parlant à Montluc) *Diou vous castiguera*, qui fut cause qu'il commanda au Curé de dresser requeste sur sa doléance, l'asseurant qu'il lui feroit justice ; & comme le Curé se retiroit & descendoit les degrés du logis avec sa compagnie, on le piqua de poinçons & épingles dans les fesses, si avant qu'il eût voulu être mort ; Pages & Laquais crioyent : *Ne le piquez pas*, avec des brocards & dérisions horribles. Voilà la justice que Montluc fit à ces pauvres gens, avec très bonne récompense ; car plus de six mois après il ne passoit semaine que le village ne fût rempli de gens d'armes, qui leur firent des maux infinis (1) ».

---

(1) Montluc s'est peint lui-même dans ses *Commentaires*, & c'est d'après cet ouvrage qu'on peut juger qu'il étoit un des plus courageux, mais un des plus fé-

DESCRIPTION
TARBES.

Ville épiscopale & capitale du Bigorre, située sur la riviére de l'Adour, à trois lieues de

---

roces, des plus sanguinaires de son temps, & le militaire le plus follement entiché des préjugés de son état & de sa nation Gascone. Un homme raisonnable ne peut lire cet ouvrage sans être presque à chaque page indigné des cruautés dont ce Capitaine ose se faire gloire, & révolté des principes faux ou extravagans qu'il donne comme des vérités importantes. Montluc, accompagné de deux bourreaux, *lesquels*, dit-il, *on appella depuis mes valets de chambre, parce qu'ils étoient souvent après moi*, ayant appris que quelques particuliers opprimés s'étoient permis des murmures contre le Roi; il les fit arrêter. « J'avois, continue-t-il, *les deux bourreaux derrière moi*, bien équipés de leurs armes, & sur-tout d'un marassau *bien tranchant*. De rage, je sautai au collet de ce *Verdier*, & lui dit : O meschand paillard, as-tu bien osé souiller ta meschante langue contre la majesté de ton Roi ? Me répondit : Ah, Monsieur, à pécheur miséricorde ; alors *la colère me print plus que devant*, & lui dis : Meschant, veux-tu que j'aye miséricorde de toi, & tu n'as pas respecté ton Roi. *Je le poussai rudement en terre*, & son col alla justement sur un morceau de croix, & dis au bourreau : Frappe, vilain ; ma parole & son coup fut aussi-tôt l'un que l'autre... Je fis pendre les deux autres à un orme qui étoit tout contre, & pour ce que le Diacre n'avoit que dix-huit ans, je ne le voulus faire mourir... Mais *lui fis-je bailler tant de coups de fouet*, aux bourreaux, *qu'il me fut dit qu'il en étoit mort au bout de dix ou douze jours* ». Dans ce livre on ne lit à chaque page que les mots *pendre & étrangler* ; on croit entendre des bourreaux qui prennent plaisir à se raconter des exploits d'échafauds. Il disoit à un Ministre : *Je ne sai qui me tient que je ne te pende moi-*

DE LA GASCOGNE. 163

Rabastens (1), à dix de Pau, à trente-quatre de Bayonne.

On passe par cette ville pour aller aux eaux de Bagnères, qui en sont éloignées de cinq lieues, ainsi que pour aller à celles de Barège qui en sont distantes de quinze lieues de poste.

---

même à cette fenêtre, paillard, car j'en ai étranglé de mes mains une vingtaine de plus gens de bien que toi.... «A un autre particulier», je lui dis que je lui donnerois d'une dague dans le sein, qu'il savoit bien que je savois jouer des mains... Je me délibérai d'user de toutes les cruautés que je pourrois... Il disoit à un Commissaire envoyé par le Roi, je te pendrai moi-même de mes mains, j'en ai pendu une vingtaine de plus gens de bien que toi... Je crois que j'en eusse étranglé quelqu'un. En parlant des Protestans : Je leur ai fait trop de mal, & si je n'ai pas fait assez ni tant que j'eusse voulu, il n'a pas tenu à moi. Il faudroit citer presque toutes les pages de ses volumineux *Commentaires*, pour donner une idée de l'orgueil, de l'ignorance, du jugement faux & du caractère sanguinaire de Montluc, qui disputoit au féroce *Baron des Adrets*, la gloire de le surpasser en cruauté. C'étoit là le Lieutenant de Roi de la Guienne dans des temps difficiles, où il falloit un pacificateur, & non un *enragé Montluc*, comme le qualifie Montaigne.

(1) Le chemin qui conduit de Tarbes à Rabastens, est un des plus beaux qui existent; il est parfaitement aligné, & semble de niveau comme l'allée d'un parc. Les fossés qui le bordent sont remplis d'une eau courante qui s'échappe par de petits conduits pour arroser de belles prairies qui règnent dans toute la longueur. Derrière ces prairies, s'élèvent des côteaux chargés de vignes, dont des arbres fruitiers servent d'appui aux ceps qui sont enlacés en forme de berceau ou de guirlandes, d'un effet très-agréable; les Pyrénées qui paroissent toucher le ciel, forment le fond du tableau.

La ville de Tarbes est ancienne; en 506 elle étoit le siège d'un évêché. Cette même année, *Aper*, Evêque de Tarbes, assista au Concile d'Agde. En 1370, les habitans de cette ville s'étant soustraits à l'obéissance de l'Angleterre, pour se soumettre à la France, le Duc d'Anjou confirma leurs privilèges. Ce même Prince vint au mois de janvier 1377 dans cette ville, & détermina les Comtes de Foix & d'Armagnac, qui se faisoient la guerre depuis près d'un siècle, à convenir de la paix; elle fut publiée dans la maison épiscopale de Tarbes, & ensuite jurée sur le corps de Jésus-Christ dans toutes les parties de la cathédrale de cette ville, en présence d'un grand nombre de Seigneurs & d'Evêques.

Cette ville fut en proie aux fureurs des Religionnaires qui pillèrent, & brûlèrent tous les titres de la cathédrale.

Tarbes est aujourd'hui une des plus jolies villes de la Gascogne. Sa position est heureuse, ses rues sont larges, bien percées, & les maisons couvertes d'ardoises; elles offrent beaucoup de marbre dans leur construction; des ruisseaux qui traversent les rues, y maintiennent la propreté. La place de *Maubourget* est vaste & belle.

Les femmes du peuple, ainsi que celles de presque toute la Gascogne, ont la tête couverte d'un grand voile d'étoffe de laine claire & blanche. Les paysans sont presque vêtus en Capucins.

ENVIRONS. Les principaux lieux du Comté de Bigorre sont *Barège*, *Bagnières*, desquels nous parlerons; & *Lourde*, *Montastruc*, *Mont-*

faucon, Rabastens (1), & *Vic de Bigorre* (2), &c., dont nous ne parlons pas parce qu'ils contiennent peu d'objets intéressans.

---

(1) C'est au siège de Rabastens que le brutal *Montluc* eut le visage fracassé d'un coup d'arquebusade, ce qui l'obligea dans la suite de porter un masque. Les habitans se défendirent avec un courage extraordinaire. A l'arrivée des troupes de Montluc, ils abandonnèrent leur ville, y mirent le feu, & se retirèrent dans le château; après une longue résistance, cette forteresse, qui étoit une des principales de la Reine de Navarre, fut prise d'assaut. Les soldats de Montluc, accoutumés à toutes sortes de cruautés, massacrèrent tous les habitans & toute la garnison; ils s'amusèrent même à faire sauter, du haut de la grande tour dans le fossé, cinquante ou soixante Protestans; deux hommes seulement qui s'étoient cachés, échappèrent à cette boucherie. On voulut sauver le Capitaine nommé *Landon*, & le Ministre, afin de faire pendre l'un & l'autre devant le logis de *Montluc*; mais ce vieux Lieutenant de Roi ne put pas jouir d'un spectacle aussi agréable pour lui: les soldats étoient si acharnés, qu'ils mirent ces deux victimes en mille pièces, & menaçoient même de tuer ceux qui vouloient retarder leur supplice.

(2) Proche *Vic de Bigorre* est l'abbaye de *la Réole*, de l'ordre de Saint-Benoît, dans une des plus heureuses situations qu'on puisse trouver, au confluent de deux petites rivières qui, à quelque distance, se jettent dans l'Adour. Les Moines de cette maison vivoient au onzième siècle dans un grand désordre. *Abbon*, Abbé de Fleuri, se rendit en 1004 dans ce monastère, pour y établir la réforme. Voyant que ces Moines ne vouloient reconnoître aucune espèce de supériorité, & affectoient la plus grande indépendance, il dit en plaisantant: *Je suis plus puissant que le Roi de France, puisque je suis le maître d'une maison où il ne peut se faire obéir.* Cette plaisanterie déplut aux Moines, & la réforme que ces

BARÈGE.

Ce bourg est le chef-lieu de la vallée de son nom, au Comté de Bigorre, situé dans la petite vallée de *Bastan*, dépendante de la vallée de Barège, à quinze lieues de poste de Tarbes, & à onze lieues de Lourde.

La situation de Barège n'est point agréable; le local est montagneux & sauvage. De *Lourde*, qui est de ce côté-là l'avant dernière ville de France, on suit dans les Pyrénées un chemin merveilleusement pratiqué autour des montagnes: la montée est insensible; la route, quoiqu'étroite, est admirable par les obstacles sans nombre qui s'opposoient à son exécution. Une gorge profonde & resserrée, surmontée d'une longue chaîne de rochers, des dangers, des précipices affreux se présentoient à chaque pas, & sembloient rendre inaccessibles aux hommes les bains salutaires de *Barège*. On n'a rien négligé pour soumettre cette nature opiniâtre & menaçante; les flancs des montagnes ont été ouverts; d'effroyables ravines comblées, des ponts construits sur des torrens impétueux; mais à l'admiration que produisent ici les effets de l'art, succède un sentiment de tristesse lorsqu'on voit l'extrême aridité qui règne sur les bords du Gave, & la couleur noirâtre des rochers qui s'offrent aux yeux de toutes parts.

Abbé vouloit faire dans le couvent, leur déplut encore davantage; pour se débarrasser de ce gênant réformateur, ces bons Religieux l'assassinèrent d'un coup de lance.

Près de ce chemin on trouve le *Pont d'enfer* que l'on traversoit autrefois avant que cette route fût faite ; son nom caractérise assez bien son aspect effrayant.

Le bourg de Barège n'a qu'une seule rue, longue d'environ quatre-vingt-seize toises ; il est bâti au pied d'une montagne, & au dessous du Gave de *Bastan*, torrent qui cause beaucoup de ravage lors de la fonte des neiges, & dont la source se voit près d'un village que les buveurs d'eau visitent par curiosité.

Au milieu de Barège est un salon destiné pour le bal & pour le jeu, où les buveurs d'eau des deux sexes viennent chercher de la dissipation. On vient d'y bâtir des casernes pour les militaires blessés.

Les bains sont au nombre de quatre ; le *grand bain* est formé de deux sources d'eau limpide, dont l'odeur approche de celle de la boue de mer ; l'eau du second bain est de même nature ; mais elle est moins chaude d'un degré, parce que le canal qui la conduit, du réservoir commun au second bain, est plus long que celui qui la porte au grand bain ; d'ailleurs ce canal est de marbre, au lieu que celui du grand bain est de fer.

L'eau du troisième bain est encore moins chaude que celle du second ; celle du quatrième, qu'on appelle autrement le *bain rond*, se trouve affoiblie par le mélange de quelques sources froides, de sorte qu'elle n'est qu'un peu tiède ; aucune de ces eaux ne fermente avec les acides ni avec les alkalis.

Ces eaux, suivant M. *Montaud*, contiennent une petite quantité d'hépar sulfureux, du natrum, du sel marin, une terre dont une partie est soluble dans les acides, & le reste de nature argileuse. M. *Montaud* a découvert en outre, dans ces eaux, une substance grasse qui s'y trouve dans un état savonneux. Le degré de chaleur est, suivant M. Campmartin, depuis le vingt-neuvième degré du thermomètre de Réaumur, jusqu'au trente-sixième.

Barège n'est habité que pendant la saison des eaux, c'est à-dire depuis le premier mai jusqu'au 15 octobre. Il est dangereux de s'y rendre trop tôt, parce qu'après la fonte des neiges les eaux forment des ravins considérables, minent les montagnes, & dégradent les chemins (1).

Barège est une des sources où l'on administre les eaux avec plus d'intelligence, dit M. *de Brieude* dans ses *Observations sur les eaux thermales*, &c.; la combinaison des bains & des douches y a pour but d'exciter un léger mouvement de fièvre, dont la durée, prolongée pendant plusieurs mois, vient à bout des maladies les plus rebelles.

Environs. A une petite distance à l'est de Barège, on remarque une carrière de marbre blanc avec des veines verdâtres.

Le Gave qui coule dans toute la longueur de la vallée de Barège, & à une lieue du bourg

---

(1) A un quart de lieue, ou environ, au nord de Lourde, la grande route de Tarbes à Barège fut, il y a une douzaine d'années, interceptée par un affaissement assez considérable : on voit aujourd'hui un petit lac dans l'endroit où le terrain s'abîma.

de ce nom, prend sa source au sommet des Pyrénées, sur les frontières de l'Espagne ; la curiosité y attire ordinairement les buveurs d'eau de Barège.

Après que le Voyageur a atteint le village Saint-Sauveur, situé sur les bords du gave, il découvre bientôt des montagnes sans culture ; leur aspect devient triste à mesure qu'il approche de l'Espagne. Les environs de Gêdre offrent des blocs énormes de granit, confusément entassés ; mais l'étonnement redouble lorsqu'on arrive au village de *Gavarnie* ; c'est-là qu'on voit ces fameuses cascades dont les différentes branches tombent de plus de trois cents pieds, & vont s'abîmer dans des souterrains que leur chûte ont creusés ; c'est là qu'on voit, au dessus de ces cascades, les montagnes appelées *Tours de Marboré*, qui offrent de loin des déchirures, des aspérités sans nombre, ou l'image des ruines de quelques constructions colossales, plutôt que les ruines de la nature : c'est le squelette de plusieurs montagnes antiques, décharnées par une longue succession de siècles. Nous rapportons avec plaisir le tableau que fait de ces Monts hideux, l'Auteur de l'*Essai sur la minéralogie des Monts-Pyrénées.* « Les *Tours de Marboré*, qui paroissent, dit-il, moins l'ouvrage de la nature que celui de l'art, composées de bancs calcaires, se perdent dans la région des nues, & ne sont accessibles qu'aux frimas. Des neiges éternelles couvrent une partie de ces montagnes que la nature condamne à la plus affreuse stérilité ; l'œil y cherche en vain de verts gazons ; le sapin, qui se plaît au milieu des plus arides

Partie III. M

rochers, refuse même d'ombrager des lieux aussi sauvages : plusieurs torrens, qui, du sein de ces montagnes glacées, tombent en cascades d'environ trois cents pieds, & qui passent, après leur chûte, sous des voutes de neige, font leur unique ornement. On ne peut enfin considérer sans effroi l'horrible & imposant spectacle des tours chenues de *Marboré*, situées à la source du Gave Béarnois, elles semblent présenter à l'imagination la plus froide la demeure sacrée du Dieu qui verse les eaux salubres de cette rivière ».

Dans les environs de *Gavarnie* & de *Gédre* on trouve de la mine de plomb de toutes les formes, à petites facettes, à petits cubes, à petits grains, &c., de la mine de cuivre jaune, de fer micacé, & beaucoup de marbre gris.

La vallée de Barège a la réputation d'avoir été habitée par des géans; & cette croyance est fondée sur ce qu'on a quelquefois déterré des ossemens gigantesques; en conséquence un curieux prit des informations pour se procurer de ces ossemens. M. *Cantonet*, Curé de *Lus*, fit creuser dans une rue du village de *Viscos*, & y déterra, à ce qu'il dit, des ossemens humains d'une grandeur prodigieuse.

Pour aller de *Barège* à *Bagnères*, on remonte vers la source du petit gave de *Bastan* qui coule au dessous du bourg de Barège. Sur la rive gauche de ce gave, sont des montagnes où l'on trouve de l'*amiante*, substance composée, comme on le sait, de fibres flexibles & paralèlles, qui lui ont fait donner le nom de *lin fossile* ; il varie dans sa couleur ; celui des Pyrénées est d'un blanc grisâtre (1).

Au nord des montagnes qui produisent l'amiante, s'élève le *pic du midi de Bagnères* (2), composé d'une espèce de schiste graniteux, & élevé, suivant M. Flamichon, de treize cent quatre-vingt-onze toises au dessus du pont de *Pau* ; au pied de ce pic est un lac dont la largeur est de cent cinquante toises, & la longueur de 250.

---

(1) Les anciens connoissoient l'art de fabriquer avec de l'*amiante* des toiles incombustibles, dont on enveloppoit les corps destinés à être brûlés. Ces toiles, non seulement résistoient au feu, mais se purifioient & se blanchissoient dans cet élément. On voit dans la bibliothèque du Vatican un suaire de toile d'amiante, de neuf palmes romaines de long, qu'on prétend avoir servi à brûler les morts. Charles-Quint avoit plusieurs serviettes de cette substance ; on les jetoit au feu pour les blanchir. On ignore aujourd'hui l'art de fabriquer avec de l'amiante de grandes toiles, mais on en fabrique encore de petits ouvrages : voici le procédé qu'on emploie pour le mettre en œuvre. On fait tremper l'amiante dans de l'eau chaude, on divise ensuite les fibres en les frottant entre les mains, afin d'en séparer toutes les parties étrangères ; ce lavage doit être répété cinq ou six fois. Ainsi divisés & nettoyés, on fait sécher au soleil les fils d'amiante sur une claye de jonc ; ensuite on met ces fils isolés entre les dents des cardes très-fines & un peu huilées ; on y mêle du coton, de la laine ou de la filasse ; on file ce mélange, dont on fait de la toile qu'on jette ensuite au feu pour faire brûler la laine, le coton ou la filasse qu'on y a employés ; il ne reste plus alors qu'un tissu d'amiante.

(2) On a observé à l'article *Pau*, qu'il y avoit dans les Pyrénées plusieurs *Pics de midi* ; celui de la vallée d'*Ossau*, qui est plus élevé, & dont nous parlerons dans la suite, ne doit pas être confondu avec celui de *Bagnères*.

Ce *pic de midi* rappelle le souvenir d'un funeste événement. En 1741, le savant M. *Planzade*, en gravissant cette montagne, mourut subitement à la hauteur de quatre cents toises.

BAGNÈRES.

Petite ville au Comté de Bigorre, située dans la vallée de Campan, sur les bords de l'Adour, à quatre lieues de Tarbes, à trois & demie de Barège, à quinze d'Auch & à vingt-trois de Toulouse.

Cette ville étoit renommée, même du temps des Romains, par ses eaux minérales, & l'est encore aujourd'hui par les effets salutaires de ses bains. Les sources de cette ville ou de ses environs sont nombreuses ; les deux bains *des pauvres*, ceux *de la Goutte*, de *Saint-Roch*, de la *Reine*, de l'*Ane*, du *Pré*, du *Salut*, de la *Forge*, le *grand* & le *petit bain*, &c. sont les plus fréquentés ; ces trois derniers se trouvent dans la ville même. Le bain du *Salut* est à un quart de lieue de Bagnères ; tous les autres sont au pied de la montagne la plus proche de la ville ; entre les eaux de ses différens bains, on n'a trouvé de différence que dans le degré de chaleur. Ces sources font monter la liqueur du thermomètre de Réaumur, depuis le vingt-sixième jusqu'au quarante-sixième degré.

D'après l'analyse des eaux du *Salut*, qui sont les plus estimées, il résulte qu'elles contiennent un sel neutre à base terreuse, constitué par l'acide vitriolique.

La situation de Bagnères est agréable, & n'a

tien des horreurs que la nature préfente à *Barége*. Cette ville eft bâtie dans une plaine ; le climat en eft chaud ; la faifon des bains commence au mois de mai, & ne finit qu'en celui d'octobre ; la belle compagnie fe retire ordinairement vers la fin de feptembre. La ville, quoique peu confidérable, eft très-peuplée ; le concours des buveurs, dont le nombre, pendant les cinq mois, monte jufqu'à huit cents, contribue beaucoup à l'enrichir ; les logemens pour les étrangers font vaftes, commodes & bien diftribués.

Pendant la faifon des bains, il vient dans cette ville une troupe de Comédiens qui donnent d'affez bons fpectacles, & qui jouent cinq jours de la femaine ; les deux autres jours font employés au *Waux-hall*, où les plaifirs font très-variés. On y trouve une falle de danfe & une falle de jeu ; un feu d'artifice précède le fouper, qui eft fuivi par la danfe & le jeu, felon le choix des amateurs.

Devant la plate-forme qui fe trouve au deffous du bain de la Reine, eft un édifice nouveau ; on y lit fur la porte cette infcription gravée en lettres d'or, dont les Puriftes ne feront pas contens ; elle attefte le motif, l'époque & l'objet de cette conftruction :

« Les états de Bigorre, affemblés en 1781,
» de concert avec la ville de Bagnères, ont fait
» conftruire & confacrer ces bains à l'humanité
» fouffrante, pour rendre grace au ciel d'avoir
» accordé un Dauphin aux vœux de la France ».

Cet édifice, dont le plan présente un carré long de quarante-quatre pieds de face, est décoré au milieu, d'une ordonnance de quatre pilastres, couronnée par un fronton, dans le tympan duquel sont les armes de Monseigneur le Dauphin, supportées, d'un côté, par un Génie, de l'autre par un Guerrier, avec ses attributs.

Le fronton est surmonté d'une urne & d'un Dauphin qui semble jeter de l'eau en abondance.

Au dessus de ce bâtiment, à l'occident de Bagnères, on trouve les *bains de la Reine*, ainsi nommés, parce que *Jeanne*, Reine de Navarre, mère d'Henri IV, ayant pris avec succès de ces eaux, voulut y laisser un monument de sa reconnoissance; elle fit construire le grand bassin, & planter de belles & longues allées d'arbres pour servir de promenades aux buveurs d'eau.

En 1776, Madame la Comtesse *de Brionne*, contente de l'efficacité de ces mêmes eaux, fit presque entièrement réparer la fontaine qui étoit tombée dans un mauvais état. Les eaux en sont abondantes & vives, &, ce qui n'est pas de moindre importance en médecine, le site de la source est charmant; on domine sur la ville de Bagnères & sur plusieurs campagnes riantes & pittoresques.

La fontaine du Pré doit sa célébrité à un pauvre Tisserand, qui, en 1707, ne pouvant faire usage de ses membres, se traîna, comme il put, vers cette source, s'y baigna, & fut guéri. La chaleur de son eau fait monter le thermomètre à trente-deux degrés. En 1774, on y grava l'inscription suivante, faite à propos de la guérison de Monseigneur le Duc d'Orléans, qui, ne pouvant marcher qu'avec des béquilles, vint, en 1740, à Bagnères, & marcha sans peine, après avoir fait usage pendant quelques jours des eaux de cette fontaine du Pré :

Adieu, cher bain du Pré, adieu, je me retire ;
Charmé par tes bienfaits, je vais prendre ma lyre
Pour chanter tes vertus propres à tant de maux,
Pour te donner le nom de la Reine des eaux.
Oui, mon aimable Pré, tu prolonges la vie,
Et je dois aujourd'hui, sans nulle flatterie,
Publier tes bontés, dire à tout l'Univers
Que ton eau peut guérir de mille maux divers ;
Il est donc très-certain que du Pô jusqu'au Tage,
Toute eau, même le vin, devroit te rendre hommage.

On trouve dans ces lieux quelques autres inscriptions qui ne sont pas meilleures ; il faut se borner à rapporter celle-ci, remarquable par sa simplicité, & composée par un nommé *Céré*, Marchand Chapelier à Toulouse :

Dieu fit à mon gré
L'heureux bain du Pré ;
Je marchois à peine ;
Après treize bains,
Mes pieds & mes mains
N'ont rien qui les gêne.

Les environs de Bagnères offrent des promenades très-agréables & des paysages délicieux; les Pyrénées qui s'élèvent au dessus de cette ville, & dont les sommets escarpés se perdent dans les nues, offrent l'aspect le plus magnifique & le plus imposant, tandis que du côté de la France, des vallées fertiles, couvertes de vignes & de hameaux, forment un bien plus riant tableau. Le chemin qui mène de la ville aux bains du *Salut*, est une très-jolie promenade; *l'hospice des Capucins*, appelé *N. D. de Médouce*, situé sur une hauteur, renferme aussi des bains; le point de vue y est des plus intéressans.

Les bains de Bagnères sont plus propres, plus commodes & moins chauds que ceux de Barège; ils sont aussi moins salutaires. On sait qu'à Bagnères le plaisir plutôt que les infirmités, attire le plus grand nombre des Voyageurs, & que l'exercice & la dissipation y guérissent plus de malades que les eaux minérales.

Il y a une autre ville du même nom où coulent plusieurs sources minérales, & qu'on distingue par la dénomination de *Bagnères de Luchon*, parce qu'elle est située dans la vallée de ce nom; on y a trouvé plusieurs antiquités romaines qui prouvent que ces peuples faisoient usage de ces eaux; on croit qu'elles ont la même propriété que celles de Bagnères, de la vallée de Campan; mais elles ne sont pas aussi fréquentées.

La vallée de *Campan*, dans laquelle Bagnères est situé, est remarquable par des campagnes agréables & pittoresques, & sur-tout par la casnière de marbre connu sous le nom de *Campan*. Ce marbre est communément panaché de vert ou de rouge; on a observé qu'étant composé de schiste argileux & de parties calcaires, il est trop tendre pour résister long-temps aux injures de l'air; aussi voyons-nous qu'en moins d'un siècle le marbre de campan qui a été employé dans les jardins de Marly, est fort dégradé.

La grotte de Campan est ordinairement visitée par les buveurs d'eau de Bagnères; elle est située dans la vallée, au dessus du bourg de ce nom, & à mi-côte d'une montagne très-escarpée. L'accès de cette grotte est assez difficile. A l'entrée se présente une galerie de laquelle on passe, en se courbant, sous une arcade cintrée qui mène jusqu'au fond; on ne peut pénétrer dans ces différentes cavités qu'à la faveur des flambeaux. Dans le lieu le plus enfoncé, la voûte naturelle peut avoir environ vingt pieds d'élévation. Cette caverne étoit autrefois décorée par la nature, de plusieurs congellations curieuses. De nombreux Observateurs sont venus détacher ces stalactites, & ont dépouillé cette grotte de son principal ornement. L'eau, contenant les sucs lapidifiques qui forment ces congellations, suinte encore; mais des stalactites d'une certaine grandeur étant l'ouvrage d'un grand nombre de siècles, cette perte est presqu'irréparable.

L'air de ces souterrains est chaud; on y est bientôt couvert de sueur, & la lumière des flambeaux est affoiblie par la vapeur épaisse qui y règne.

Au fond de cette grotte, on voit une table de marbre noir, sur laquelle est une inscription qui atteste que le 20 juin 1776, Louise Constance de *Rohan*, Comtesse de *Brionne*; le Prince *Camille de Rohan* son frère; Charles *Eugène de Lorraine*, Prince *de Lambesc*; *Charlotte* & *Joséphine de Lorraine*, ses deux filles, &c., accompagnés de plusieurs autres personnes, sont entrés jusqu'au fond de cette grotte.

D A X.

Ville épiscopale & capitale du pays des Landes, située sur la rive gauche de l'Adour, à quatre lieues de Tartas, à quinze de Pau, & à huit & un quart de Bayonne. (Par eau le trajet de Dax à Bayonne n'a que sept lieues.)

ORIGINE. Dax ou d'Acqs, est l'ancienne *Aquæ Tarbellicæ*, ainsi nommée d'une fontaine d'eau chaude qui s'y trouve. Lorsqu'elle fut soumise aux Romains, on joignit à ces noms celui d'*Augustæ*. Dans la notice des provinces de la Gaule, cette ville est appelée *Civitas Aquensium*; elle y est placée immédiatement après la métropole de la Novempopulanie. Elle étoit alors bien plus considérable qu'aujourd'hui; plusieurs Ecrivains prétendent même que son nom *Aquæ Augustæ Tarbellicæ*, a fourni à la province celui d'*Aquitaine*; mais cette prétention, qui a pu flatter l'orgueil patriotique de quelques habitans, n'est pas soutenable.

HISTOIRE. Cette ville, capitale des Tarbelliens, fut prise par les Romains, & successivement par les Goths, les Francs, les Gascons; elle fut ensuite possédée par les Anglois depuis le douzième siècle jusqu'en 1451; elle fut long-temps gouvernée par des Vicomtes.

DESCRIPTION. Dax est situé dans une plaine fertile, sur la rive gauche de l'Adour, dont le courant sépare la ville du faubourg du *Sablar*, qui est bâti sur la rive opposé; un pont fort exhaussé forme la communication.

Le sol de la ville est élevé de trente-cinq pieds au dessus du niveau de la mer, & de quinze au dessus de celui de la rivière de l'Adour; cette dernière élévation n'est pas assez considérable pour garantir la ville des fréquentes inondations des eaux de la rivière, dont la stagnation, dans différens endroits, produit des exhalaisons malfaisantes.

Cette ville est petite, mais elle est bien bâtie, fort peuplée, & assez commerçante; son enceinte forme un carré long & irrégulier, flanqué de tours bâties de petites pierres carrées, espacées, de distance en distance, par des lits de briques, à la manière de certains ouvrages des Romains; elle est bordée de fossés, qui, dans les inondations, se remplissent d'eau.

Le château est aussi flanqué de plusieurs grosses tours rondes, comme les anciennes fortifications. Quoique cette ville ne soit point une place forte, elle pourroit cependant devenir de quelque importance, en supposant que les ennemis vinssent d'Espagne en France sans passer à

Bayonne ; ce qui seroit difficile, mais possible.

Les rues percées du nord au sud, & de l'ouest à l'est, sont d'une largeur suffisante, & assez bien alignées. Les maisons sont solidement bâties, & dans la plus grande partie de la ville elles n'ont point de cave : le sol est trop bas ; à dix ou douze pieds de profondeur on trouve l'eau.

Au milieu de la ville est un grand bassin de forme irrégulière, très-vaste, & profond d'environ deux pieds & demi, toujours plein d'une eau presque bouillante, qui en sort avec abondance par cinq ou six gros tuyaux. L'eau en est si chaude, qu'à dix pas au dessous de la source, on n'en peut supporter la chaleur. Au bas de l'un des angles du bassin est la bouche de la source, & l'eau semble y bouillir ; il s'élève de ce bassin une épaisse fumée, semblable à celle que donneroit de la chaux éteinte. Les habitans de cette ville regardent comme un présage certain du beau temps pendant la journée, lorsque le matin les vapeurs de cette fontaine sont plus abondantes qu'à l'ordinaire ; & comme un signe de mauvais temps, lorsque ces exhalaisons sont moins considérables. La chaleur de cette eau, à sa surface, fait monter le thermomètre de M. de Réaumur au quarante-neuvième degré, & à la bouche de la source, lorsque le bassin est vuide, il monte au cinquante-sixième degré. Cette eau est claire, transparente, & quoiqu'elle soit très-chaude, elle n'exhale aucune odeur ; les habitans l'employent à pétrir le pain. On a remarqué qu'un œuf ne cuit point dans l'endroit même où l'eau de cette source bouillonne, quoiqu'on l'y laisse plus d'un quart-d'heure ; seulement le blanc de l'œuf y perd un peu de sa transparence ; mais cela n'est pas étonnant, puisque, pour cette opération, il faut de l'eau qui soit à un degré de chaleur beaucoup plus considérable ; au reste cette eau paroît différer peu de l'eau commune.

Les habitans ne boivent point de cette eau quand elle est froide, comme l'a dit Piganiol & tous ceux qui l'ont copié ; mais ils boivent de l'eau commune qui ne manque point à Dax ; celle que donne la fontaine de la *place Dauphine* est très-bonne.

Cette source thermale est, à ce qu'on dit, si profonde que jamais on n'a pu en trouver le fond. Lorsqu'en 1700, le Duc d'Anjou alloit prendre possession du trône d'Espagne, sous le nom de Philippe V, ce jeune Prince, en passant à Dax, voulut s'amuser à reconnoître la profondeur de cet abîme ; on attacha pour cet effet un boulet de canon à une corde d'une longueur extraordinaire, on le plongea dans la fontaine. La corde fut bientôt trop courte ; on l'alongea, mais inutilement ; enfin on se lassa de chercher un fond qui fut jugé inaccessible : mais ce n'est ici qu'une erreur populaire. Les expériences faites en 1741 par M. *Secondat*, ont fait disparoître tout le merveilleux de cet abîme qui ressemble à plusieurs autres dont les fonds ne sont pas fort éloignés lorsqu'on veut les sonder avec précaution (1).

---

(1) Cette erreur ancienne fut accréditée par l'expé-

Dans les anciens foſſés du rempart du côté du midi, ſont des bains chauds, & des boues arroſées par des eaux chaudes & minérales qui découlent de la ſource bouillonnante qui eſt au milieu de la ville, & dont celle-ci n'eſt que le réſervoir; ces boues ſont ſouveraines pour les rhumatiſmes.

En ſortant de la ville par la porte qui eſt au deſſous du château, ſur les bords de l'Adour, on trouve une allée d'ormeaux qui conduit à un endroit appelé *les Bagnots*, à cauſe des fontaines minérales qui y ont leur ſource;

---

rience ſans doute mal faite par ceux qui accompagnoient le jeune Prince. M. *Secondat*, long-temps après, ſonda cette ſource, & en trouva le fond ſans beaucoup de peine. Voici la relation de ſon expérience. « On lâcha l'écluſe, & tout le fond du baſſin reſta à ſec, excepté la bouche de la ſource. Je mis en travers un grand chevron; je pris un ſecond chevron; à l'un de ſes bouts j'attachai une poulie ſur cette partie, je paſſai une corde à laquelle pendoit une maſſe de plomb; je mis ce ſecond chevron en croix ſur le premier, & laiſſant deſcendre la maſſe de plomb le long de la poulie, je meſurai la profondeur du fond. Chaque fois que je changeois la ſituation du ſecond chevron, je ſondois un nouveau point du fond, & les ayant ainſi parcourus preſque tous avec une exactitude ſcrupuleuſe, je trouvai que la profondeur de ce prétendu gouffre n'étoit pas à quatre toiſes : en effet, il eſt aiſé de voir que ce n'eſt pas un gouffre, l'eau n'en ſort point avec impétuoſité, mais il ſemble qu'elle s'élève par un nombre infini de petits canaux.

» Je meſurai, continue le même obſervateur, la ſurface de tout le baſſin qui ſe trouve de quatre mille trois cent quarante-huit pieds carrés; je fis fermer exactement tous les canaux & tous les trous par leſquels l'eau il en est de chaudes, de plus tempérées & de tièdes; on y prend des bains : un bâtiment vaste & commode est destiné à l'usage des malades.

Dans le faubourg du *Sablar*, dont nous avons parlé, on regarde comme une curiosité l'horloge des Capucins, qui indique le lieu du soleil dans le zodiaque, les phases de la lune, les mois & les principales fêtes de l'année.

Sur la même rive de l'Adour, & à une très-petite distance de cette rivière, on trouve sur une hauteur l'église paroissiale de *Saint-Paul*. Derrière cette église est une espèce de crypte voûtée en berceau, d'environ cinq pieds de haut, six de large & dix de long. Au fond, sur le sol qui est abaissé d'environ un demi-pied, sont trois tombeaux de marbre antique, tirant sur la couleur d'ardoise, posés à côté l'un de l'autre, & découverts; ils ont environ dix-huit pouces de profondeur & autant de largeur; celui du milieu est plus long que les autres d'environ un pied & demi, & par conséquent il peut avoir six pieds & demi de longueur. Ces tombeaux sont, à de certaines époques, vuides ou rem-

---

pouvoit s'échapper. Après qu'elle fut élevée à une certaine hauteur, j'observai de combien de lignes elle s'élevoit au dessus de cette hauteur dans un temps déterminé; je trouvai qu'elle monta de dix-neuf lignes en quinze minutes; ainsi, le solide d'eau fourni par la source durant ce temps, fut de cinq cent quarante-trois pieds cubiques, ce qui revient à près d'un tonneau & demi par minute. *Observations de Physique, &c.*, pag. 7 & 8.

plis d'eau ; au déclin de la lune, les deux petits tombeaux se remplissent, tandis que celui du milieu, qui est le plus grand, est vuide ; il arrive tout le contraire quand la lune est pleine, les petits sont parfaitement vuides, & le grand entièrement rempli.

On ne sait par quelle ouverture l'eau peut pénétrer dans ces tombeaux de marbre ; d'ailleurs l'aire du caveau où ils sont placés est élevée de plus de six toises au dessus du niveau ordinaire de la rivière. L'eau de ces tombeaux n'est point claire ; sa couleur est à peu près celle du vin paillet ; elle n'a aucune saveur, & l'on ne lui attribue aucune propriété particulière.

Quelques-uns ont cru trouver la cause de ce phénomène dans le flux & le reflux de la mer, qui n'est éloignée de Dax que de cinq lieues, & qui peut communiquer par des voies souterraines avec les merveilleux tombeaux. La diverse contexture de ces aquéducs peut aussi produire les différences de la quantité d'eau, qui est plus ou moins considérable, à certaines époques, dans les petits tombeaux que dans les grands ; on pourroit encore attribuer au cours alternatif & périodique de cette eau, un mécanisme semblable à celui des fontaines intermittentes.

Ce phénomène paroîtra moins extraordinaire si l'on fait attention au peu d'élévation du sol de la ville de Dax & de ses environs, à l'humidité du terrain, sujet à de fréquentes inondations. La terre est molle, dit un Observateur moderne, & fléchit sous les pieds, & les eaux,

sois

soit de sources ou pluviatiles, ne peuvent se dégorger dans la rivière malgré les grandes saignées & les fossés qu'on a multipliés de tous les côtés ; on conçoit que sous un terrain mouvant si bas, & si voisin de la mer, il doit exister beaucoup d'eau, qui, par des voies souterraines & différentes, peut s'introduire alternativement dans ces tombeaux.

On rapporte qu'au commencement de l'an 1700, lorsqu'on voulut construire une petite sacristie dans le voisinage de ces tombeaux, on puisa l'eau qu'ils contenoient, pour faire le mortier nécessaire à cette construction ; aussi-tôt on s'aperçut que ces tombeaux se vuidoient entièrement, & que l'eau n'y revenoit point comme à l'ordinaire. Les habitans crurent alors qu'un miracle se manifestoit, pour leur reprocher comme une profanation, d'avoir employé cette eau sacrée à un vil usage ; ils eurent recours aux prières & aux processions, & bientôt l'eau revint, & son cours fut périodique comme auparavant.

Si l'on repasse du faubourg dans la ville, on peut voir la cathédrale qui est moderne, & qui n'a rien de bien curieux. L'ancienne cathédrale étoit autrefois située hors la ville, où est aujourd'hui l'église de *Saint-Vincent*.

Dans cette vieille église on conserve, à ce qu'on prétend, le corps de *Saint Vincent*, martyrisé dans le troisième siècle ; on croit qu'il fut le premier Evêque de cette ville ; mais ou ne trouve rien de certain à cet égard : on sait seulement qu'en 506, *Gratien*, Evêque de Dax, assista au Concile d'Agde.

Dans cette église, on voit encore quelques tombeaux d'Evêques. On distingue celui de Saint-Vincent, sur lequel est gravée une épitaphe indéchiffrable; les Bénédictins, Auteurs du Voyage Littéraire, y purent encore lire que ce saint Evêque avoit été élevé dans l'abbaye de Saramon, qu'il avoit été Abbé, & ensuite un des plus grands Prélats de son siècle. On y voit la couverture d'un tombeau où un Evêque est représenté avec une crosse & sans mître; ce qui confirme l'opinion de ceux qui soutiennent que dans les premiers temps du Christianisme, tous les Evêques ne portoient point la mître, à moins qu'ils n'eussent obtenu un privilège particulier du Pape, qui leur permît de s'en coiffer.

Tous les ans, le 7 septembre, le Chapitre va en procession à cette église; chaque Chanoine reçoit vingt-cinq sacs de pur froment pour l'honoraire de son assistance; ceux qui s'absentent sans de bonnes raisons, sont privés de cet émolument qui forme une grande partie de leur revenu : les Chanoines ne manquent guère à cet acte de dévotion.

A un quart de lieue de cette église, & dans la même paroisse de Saint-Vincent, on voit à côté du grand chemin un monument qui subsiste depuis près de quinze siècles; c'est, à ce qu'on prétend, la *chaire* où prêchoit *Saint-Vincent*, premier Evêque de Dax; cette chaire est de pierre.

L'*Hôpital* appelé de *Saint-Eutrope*, solidement construit, est placé à deux cents pas au delà des murs de la ville, du côté du midi, sur le terrain le plus sec & le plus élevé des environs de Dax; une allée d'arbres, qui se prolonge de l'est à l'ouest, contribue à l'agrément & à la salubrité de cette maison.

Il existoit autrefois deux hôpitaux dans la ville de Dax; celui dont nous venons de parler, & l'hôpital du *Saint-Esprit*, qui étoit bâti dans le faubourg du *Sablar*; depuis quelques années, ce dernier hôpital, situé dans un lieu humide & mal-sain, a été, par les soins de M. l'Evêque *de la Neufville*, & par l'instigation de M. *Dufau*, Médecin de l'hôpital, réuni à celui de *Saint-Eutrope*, dont les bâtimens furent alors considérablement augmentés.

Les bords de l'Adour & les remparts de la ville offrent des promenades agréables.

Usage. On pratique à Dax, dans les temps de réjouissance, un usage qui semble être particulier à cette ville: il consiste à tirer ce qu'on appelle *les Pots cassés*; on construit au milieu de la rivière une espèce de fort en bois, dans lequel sont deux hommes cuirassés, le casque en tête & la rondache au bras gauche. Un bataillon composé de huit combattans armés de pied en cap, arrive sur un bateau pour assiéger cette place. Au signal de six coups de canon, le combat commence; les deux assiégés lancent, du haut de leur citadelle, des pots de terre sur les affaillans qui font dans le bateau ; ceux-ci reçoivent fur leurs boucliers les coups de cette artillerie, & lancent à leur tour, dans la forte-reffe, des grenades de terre cuite ; ce combat dure une heure & demie, & recommence à trois diverfes reprifes. Toute la rivière eft couverte de bateaux remplis de la Bourgeoifie fous les armes. Ce jeu forme un fpectacle divertiffant qui renouvelle l'image des anciennes naumachies : les habitans de Dax fe font gloire de tenir cet ufage des Romains.

ENVIRONS. « Toutes les terres qui font au nord de la ville, dit M. *Grateloup*, dans la topographie qu'il a récemment donnée fur ce lieu, font légères, fablonneufes, & préfentent une furface plane ; telles font celles qui fe trouvent entre la rivière d'Adour & le ruiffeau de Lévy... Les terres qui font au nord-oueft de la ville, ont auffi, & d'une manière plus marquée, cette nature fablonneufe, & elles confervent cette qualité jufqu'aux environs de Bordeaux ».

En plufieurs endroits le terrain eft couvert d'étangs, dans d'autres on trouve des mines de fer d'une bonne qualité ; on n'y rencontre point de pierres ; la partie folide qui eft au deffous du fable, eft du tuf, appelé dans le pays *Arriorfe*. A quelques lieues, & au nord de Dax, commence une vafte plaine, couverte en grande partie de forêts de pins, qui s'étendent jufqu'à la mer.

Entre Tartas & Dax eft la paroiffe de *Poy*,

célèbre par une chapelle appelée *Buglose*, dédiée à la Vierge, où il se fait, dit-on, beaucoup de miracles; mais plus célèbre encore, parce que ce village est le lieu de la naissance de *Vincent de Paul*, Fondateur de la Congrégation de Saint-Lazare, des Sœurs de la Charité, &c.; homme plus cher aux gens de bien, plus illustre aux yeux de la raison, lui seul, qu'une foule de héros qui, ne songeant qu'à leur propre gloire, ont accablé l'humanité de leur triomphe. *Vincent de Paul* mit toute sa gloire à soulager l'humanité souffrante, tout son bonheur fut de secourir les malheureux; il fit presque autant de bien à la société, que les autres lui ont fait de mal.

CLIMAT. Il pleut beaucoup en hiver à Dax, & les chaleurs sont excessives en été; ces chaleurs sont souvent interrompues par des orages furieux, accompagnés quelquefois de grêle qui ravage les campagnes. Les vents sont fréquens, & contribuent beaucoup à la salubrité de l'atmosphère, qui est ordinairement, par les débordemens de l'Adour, par l'humidité du sol, par son peu d'élévation, & par l'évaporation continuelle de la fontaine d'eau chaude, chargée de brouillards humides & méphitiques; ces courans d'air sont devenus plus sensibles & plus salutaires depuis les coupes immenses de bois qui ont été faites, soit pour le chauffage, soit pour la construction.

D'après les observations de M. *Grateloup*, Médecin de l'hôpital, l'air y est beaucoup moins insalubre qu'autrefois; les inondations, dont les suites tendoient à le corrompre, deviennent moins considérables; le sol, par une progression lente, mais continue, s'élève insensiblement; les débordemens sont eux-mêmes la cause de cette élévation, en couvrant la surface de la terre d'un limon gras & épais, qui s'y fixe pour toujours.

Malgré les apparences d'insalubrité de l'atmosphère, les habitans vivent long-temps, les octogénaires sont multipliés, la population est florissante, & s'augmente chaque année; on l'évalue à six ou sept mille ames. Le seul défaut qu'on remarque aux *Dacquois*, c'est qu'en général leur teint est décoloré; cette décoloration a été attribuée aux exhalaisons des eaux minérales; mais M. *Grateloup* pense qu'elle est plutôt occasionnée par l'exposition de la ville & l'humidité du terrain. « Ce qui me confirme dans cette opinion, ajoute ce Médecin, c'est que depuis que la ville gagne en salubrité par l'élévation du sol, le teint des Dacquois a quelque chose de moins pâle & de plus animé ».

CARACTÈRE & Mœurs. Les Dacquois ont un tempérament bilieux, vif & un peu sec; ils sont bien faits, vigoureux & adroits, & jouissent en général d'une bonne santé. Leurs mœurs sont douces; ils sont naturellement affables & prévenans; on leur reproche d'aimer la table & la vie sédentaire. Les filles & les femmes sont bien faites, & réunissent beaucoup de graces naturelles aux charmes de la figure.

COMMERCE. Le marché qui se tient tous les samedis dans le faubourg du *Sablar*, est un des plus considérables de France; le commerce principal consiste en résine, planches, froment, vins, eaux-de-vie, goudron, &c.; outre ce marché, il y a à Dax six foires qui attirent beaucoup de marchands.

BAYONNE.

Ville commerçante, maritime, épiscopale & capitale du pays de Labourd, située au confluent de la Nive & de l'Adour, à deux cents lieues de Paris, à cinquante-deux de Bordeaux, à vingt-cinq de Pau, à cinq lieues de Fontarabie & des frontières de l'Espagne, & à une demi-lieue de l'Océan.

ORIGINE. L'origine de cette ville ne remonte pas plus haut que le dixième ou le onzième siècle. Les Evêques de Bayonne prenoient dans l'origine le titre d'*Episcopi Lapurdenses*; ce qui a fait conjecturer à plusieurs Historiens, que Bayonne fut bâtie à l'endroit d'un ancien château, nommé *Lapurdum*, détruit depuis long-temps, & qui a donné le nom au pays de *Labourd*. On croit aussi que le nom de Bayonne dérive de deux mots basques, de *Baya*, qui signifie havre, baye ou port, & de *Ona*, qui veut dire bon; d'après cette étymologie, Bayonne exprimoit *bon port*.

LE PORT. Le titre de *bon port* n'est pas dû, à certains égards, à celui de Bayonne. Un banc de sable appelé *la Barre*, s'oppose à ce que les vaisseaux d'une certaine grandeur puissent y aborder. Vers l'an 1690, on eut beaucoup de peine pour en faire sortir un bâtiment de soixante-huit canons qu'on y avoit construit; cependant ce port est très-important pour le commerce de la partie du royaume où il est situé. La réunion de deux rivières assez considérables, la *Nive*, qui est navigable jusqu'à quatre lieues dans les terres; & l'*Adour*, qui l'est jusqu'à douze, facilitent le transport des bois de construction; toutes les communications de ce port, étendant les ressources de son commerce, peuvent y rassembler les richesses des pays circonvoisins, & les faire participer au commerce de l'Océan. Ainsi, le sort de plusieurs contrées est lié à celui de Bayonne, &, comme l'a remarqué un patriote zélé, l'Armagnac, le Bigorre, le Béarn, la basse Navarre, fleurissent ou dépérissent à mesure que le commerce de cette ville dépérit ou fleurit lui-même. Ainsi, le commerce de Bayonne ayant depuis long-temps diminué, les pays des environs se dépeuploient; mais l'administration, frappée de l'importance de ces maux, s'est empressée d'y remédier. En 1784, on a accordé à ce port le droit de franchise, & on s'est occupé à y réunir des avantages qui ne peuvent qu'intéresser le commerce national & étranger, en ordonnant les travaux dirigés par le corps royal du Génie, dont le but est d'enlever le banc de sable qui nuit à l'entrée de ce port, afin que les plus gros vaisseaux puissent y aborder (1).

---

(1) Suivant le rapport d'un ancien Officier, il y a au moins sur ce banc de sable, d'après les sondes les plus exactes, lors des grandes marées, dix-sept pieds d'eau; quatre jours après & quatre jours avant, on en trouve quinze ou seize; ces grandes marées se font sentir deux jours après & deux jours avant la pleine & la nouvelle

Il se construit dans ce port plusieurs navires dont les bois sont tirés des forêts voisines ; le talent reconnu des constructeurs qui s'y trouvent, le bon marché de la main-d'œuvre, ont déterminé plusieurs places de commerce à préférer Bayonne pour la construction de leurs vaisseaux. Le gouvernement y fait aussi construire des gabares, des corvettes, & travailler des membrures de vaisseaux de ligne.

Le lit de l'Adour est très-profond à Bayonne, & les navires y sont dans la plus grande sûreté, & amarrés à quai.

DESCRIPTION. La ville est divisée en deux parties par la rivière de Nive qui coule au milieu, tandis que celle de l'Adour, qui baigne ses murs, la sépare du faubourg de *Saint-Esprit*, où est située la citadelle ; ainsi Bayonne est divisée en trois parties par ces deux rivières.

Les deux parties de la ville, séparées par la Nive, communiquent par deux ponts ; l'une de ces parties, qui est à gauche de cette rivière, est nommée le grand Bayonne, l'autre le petit Bayonne. Le *grand Bayonne* renferme le *château vieux*, la *Cathédrale*, le couvent des *Car-*

---

lune ; de sorte que les navires tirant douze pieds d'eau ont vingt-six jours dans le mois à pouvoir passer *la barre*, avec trois, quatre, cinq pieds d'eau sous la quille ; il faudroit que la mer fût bien forte pour que cette quantité d'eau ne suffît pas pour parer à la chûte ; au reste, pour l'entrée & la sortie des navires qui ne tirent pas plus de douze pieds d'eau, ce port n'a que les inconvéniens communs à tous les autres.

mes, celui des *Augustins*, &c. Dans le petit Bayonne, on trouve le *château neuf*, les monastères de la *Visitation*, des *Jacobins*, des *Cordeliers*, &c. Ces deux parties de Bayonne sont entourées d'une vieille enceinte qu'on a conservée, & qu'on a couverte d'une nouvelle, flanquée de huit bastions, réparée par le Maréchal de Vauban, qui y a aussi ajouté un grand ouvrage à corne, avec sa demi-lune; le tout est entouré d'un bon fossé avec un chemin couvert.

La troisième partie de la ville de Bayonne, séparée des autres par l'Adour, & appelée le faubourg de *Saint-Esprit*, contient la collégiale, fondée par Louis XI en 1463; une Commanderie de l'ordre de Malthe, de la langue de Provence, un couvent de Religieuses Ursulines, un hôpital, autrefois fondé pour les Pélerins, dont le revenu est assez considérable, & la *citadelle* qui est située sur la rive droite de l'Adour, & sur une hauteur d'où elle commande le port, les trois parties de la ville & la campagne: Louis XIV la fit bâtir par M. de Vauban.

Ce faubourg de *Saint-Esprit* est aussi bien fortifié que les autres parties de la ville; il communique au *petit Bayonne* par un pont en bois qui est sur l'Adour. Le chapitre de la Collégiale est chargé de la police de ce faubourg, & nomme un Magistrat qui juge en première instance les procès & querelles qui surviennent entre les particuliers. Ce qu'il y a de remarquable, c'est que ce Juge ne relève point du Sénéchal de Bayonne, mais de celui de *Tar-*

DE LA GASCOGNE. 195

ras ; &, dans quelque cas, du Sénéchal de *Dax*. Une autre particularité de ce faubourg, c'est qu'il n'est ni de la paroisse ni du diocèse de Bayonne; sa paroisse est celle de Saint-Etienne, dont l'église est éloignée de la ville, & qui dépend du diocèse de *Dax*.

Il y a peu de rues remarquables dans cette ville; quelques-unes, comme celles d'Usez & de la Rochelle, ont des galeries en portiques des deux côtés.

La place de Grammont, sur les bords de l'Adour, est ornée de plusieurs belles maisons & d'édifices publics.

La Cathédrale, située, comme nous l'avons dit dans la partie du grand Bayonne, est bâtie sur une hauteur. Cet édifice vénérable fut, dit-on, élevé par les Anglois pendant qu'ils étoient maîtres de Bayonne; par son architecture, on peut conjecturer en effet qu'il est du quatorzième siècle. On n'y trouve rien de remarquable, si ce n'est la châsse qui contient les ossemens de Saint-Léon, placée vis-à-vis le maître-autel; elle est richement ornée.

Saint-Léon fut le premier qui prêcha la religion chrétienne aux habitans de Bayonne, au commencement du dixième siècle; il y fut martyrisé.

HISTOIRE. La ville de Bayonne a eu ses Vicomtes particuliers jusqu'à l'année 1193 que la race s'en éteignit. Cette ville fut ensuite réunie, par les Anglois, au duché de Guienne. Le Roi Charles VII en fit la conquête, & la joignit à son domaine en 1451. Depuis ce temps, cette ville n'a point changé de maître, & a constamment été fidèle aux Rois de France. Les Espagnols ont tenté deux fois de s'en emparer par surprise, en 1595 & en 1651; mais leur dessein ayant transpiré, ceux qui s'étoient prêtés à le faire réussir, furent rigoureusement punis; c'est à cause de cette constante fidélité à son Souverain & à sa religion, que la ville de Bayonne prend pour devise : *Numquam polluta*.

En 1565, la Reine *Catherine de Medicis* vint à Bayonne, afin, disoit-elle, d'avoir une entrevue avec sa fille Isabelle, Reine d'Espagne; mais son unique motif étoit de concerter la ruine du parti Protestant avec le Duc d'*Albe* qui s'étoit aussi rendu exprès dans cette ville. « La Reine mère, dit Mezeray, voulut qu'on crût que le séjour de la Cour à Bayonne n'étoit que pour divertir sa fille; mais elle pensoit bien à autre chose : car, sous prétexte de l'aller voir par une galerie qu'elle avoit fait faire exprès pour joindre leurs deux logis, elle communiquoit toutes les nuits avec le Duc d'*Albe*, & l'événement a montré depuis que toutes ces conférences tendoient à faire une secréte alliance entre les deux Rois, pour extirper entièrement les Protestans ». Le sage *Lanoue*, dans ses *Discours politiques & militaires*, dit « que ce complot fut découvert par des lettres interceptées, venant de Rome & d'Espagne, où les desseins qu'on vouloit exécuter se découvrirent fort à plein; la résolution prise à Bayonne avec le Duc d'Albe, d'exterminer les Huguenots de France & les gueux de Flandres, &c., de quoi on avoit été averti par ceux de qui on ne se doutoit pas (1) ».

Le Prince de Condé & l'Amiral de Coligny instruits de ce complot, & du projet de violer le traité de pacification, & de massacrer les Huguenots, s'occupèrent des moyens de pourvoir à leur sûreté ; ils prirent les armes, & s'as-

---

(1) Pendant cette entrevue, Catherine de Médicis signala son goût pour la magnificence ; elle fit donner une fête très-pompeuse dans une petite île située sur la rivière, où cette reine avoit fait promptement élever un bosquet avec des arbres transplantés. Au centre étoit pratiquée une salle de verdure, ovale, qui, dans son contour, avoit plusieurs niches dont chacune contenoit une table de douze couverts. Sur un plateau de gazon, élevé à l'un des bouts de la salle, étoit la table de Leurs Majestés ; la musique ; des entrées de Bergers & de Bergères, vêtus de draps d'or & de satin, des danses, des ballets, &c., formèrent le spectacle du jour. La nuit, on vit paroître, au son des instrumens, une troupe nombreuse de Musiciens déguisés en satyres & portant un rocher artificiel tout brillant de lumière, sur lequel étoient assises des Nymphes remarquables par leur beauté & par la richesse de leur parure. Aussi-tôt que ce rocher fut posé à terre, les Nymphes en descendirent, & commencèrent à danser ; mais une disgrace vint troubler la fête. Un violent orage, mêlé de pluie & de tonnerre, força Leurs Majestés de fuir ; Nymphes & Satyres décampèrent ; chacun se sauva à la hâte : la confusion de cette retraite & l'obscurité de la nuit donnèrent lieu à plusieurs aventures du genre de celle de Didon & d'Enée dans la grotte. Ces aventures *le lendemain*, dit la Reine Marguerite dans ses Mémoires, *causèrent autant de bons contes pour rire, que ce magnifique appareil avoit causé de contentement*.

surèrent de plusieurs places. Les révoltes & les massacres se succédèrent bientôt, & ce fut l'ouvrage de l'affreuse politique de Catherine & du Duc d'Albe, l'homme le plus cruel de ce siècle de cruautés, & qui disoit en parlant de l'avantage qu'il y auroit à massacrer tous les Huguenots: *Dix mille grenouilles ne valent pas la tête d'un saumon.*

Sept ans après, ce complot formé à Bayonne fut enfin exécuté, à Paris & dans la plupart des villes de France, le 24 août 1572, pendant la nuit affreuse de la fête de St.-Barthélemi. Dans le même temps, Charles IX envoya, dans toutes les provinces, des ordres pour le massacre des Huguenots. Le Vicomte d'Orthez, qui commandoit à Bayonne, refusa d'être, en cette occasion, complice des crimes du Roi; il répondit généreusement: *Sire, j'ai communiqué le commandement de Votre Majesté à ses fidèles habitans & gens de guerre de la garnison; je n'ai trouvé que de bons citoyens & fermes soldats, mais pas un bourreau; c'est pourquoi eux & moi supplions très-humblement Votredite Majesté, vouloir employer en choses possibles, quelque hasardeuses qu'elles soient, nos bras & nos vies, comme étant, autant qu'ils vivront, Sire, vos très-humbles, &c.;* & par cette vertueuse désobéissance, la ville ne fut point souillée de massacres.

PAYS DE LABOURD. Bayonne est la principale ville du pays de Labourd, un des trois cantons qui composent la *Biscaye françoise*. Ce pays, dont les montagnes sont peu élevées, formant une branche des Pyrénées qui s'abaisse vers l'Océan, est habité par un peuple qui diffère, dit-on, des autres nations de l'Europe par son origine, ses mœurs, son costume & son langage : c'est ce peuple qu'on nomme *Basque*; il est originaire d'Espagne, & l'on croit que c'est d'eux que descendent les *Gascons*, dont le nom dérive de celui de *Basque*, ou tous les deux d'une source commune. Dans les commencemens de la monarchie, ce peuple se fit remarquer par ses brigandages qui formoient à peu près son unique industrie, & par sa légèreté à fuir dans les montagnes avec le butin qu'il enlevoit aux habitans des pays voisins. Les François le soumirent; mais accoutumé à une parfaite indépendance, il ne pouvoit supporter le moindre joug, & manifestoit son inquiétude par des révoltes qui furent long-temps presque continuelles.

« Caché entre les gorges des Pyrénées, dit M. *Garat*, où les Goths, les Francs & les Sarrasins ont toujours inutilement attaqué sa liberté, il a échappé aux observations des Philosophes, comme aux glaives & aux chaînes des conquérans (1). Rome, dans le temps même où, pour flatter Auguste, elle faisoit sans cesse le compte des peuples qu'elle avoit soumis; Rome qui parle souvent des Basques, n'ose les mettre dans la foule des nations qu'elle dénombroit dans ses chaînes. Autour d'eux, les peuples ont changé

---

(1) M. Garat parle ici plus en patriote zélé, qu'en Historien exact.

vingt fois de langue, de mœurs & de lois; ils montrent encore leur caractère, ils obéissent encore aux lois, ils parlent encore la langue qu'ils avoient il y a trois mille ans; chez eux tout a résisté aux siècles, & l'on diroit que derrière leurs montagnes ils ont trouvé un asile contre le temps, ainsi que contre les conquérans & leurs oppresseurs ».

Le Basque a de la bonté plutôt que des vertus; cette bonté naturelle ne le préserve pas des fureurs des passions; il est vif & agile, & son agilité a passé en proverbe. « Naturellement léger & mobile, dit le même Ecrivain, il n'est pas un très-fidèle amant, mais il est un mari très-fidèle.... Je suis persuadé que tout ce qu'il y a de raison & d'étendue dans les idées de ce peuple, d'énergique, de fin, de délicat dans ses sentimens, il le doit beaucoup à la langue qu'il parle »; cette langue a de la grace, de la finesse & de la justesse dans l'expression.

Les femmes des Basques ne sont point belles, on en trouve fort peu de jolies; leur taille n'est point élégante, mais elles ont beaucoup de vivacité & d'adresse; « en les voyant marcher, souvent chargées de fardeaux, on devine qu'elles doivent danser avec beaucoup de graces & de legèreté ». Leur costume modeste n'est point désagréable; leur coiffure consiste en une espèce de petit turban qui couvre leurs cheveux rassemblés sur le sommet de leur tête.

Le teint des deux sexes est beaucoup plus brun que dans la Guienne.

POPULATION

DE LA GASCOGNE.

POPULATION. On évaluoit, en 1762 ou 1763, le nombre des habitans de Bayonne, à vingt-cinq mille; on n'en compte pas dix mille aujourd'hui; cette dépopulation extraordinaire est en proportion la même dans les pays circonvoisins.

BÉARN ET NAVARRE.

Tableau général du Béarn & de la Navarre.

GÉOGRAPHIE. La province de Béarn, qui a le titre de *Principauté*, eſt bornée au nord par la Chaloſſe, le Turſan & le bas Armagnac, au ſud par les Pyrénées qui la ſéparent de la Navarre & de l'Arragon, à l'eſt par le Comté de Bigorre, à l'oueſt par le pays de Soule & par la baſſe Navarre; elle a ſeize grandes lieues de longueur ſur quinze de largeur; ce qui peut être évalué à cent ſoixante-cinq lieues carrées.

HISTOIRE. Les peuples appelés *Venarni* ou *Benarni*, dont Pline fait mention, étoient les anciens habitans du Béarn. Les Gaſcons ou Waſcons, peuples originaires d'Eſpagne, s'établirent parmi eux. Céſar vint lui-même faire la conquête de ce pays; les Goths, cinq cents ans après, s'en emparerent; il fut enſuite ſubjugué par les François. A cette domination ſuccéda celle des Ducs de Gaſcogne. Les Sarraſins, qui, d'Afrique, vinrent en Eſpagne, puis paſsèrent en France par le Béarn, laiſsèrent des traces de leur paſſage, en ſaccageant les villes d'Oloron & de Béarn; enfin cette troupe de brigands, après avoir porté leurs fureurs juſqu'au centre du royaume, furent entièrement défaits, en 732, entre Tours & Poitiers. Les débris de cette armée inombrable reprirent la route d'Espagne; mais une grande partie de ces peuples s'arrêta dans le Béarn; plusieurs s'y fortifièrent. On voit encore dans divers endroits des Pyrénées, des restes de tours & de retranchemens qui étoient leur ouvrage.

Ce qu'on avoit réparé depuis le départ des Sarrasins, & tout ce qui avoit échappé à ces barbares venus du midi, fut de nouveau ravagé, un siècle après, par d'autres barbares venus du nord de l'Europe; les Normands ruinèrent, en cette occasion, l'ancienne capitale du Béarn, de telle sorte qu'on est aujourd'hui incertain sur le lieu de sa situation.

Depuis l'an 820 jusqu'en 1620, le Béarn a été gouverné par des Princes particuliers; on ignore le nom du premier de ces Princes, on sait seulement qu'il étoit fils de *Loup Centulle*, Duc de Gascogne: il n'en est pas de même du dernier, son nom ne sera jamais oublié des François; ce fut Henri IV, qui, par son avénement au trône de France, causa la réunion de cette principauté; réunion qui se fit authentiquement sous le règne de son fils Louis XIII.

Jeanne d'Albret, Reine de Navarre, avoit introduit dans ses états le calvinisme, qui devint presque la religion dominante; les Ministres de Louis XIII, par séduction ou par menaces, y rétablirent le culte catholique; ce Roi vint lui-même à Pau, & y assista à une belle procession qui se fit en cette occasion.

Sous Louis XIV la persécution fut complette; on avoit envoyé dans le Béarn une armée destinée contre l'Espagne, commandée par M. de *Boufflers*; cette armée séjourna long-temps dans cette province. *Foucault* (1), qui en étoit Intendant, profita de cette troupe de militaires pour convertir les Protestans du Béarn. Les conversions commençoient à être la manie du temps, & l'unique moyen de faire sa cour avec succès; le Roi étoit assiégé par des *convertisseurs* de tout état, de tout sexe, pleins de zèle, d'adresse, & de fanatisme. L'Intendant *Foucault* saisit cet occasion favorable pour satisfaire son désir de plaire au Ministre Louvois, & son goût pour la persécution. Ainsi, des soldats armés contre les ennemis de l'Etat, furent employés à faire la guerre aux plus fidèles sujets du Roi. « Tout ce que peut imaginer la licence du soldat fut exercé en Béarn contre les Calvinistes, lit-on dans un ouvrage moderne & impartial; on attribue à cet Intendant d'avoir perfectionné plus d'un genre de torture ».

« On s'étudioit, disent les Mémoires du temps, à trouver des tourmens qui fussent douloureux sans être mortels, & à faire éprouver à ces malheureuses victimes tout ce que le corps humain peut endurer sans mourir (2).

---

(1) *Foucault* étoit petit-fils de l'Ingénieur *Metezau*, qui proposa & fit exécuter, sous les ordres du Cardinal de Richelieu, la fameuse digue de la Rochelle.

(2) Les éloges que la cabale des *Convertisseurs* prodiguèrent à *Foucault* pour de prétendues conversions dont l'aveu étoit arraché par la force des tourmens, excitèrent l'émulation d'un grand nombre d'Intendans, ses confrères, qui, loin de gémir sur des ordres injustes & barbares, loin d'en retarder ou d'en adoucir l'exécution, s'y portoient avec un cruel empressement. Rien ne sembloit plus modéré que ces conversions, de la ma-

PRODUCTIONS, COMMERCE. Le Béarn est un pays mêlé de montagnes, de côteaux & de plaines ; le sol y est en général un peu sec, mais il est fréquemment arrosé par des pluies que lui procure le voisinage des Pyrénées. Les plaines y sont assez fertiles, sur-tout le long des rivières ; elles produisent du froment, du seigle & des légumes, & encore plus abondamment du blé d'inde, appelé dans le pays *milloc* ; ce grain est d'une grande ressource pour la subsance du peuple.

On recueille aussi dans ce pays du lin dont on fait de belles toiles & des mouchoirs fort estimés, & dont le débit est assez considérable. Sur les côteaux il y a beaucoup de vignes, dont la plupart produisent de bons vins ; les plus estimés sont ceux de *Jurançon*, *de Cans*, &c. Dans les montagnes il existe diverses mines de plomb, de cuivre, de fer, des carrières de marbre (1) &

---

nière dont on les représentoit à Louis XIV, & rien n'étoit plus odieux que les moyens qu'on employoit pour les exécuter. Depuis le Monarque jusqu'au soldat, la violence alloit toujours en croissant, à mesure qu'elle passoit du Ministre aux Intendans, des subalternes aux subalternes. Chacun ajoutoit aux ordres du Roi un degré de cruauté, suivant qu'il y étoit entraîné par une vile ambition des faveurs de la Cour, par le fanatisme & par cette fougueuse émulation de détruire, inhérente aux militaires même les plus disciplinés, & dont les effets devinrent atroces lorsque le brigandage & la licence la plus effrénée leur furent prescrits comme un devoir.

(1) Une des plus remarquables carrières de marbre du Béarn, est celle qui est située à une petite distance du village de *Loubie*, dans la vallée d'*Assau*. Voyez *Pau* vers la fin de l'article.

d'ardoises ; beaucoup de sapins propres à faire des mâts de navire, & autres arbres que l'on emploie en bois de construction, dont le transport a été, depuis peu de temps, rendu praticable.

Il y a aussi quelques sources minérales dans la vallée d'Ossau ; on y trouve les *eaux chaudes*, & les *eaux bonnes*, fontaines qui ont de la réputation dans le pays.

RIVIÈRES. Les deux principales rivières du Béarn sont le *Gave de Pau* ou *Béarnois*, & le *Gave d'Oloron :* les débordemens de ces deux rivières font souvent de grands ravages ; leur rapidité & leur peu de profondeur empêchent qu'elles ne soient navigables ; au reste, elles sont fort poissonneuses, ainsi que la plupart des autres rivières ou torrens qui s'y jettent ; on y pêche sur-tout des truites, des brochets, des saumons & des saumonaux appelés *toquans*, qui sont excellens.

ADMINISTRATION. Dans le tableau général de Guienne & Gascogne, l'article d'administration de ces provinces comprend celle de Béarn & Navarre.

NAVARRE. La *Navarre françoise* est bornée au nord & nord-ouest par le pays de Labourd, au sud & sud-ouest par la haute Navarre ou Navarre Espagnole, à l'est par le pays de Soule, & au nord-est par le Béarn ; elle a onze lieues & demie de longueur sur sept de largeur, ce qui peut être évalué à soixante lieues carrées.

HISTOIRE. Du temps de César, la *Navarre* étoit habitée par les *Tarbelli*, & en particulier par les *Vassi* ou *Vasques*, *Basques* ou

Gascons. Sous Honorius elle fut comprise dans la Novempopulanie ou troisième Aquitaine. Ce petit pays partagea nécessairement toutes les grandes révolutions qui troublèrent les provinces voisines.

Vers l'an 828, les Navarrois, que l'Empereur Louis I, le Débonnaire, n'avoit pas défendu contre leurs voisins, se donnèrent un Roi nommé *Inigo-Arista*, qui commença le royaume de Navarre & d'Arragon, & dont la postérité, après avoir chassé les Maures & les Sarrasins, réunit toute l'Espagne en la personne de Charles-Quint.

Le royaume de Navarre passa de la postérité d'*Inigo-Arista* aux Comtes de Champagne, & puis successivement aux Rois de France, à la maison d'Evreux, à celles d'Arragon, de Foix, & enfin à celle d'Albret, dans la personne de *Jean*, Sire d'*Albret*, sur lequel Ferdinand, surnommé *le Catholique*, Roi d'Arragon, l'usurpa en 1512.

Le royaume de Navarre, lors de cette usurpation, étoit divisé en six *mérindales* ou bailliages; la basse Navarre formoit seule une de ses divisions, que Jean d'Albret conserva. Cette partie, qui eut toujours depuis le titre de *Royaume*, passa à la maison de Bourbon par le mariage de Jeanne d'Albret avec Antoine de Bourbon Vendôme, & fut réunie à la couronne par l'avénement d'Henri IV au trône de France.

CLIMAT, PRODUCTIONS. La basse Navarre est en général un pays très-montagneux & peu fertile; les montagnes y sont plus hautes que celles du pays de Labourd, & moins élevées que celles du pays de Soule; elles sont suffisamment arrondies pour être cultivées jusqu'à une certaine hauteur; la plus grande partie en est couverte de champs, de bois & de pâturages. On y trouve des habitations dans les endroits les plus reculés, jusqu'à l'extrémité des vallées voisines de la plaine appelée *la Plaga des andrés zaro*, où l'on prétend que se donna la bataille dans laquelle périt le fameux *Roland*.

Ces montagnes abondent en oiseaux de passage; des nuées de ramiers couvrent les forêts dans la saison où les arbres commencent à se dépouiller de leurs feuilles (1).

Il y a des mines de fer & de cuivre dont l'exploitation de plusieurs a été abandonnée par le défaut de bois. Celles de *Baigorry* sont les plus connues.

En 1728, M. Peugnères de la Tour obtint du Ministre une concession pour travailler à la recherche des mines dans la *basse Navarre*, dans le pays de *Soule*, & dans celui de *Labourd*.

---

(1) Les Navarrois, ainsi que les autres peuples habitans des Pyrénées, savent profiter de la transmigration de cette espèce de gibier. Lorsqu'une bande de ramiers paroît dans l'air, des chasseurs cachés sous l'épais feuillage des cabanes construites exprès, & montés sur de hauts trépieds placés à certaines distances les uns des autres, lancent vers ces oiseaux une espèce de raquette, instrument qui leur représente l'image de l'épervier: alors les ramiers épouvantés, & cherchant à fuir ce qu'ils croyent être leurs plus redoutables ennemis, s'abaissent, rasent la terre pendant quelque temps, & vont s'engager dans des filets dressés qu'on oppose à leur passage, & dans lesquels on les saisit facilement.

Les premiers essais se firent dans la vallée de *Baigorry*, où l'on rencontra des vestiges d'une ancienne exploitation, que l'on présuma avoir été faite par les Romains. On trouva la montagne d'*Astoescoria* percée de plus de cinquante galeries & d'autant de puits, mais délabrés, & remplis de décombres. M. *de la Tour* pensa que ces travaux immenses n'avoient point été entrepris sans un filon réel; il s'arrêta à cette idée, & tâcha de pénétrer jusqu'à l'endroit où les anciens étoient parvenus. Après avoir employé plusieurs années à des recherches malheureuses dans la vallée de *Baigorry* & aux environs, la riche minière d'*Astoescoria* fut enfin découverte le jour *des trois Rois*, dont elle porte le nom.

Depuis cette découverte, les ouvrages ont été considérables, sur-tout au couchant de la fonderie, où le minéral est plus abondant, & le rocher plus facile à travailler (1).

CARACTÈRES. Les habitans du Béarn & de la basse Navarre, depuis long-temps assu-

___

(1) La mine de cuivre grise d'*astoescoria* rend, suivant M. Romé de Lisle, trente livres de cuivre par quintal, & depuis deux jusqu'à cinq marcs d'argent. D'après l'analyse faite par M. Chaptal de Montpellier, elle contient par quintal vingt livres de cuivre, quarante-deux d'antimoine, trente-huit de soufre, une livre deux onces un gros cinquante-six grains d'argent. On rencontre quelquefois dans les minières de *Baigorry*, du fer spathique en cristaux lenticulaires qui sont posés de champ; ces morceaux curieux contiennent en même temps des cristaux triangulaires de mines d'argent. (Voyez *Essai sur la minéralogie des Monts-Pyrénées.*)

jettis aux mêmes causes physiques & politiques, ont à peu près le même caractère; ils sont vifs, laborieux, & ils se piquent de probité. Les paysans Navarrois parlent la langue Basque, & ceux du Béarn parlent Gascon.

SAINT-JEAN-DE-LUZ.

Port de mer, & dernière ville de France du côté de l'Espagne, située dans le pays de Labourd, à l'extrémité & au pied des Pyrénées, à peu de distance de l'Océan, & sur la rive droite de la rivière de Nivelle, à quatre lieues au delà de Bayonne.

Le commerce florissoit autrefois dans cette petite ville, & son port étoit assez fréquenté; mais depuis le traité de paix entre la France & l'Angleterre, de 1763, la perte des possessions françoises dans l'Amérique septentrionale, a entraîné celle du commerce du Labourd, & le port de *Saint-Jean-de-Luz* est presque absolument abandonné. D'ailleurs les vaisseaux n'y sont pas en sûreté, ils y souffrent beaucoup pendant la grosse mer; elle manqua, pendant l'hiver de 1777, de submerger cette ville; une tempête affreuse rompit la digue qui la défend contre les vagues. Cette brèche fut réparée; mais au mois de mars 1782, un ouragan plus terrible encore produisit de plus grands ravages; il renversa presque entièrement le quai dans la longueur d'environ cent cinquante toises, & détruisit le couvent des Ursulines qui en étoit voisin. Ces ravages, les progrès que la mer fait continuellement vers Saint-Jean-de-Luz, l'importance de ce port qui peut servir de refuge aux vaisseaux destinés à des voyages de long cours, & qui se trouvent dans l'obligation de reconnoître le cap Finistère, ont déterminé le Gouvernement à y faire exécuter plusieurs travaux qui serviront non seulement à protéger la ville contre les ravages de la mer, à procurer aux bâtimens battus par la tempête, un asile assuré, mais encore qui pourront un jour rendre ce port capable de recevoir des vaisseaux de Roi; la profondeur de la rade semble lui promettre cette prérogative.

DESCRIPTION. La rade de Saint-Jean-de-Luz forme une anse assez régulière, au fond de laquelle & un peu à gauche de l'entrée se trouvent la ville & l'embouchure de la Nivelle, qui la sépare du bourg de *Cibour*.

L'entrée de cette rade est formée & défendue par deux pointes de terre. Sur celle qui est du côté de France, se trouve la chapelle de *Sainte Barbe*, des magasins, & une batterie de canons; la pointe du côté d'Espagne offre sur des rochers le fort & le port de *Soccoa*: ces deux pointes, fort éloignées l'une de l'autre, laissent une entrée à la rade beaucoup trop large. Suivant les nouveaux projets, dont l'exécution a été commencée le 20 mai 1783, on doit établir deux jetées qui partiront de l'une & l'autre pointe, laisseront au milieu une entrée plus resserrée & plus sûre, & garantiront la rade de la fureur des vagues de la mer.

Pour la formation de ces jetées on emploie le même procédé qu'à la rade de *Cherbourg*; des cônes sont construits & coulés de la même manière, mais avec plus de difficulté, parce que le fond de l'emplacement des jetées offre des roches très-inégales.

Cette nouvelle entrée a dans la basse mer cinquante pieds d'eau; le milieu de la rade, dans le même temps, a depuis quarante jusqu'à vingt-sept pieds d'eau; proche de l'embouchure de la Nivelle, on trouve encore vingt-cinq pieds d'eau.

Cette embouchure, bordée de quais, forme un chenal qui doit être prolongé de cent toises dans la rade, & qui conduit au port intérieur; ce port doit aussi éprouver de grands changemens; il sera rétréci, formera un avant-port, d'où, par une écluse de quarante pieds de large, on arrivera à un bassin qui se trouvera placé entre la ville, le couvent des Récollets & un chemin projeté qui passera en ligne droite devant Saint-Jean-de-Luz, & conduira en Espagne; ce bassin pourra contenir cent navires.

Au delà de ce bassin & de la route dont nous venons de parler, sera pratiqué un *arrière bassin* de forme parallélograme.

La mer ayant, en 1782, détruit le quai qui défendoit la ville contre les tempêtes de la mer, on fit, la même année, construire un peu plus près des maisons une *estacade* en ligne courbe, qui a près de cent soixante toises d'étendue, & qui embrasse toute la rupture faite par les vagues. Cette estacade, construite en charpente & en maçonnerie de pierre de taille & de moellons, présente un talus qui s'abaisse du côté de la mer; derrière est un mur de renfort, construit de mêmes matières, & qui s'élève au dessus du talus.

Le couvent des Ursulines, qui fut détruit en même temps, a été construit deux ans après, en 1784, à l'extrémité de la ville du côté de France, proche une promenade publique qui est en cet endroit.

Les bâtimens les plus considérables de cette ville sont, l'*église de Saint-Jean-de-Luz*, le couvent des *Récollets*, celui des *Ursulines* dont nous venons de parler, la *maison de ville*, l'*hôpital*, &c.

A l'est de Saint-Jean-de-Luz est une grande étendue de terrain montueux & inculte (1).

ÉVÉNEMENS remarquables. La ville de Saint-Jean-de-Luz est connue dans l'Histoire par le mariage de Louis XIV & de Marie-Thérèse, Infante d'Espagne, qui y fut célébré au mois de juin 1660. L'entrée que le Roi, la nouvelle Reine & la Reine Mère firent dans cette ville, fut magnifique; le seul carrosse

---

(1) Le premier sentiment que l'aridité de cette contrée inspire, dit un moderne Observateur, c'est d'en plaindre les habitans. On désire dabord de les voir transportés dans un pays plus fertile; mais on cesse bientôt de former un pareil souhait. La gaîté qui anime le peuple du Labourd, ne laisse aucun doute sur le bonheur dont il jouit: les hommes y sont vifs, robustes & les plus agiles des monts Pyrénées. Est-ce au climat que les Labourdains doivent des avantages dont on est privé dans des endroits plus fertiles. « Cyrus ne voulut point accorder aux Perses, dit *Montaigne* dans ses *Essais*, d'abandonner leur pays âpre & bossu, pour se transporter dans un autre doux & plain, disant que les terres grasses & molles font les hommes mous; & les fertiles, les esprits infertiles ».

du Roi coûtoit soixante-quinze mille livres; qui valent aujourd'hui cinquante mille écus. La Cour étoit si pompeuse, qu'on a écrit qu'il y avoit en broderie seulement pour plus de deux millions de liv. de dépense. On fit cette observation au Cardinal Mazarin, qui répondit: *Ce n'est qu'un million pour les courtisans, & un million pour les marchands;* voulant dire que tout cela avoit été emprunté par des gens dont la moitié se trouveroit insolvable (1).

SAINT-JEAN PIED-DE-PORT.

Petite ville capitale de la basse Navarre, située sur la rivière de Nive, à une lieue des frontières d'Espagne, à dix lieues de Bayonne & quinze de Pau.

Cette ville est nommée dans les titres *Fanum Sancti Joannis Pedeportuensis;* ce nom lui vient de sa situation au pied des montagnes, & des *ports* ou passages de France en Espagne.

Cette ville est peu remarquable; elle a une citadelle bâtie sur une hauteur qui commande tous les passages voisins par lesquels on peut communiquer d'un royaume à l'autre.

ANECDOTE. Les Bergers des environs de la forêt d'Yvaty, près Saint-Jean Pied-de-Port, découvrirent en 1774, aux environs de la forêt

---

(2) *Tel*, dit Montreuil, *s'est montré si mauvais ménager que de deux moulins il n'a fait qu'un habit.* Dubellai avoit dit à peu près la même chose de la magnificence des Seigneurs qui se trouvèrent à l'entrevue du *champ du drap d'or*.

DU BÉARN, &c.

d'Issaun, un *homme sauvage* ; il habitoit les rochers qui bordent les bois d'Yvaty ; il étoit d'une taille haute & bien prise, velu comme un ours, alerte comme un chamois, d'une humeur gaie, avec l'apparence d'un caractère doux, puisqu'il ne faisoit de mal à aucun être. Il visitoit souvent les cabanes, & n'y commettoit aucun vol ; il ne connoissoit ni le pain, ni le lait, ni le fromage ; son grand plaisir étoit de faire courir les brebis, & de les disperser en poussant de grands éclats de rire ; mais sans chercher d'ailleurs à leur nuire. Les Bergers faisoient quelquefois courir leurs chiens après lui ; alors il s'enfuyoit comme un trait, & ne se laissoit jamais atteindre. Il s'approcha un matin d'une cabane d'ouvriers qui fabriquoient des avirons ; il se tint debout à la porte, qu'il tenoit de ses deux mains, & regardoit les ouvriers en riant. Un de ces hommes se glissa doucement pour tâcher de le saisir par la jambe : plus il le voyoit s'approcher, plus son rire augmentoit ; mais bientôt il s'échappa. On a jugé que cet homme avoit trente ans. Comme cette forêt est d'une grande étendue, & communique à des bois immenses appartenans à l'Espagne, il est à présumer que ce sauvage s'y étoit perdu pendant son enfance, & qu'il avoit trouvé le moyen de subsister en se nourrissant d'herbes (1).

_____

(1) Si l'on compare le naturel doux de ce sauvage avec le naturel féroce de *Blaise Ferrage*, élevé comme le sont les montagnards des Pyrénées, on verra que le parallèle n'est pas favorable au système de ceux qui, comme *Helvetius*, pensent que l'éducation fait beaucoup

SAINT-PALAIS.

C'est la seconde ville de la basse Navarre; elle est située sur la rivière de Bidouse, à sept lieues de Saint-Jean Pied-de-port.

Cette petite ville, qui n'a rien de remarquable, dispute à celle de *Saint-Jean Pied-de-port* le titre de capitale de la basse Navarre; c'est sans doute à cause de cette incertitude que l'assemblée des Etats de ce petit royaume se tient alternativement à Saint-Jean Pied-de-port & à Saint-Palais.

USAGES. Dans la plupart des villes de la Navarre il existoit un usage superstitieux, qui prouve, ainsi que plusieurs autres, jusqu'à quel point la stupidité de certains peuple avoit rapproché le culte des Chrétiens, des erreurs du Paganisme. Lorsque la sécheresse duroit trop

---

plus que la nature. *Blaise Ferrage*, surnommé *Seyé*, du Comté de Comminges, étoit maçon; sa taille étoit petite, son teint fort brun & sa force extraordinaire. Il abandonna son état pour satisfaire ses goûts monstrueux, & se retira dans une caverne située à la cime d'une montagne; là, il guettoit les femmes & les filles, les enlevoit, ou poursuivoit à coup de fusil celles qui le fuyoient; il les transportoit dans son antre, & sur leurs corps morts ou ensanglantés il assouvissoit ses brutales désirs, puis il leur coupoit les mamelles & les cuisses, leur arrachoit les intestins & le foie, & en faisoit sa nourriture. Cet antropophage marchoit toujours armé d'une ceinture de pistolets, d'un fusil à deux coups, & d'une dague. Par arrêt du Parlement de Toulouse, il fut exécuté le 30 décembre 1782; on fait monter à plus de quatre-vingts les filles & les femmes victimes des goûts atroces de ce Canibale.

long-temps, le Clergé & les Magistrats, suivis des habitans, faisoient porter l'image de *Saint-Pierre* au bord d'une rivière, & l'on chantoit cette espèce d'oraison : *Saint-Pierre, secourez-nous ; Saint-Pierre, une fois, deux fois, trois fois, secourez-nous ;* comme l'image de Saint-Pierre ne répondoit point, le peuple se fâchoit, & crioit : *Qu'on plonge Saint-Pierre dans la rivière.* Alors les principaux du Clergé représentoient qu'il ne falloit point en venir à cette extrémité ; que Saint-Pierre étoit un bon patron, & qu'il ne tarderoit pas à les secourir : le peuple méfiant demandoit des cautions ; on lui en accordoit. On rapporte qu'après cette cérémonie il manquoit rarement de pleuvoir dans les vingt-quatre heures (1).

ORTHÈS.

Petite ville, chef-lieu d'une Sénéchaussée, située à dix lieues de Pau, sur la route de cette ville à Bayonne.

―――――――――――――――――――――

(1) Cette coutume, dont fait mention *Martin d'Arles*, Archidiacre de Pampelune, dans son Traité des superstitions, est une imitation de ce qu'observoient autrefois certains peuples payens. Lorsqu'ils n'obtenoient pas ce qu'ils espéroient de leurs idoles, ils s'en vengeoient en les injuriant, en les fouettant & en les traînant dans la boue. Auguste, dont le siècle étoit celui du génie, Auguste lui-même fit voir à l'univers qu'il est plus facile quelquefois de triompher des peuples que des erreurs qu'on a nourries dès l'enfance ; une de ses flottes fut submergée dans une tempête ; pour se venger de Neptune, il fit ôter du cirque la statue de ce Dieu de la mer.

Partie III.

Cette ville a autrefois appartenu aux Vicomtes de Dax ; dans le treizième siècle, elle fut cédée au Vicomte du Béarn, & depuis elle a resté unie à cette province.

La Princesse *Blanche*, fille de Jean, Roi d'Arragon & de Navarre, après la mort de son frère, devenoit l'héritière de son père ; à cette occasion, des guerres sanglantes que l'ambition suscita, se maintinrent long-temps dans la même famille. Par un traité dont Louis XI, Roi de France, fit convenir les parties belligérantes, Blanche fut livrée à *Gaston IV*, Comte de Foix, son beau frère. Ses parens la tenoient depuis long-temps en prison, pour l'empêcher de se remarier (1). Gaston, maître de sa belle-sœur, fit tout ce qu'il falloit pour qu'elle ne laissât point, par un nouveau mariage, des héritiers qui lui auroient sans doute disputé les domaines de son beau-père. Il fit transporter cette malheureuse Princesse au château d'Orthès, l'enferma dans une étroite prison, où, après deux ans de captivité, elle mourut, en 1464, empoisonnée, dit-on, par la Comtesse de Foix sa sœur cadette.

La mémoire de cet affreux événement semble s'être encore conservée dans ce pays ; les habitans d'Orthès croyent que l'ame de cette Princesse vient chaque nuit parcourir le vieux château où elle fut sacrifiée à la haîne de sa sœur & à l'ambition de son beau-frère, comme pour demander vengeance de cet horrible attentat ;

---

(1) Elle avoit épousé déjà Henri IV, Roi de Castille; mais elle en fut séparée en 1453, pour cause d'impuissance.

on ajoute qu'on y a entendu des choses extraordinaires & effrayantes.

DESCRIPTION. Les restes du vieux château sont encore assez considérables pour faire juger de son ancienne magnificence ; il est situé sur le sommet d'une colline qui commande toute la ville & une grande étendue de pays ; on y voit encore quelques appartemens, & une vieille tour construite par les Princes de la maison de Moncade. Le peuple le nomme *le château de la Reine Jeanne*, parce que cette Princesse, mère d'Henri IV, y fit long-temps son séjour ; elle y établit la religion réformée ; y fonda une Université pour cette secte, & appliqua à son entretien les biens du Clergé catholique. On raconte que cette Reine poussa le fanatisme jusqu'à faire précipiter par la fenêtre du château, dans le gave qui est en bas, les Prêtres & les Moines qui prétendoient lui résister ; mais cette violence lui fut sans doute imputée par le parti Catholique, qui ne pouvoit lui pardonner d'avoir établi le Calvinisme dans ses états.

La ville d'Orthès étoit, avant le règne de Louis XIII & même avant la révocation de l'édit de Nantes, bien plus considérable qu'aujourd'hui.

Dans l'église des Jacobins de cette ville, fut inhumé *Gaston III*, Comte de Foix, qui porta le surnom de *Phœbus*, soit à cause de sa beauté, ou parce qu'il avoit choisi le soleil pour devise ; il fut Auteur d'un ouvrage sur la chasse, & d'un autre intitulé : *le miroir de Phœbus*. Ce Prince, par son luxe & ses équipages, égaloit la magnificence des Rois : il mourut subitement à

Orthès, au retour de la chasse, comme on lui versoit de l'eau sur les mains avant de souper.

Gaston IV, dont nous avons parlé plus haut, célèbre par son courage, ses victoires sur les Anglois, & par les mauvais traitemens qu'il fit éprouver à Blanche sa belle sœur, mourut à Roncevaux au mois de Juillet 1472, & fut enterré dans la même église d'Orthès.

LESCAR.

Petite ville épiscopale, située à une lieue de Pau.

ORIGINE. Plusieurs Historiens ont cru que cette ville fut bâtie sur les ruines de *Beneharnum*, d'où le Béarn tire son nom, qui étoit une ville considérable, siège d'un évêché, & qui fut détruite par les Normands l'an 845. M. d'Anville a combattu cette opinion, & a prouvé assez bien que l'ancienne *Beneharnum* étoit située à peu près dans les environs d'*Orthès*. C'est à *Guillaume Sanchès*, Duc de Gascogne, qu'on attribue la fondation de Lescar en 980, dans un lieu où il n'y avoit qu'une chapelle.

Cette ville souffrit beaucoup pendant les guerres de la religion; le Comte de Montgomery y pilla les églises, & détruisit les tombeaux des Princes de Béarn, qui étoient dans la cathédrale.

Pour posséder un canonicat dans le chapitre de cette cathédrale, il faut faire preuve de noblesse, où être gradué dans une des Universités du royaume. L'Evêque est le premier Chanoine,

& le Roi nomme à un canonicat en vertu d'une bulle de 1552.

La ville de Lescar se divise en haute & basse ; dans la haute, on voit le palais épiscopal, de construction moderne, & la cathédrale dédiée à la Vierge ; dans la basse, un collège dirigé par des Barnabites : cette ville est bâtie sur une colline d'où l'on découvre une plaine fertile & très-agréable.

OLORON ou OLERON.

Ville épiscopale, située à quatre lieues de Pau, à six lieues de la frontière d'Espagne.

ORIGINE. Cette ville est très-ancienne. Les Romains la connoissoient sous le nom d'*Iluro* ou *Elorensium civitas.* Dès les premiers temps du Christianisme elle fut le siège d'un évêché ; les Sarrasins & Normands l'ayant successivement ruinée, *Centulle IV*, Vicomte de Béarn, la rebâtit.

Oloron est bien plus considérable que Lescar, sur-tout si l'on y comprend le bourg de *Sainte-Marie* & le faubourg de *Marcadet*, qui n'en sont séparés que par les deux gaves entre lesquels la ville est bâtie.

La *cathédrale* & le palais épiscopal sont dans le bourg de Sainte-Marie ; cette église fut bâtie par le Vicomte Centulle IV.

Cette ville étoit autrefois fort marchande & beaucoup plus peuplée qu'aujourd'hui ; les habitans faisoient avec succès presque tout le commerce d'Arragon ; mais en 1694, les correspondans qu'ils avoient à Sarragosse furent pillés par le peuple de cette ville qui se souleva contre eux, & les chassa après leur avoir enlevé toutes leurs richesses; depuis cet événement le commerce n'a jamais pu s'y rétablir dans son premier état.

Sarrance. A deux fortes lieues d'Oloron, en remontant la même rivière sur laquelle est située cette ville, dans la vallée d'*Aspe*, est Notre-Dame de *Sarrance*, qui étoit autrefois une abbaye de l'ordre de Prémontré. Ce lieu, célèbre par les pélerinages, fut visité, suivant M. de *Marca*, par le dévot Louis XI. Ce Roi, en entrant dans le Béarn, fit baisser son épée que l'on portoit haute devant lui, & ne voulut point qu'on scellât aucune lettre tandis qu'il y fit son séjour, disant qu'il étoit hors de son royaume.

LA VALLÉE D'ASPE. Cette vallée, qui commence proche la ville d'Oloron, & qui s'étend bien avant dans les montagnes des Pyrénées, mérite une mention particulière.

Les hautes montagnes qui l'environnent recèlent plusieurs mines de cuivre, dont l'exploitation, tentée à divers reprises, n'a jamais eu de succès; on y trouve aussi des fontaines minérales dont les propriétés ne sont point connues.

Au milieu de cette vallée coule dans toute sa longueur le *gave* qui prend sa source vers les frontières d'Espagne. Dans les temps de pluie & d'orage cette rivière est colorée en rouge par des terres composées de schiste rougeâtre qui s'éboulent des montagnes de Gabedaille & Peireneire.

Les chemins que l'on a ouverts dans cette vallée, soit pour faciliter la communication avec l'Espagne, soit pour l'exploitation des forêts, sont vraiment dignes de la curiosité des Voyageurs; on remarque sur-tout la chaussée taillée sur les flancs de la montagne d'*Athas*; cette chaussée, conçue & exécutée par M. *Leroi*, Ingénieur de la marine, est une des plus étonnantes & des plus hardies que l'on connoisse; elle a deux mille & quelques centaines de toises depuis le bord du torrent jusqu'à la forêt d'Issau. Cette forêt, exploitée pour la marine, couronne le sommet de la montagne; c'est à *Athas* qu'on voit les magasins & le dépôt de cette exploitation.

La *Pene d'Escot*, montagne située à l'entrée de la vallée d'Aspe, sur les bords du gave, est absolument taillée à pic; on prétend que Jules César y fit pratiquer un chemin qui passoit le long de la vallée; & traversoit le *port* ou passage que les Romains appelèrent *summum Pyrenœum*, & que les Béarnois nomment aujourd'hui *Somport*. On voit sur un rocher une inscription romaine rapportée dans un ouvrage moderne (1), qui n'est pas entière, mais qui annonce une époque de la réparation de cet antique chemin.

Près du village de *Cetz*, on voit distinctement une veine de cristal très-fin & des plus

---

(1) Essai sur la Minéralogie des Pyrénées, pag. 72.

brillans. On trouve aussi vers le côté gauche de la montagne un grand nombre d'aiguilles transparentes de différentes longueurs, dont toute l'étendue de la veine est couverte.

Pic d'Anie. Une des plus hautes montagnes qui bordent la vallée d'Aspe, est le *Pic d'Anie* dans le territoire de *Lescun*, dont l'élévation, suivant M. *Flamichon*, Ingénieur-Géographe du Roi, est de onze cent dix-neuf toises au dessus du pont de la ville de *Pau*. Cette montagne est presque inaccessible ; ce n'est qu'après bien des difficultés qu'on peut parvenir à gravir son sommet aigu.

L'opinion superstitieuse des habitans de *Lescun* est un nouvel obstacle qui s'oppose à ce qu'on atteigne la cîme du *Pic d'Anie*. Comme cette montagne est située à l'ouest de ce village, & que le mauvais temps vient ordinairement de ce côté-là, ils ne souffrent pas que des étrangers y montent, dans la crainte qu'ils ne soient sorciers, & qu'ils n'attirent l'orage sur leur territoire. Il y a environ vingt ans qu'un Savant naturaliste fit l'expérience de cette ridicule opinion ; il vint, muni d'instrumens propres à des observations qu'il se proposoit de faire sur le *Pic d'Anie* ; on le prit pour un Magicien, il fut traité en conséquence, & obligé de renoncer promptement à ses projets.

Si les lumières du dix-huitième siècle n'ont pas encore pu entièrement pénétrer dans l'intérieur de ces montagnes ; si malgré les progrès de la raison, une stupide ignorance y règne encore ; quel devoit être, dans les temps où une aveugle superstition captivoit tous les esprits, le degré de barbarie des habitans de cette contrée ! on va en juger par l'extrait suivant d'une pièce aussi curieuse qu'authentique. Les habitans de la *vallée d'Aspe* faisoient des courses sur ceux d'une vallée voisine, appelée de *Lavedan*. L'abbé de *Saint-Sevin*, pour venger les habitans de cette dernière vallée, fit dit-on, mourir, par art magique, plusieurs habitans de la vallée d'Aspe, afin de les punir de leurs brigandages. Le maléfice de cet Abbé tourna contre les habitans même du Lavedan qui y avoient consenti, & leur vallée fut frappée d'une stérilité générale; voici le titre de cette pièce traduite de l'original en langue béarnoise, tirée d'un ouvrage intitulée, *Lous priviledges, franquises, &c.*, imprimé à *Pau* en 1694, & confirmée par Louis XIII.

Contrat de la paix faite entre les vallées d'Aspe & de Lavedan par l'ordre du Pape, qui avoit absous la terre, les habitans & les bestiaux de Lavedan, du péché commis par l'Abbé de Saint-Sevin, en faisant mourir par art magique grand nombre d'habitans d'Aspe, pour les courses & ravages qu'ils faisoient en Lavedan; en punition duquel péché, la terre, ni les femmes, ni les bestiaux de Lavedan n'avoient porté aucun fruit durant six années.

Cette pièce, datée du premier juin 1348, commence ainsi :

« Soit connu à tous, que comme la terre

de Lavedan, d'Arreaigues, eût demeuré six ans sans porter de fruits; ni femme, enfant; ni vache, veau; ni jument, poulain; ni bétail d'aucun poil; à raison de ce que le petit Abbé de Saint-Sevin auroit fait périr les gens d'Aspe, qui avoient fait & faisoient des courses & des ravages en Lavedan, après avoir lu sur un sureau, un livre qu'il avoit tiré par art diabolique de Salomon. A cause de quoi les gens de Lavedan furent conseillés d'envoyer deux prud'hommes d'entre eux vers le Saint-Père, à Rome, pour demander absolution de ce péché, ce qui leur fut octroyé, en observant les choses par lui ordonnées, & ci-dessous déclarées ainsi qu'il les écrivit par lettres qu'il envoya; savoir, une à l'Evêque de Lescar, une autre à l'Evêque de Tarbes, une autre au Sénéchal de Béarn, & une autre au Sénéchal de Bigorre; tendantes aux fins qu'en suivant les pénitences & amendes par lui imposées, ils fissent la paix entre les deux montagnes, & pour cet effet appelassent dix prud'hommes d'Aspe, & autant de Lavedan, & fissent rédiger cela par écrit; & moyennant ce, *absoudre les terres*, gens, bestiaux, & autres choses du Lavedan, & accordèrent comme s'ensuit ».

Voici le premier article de ce traité.

« Et tout premièrement paix soit faite entre parties à jamais, & que celui qui la rompra ait la malédiction du Saint-Père, & paye deux cents marcs d'argent, cent marcs aux endommagés, l'autre cent au Seigneur de la terre d'où les endommagés seront; & qu'ensuite ceux de Lavedan envoyeront dix hommes de sainte vie vers Monseigneur Saint-Jacques en Galice ; qu'ils fassent chanter quatre messes d'Evêques, & dix messes d'Abbés avec crosses, & cent messes à Prêtres ou Frères, & que ceux de Lavedan fassent à jamais les réparations ci-dessous écrites, & payent au messager d'Aspe, le jour & fête de Saint-Michel de septembre, dans l'église de Saint-Sevin, ou en celle d'Odot, avant que l'étoile paroisse, les sommes sous-écrites ».

On lit ensuite à quelle amende est taxé chaque village du pays de Lavedan, de quelle manière elle doit être payée au messager d'Aspe, &c. : ce traité se termine par cette formule : « Et lesdits de Lavedan & d'Aspe jurèrent sur les quatre saints Evangiles de Dieu, qu'ils tiendront & accompliront tout ce que dessus, à peine d'encourir les susdites peines ».

PAU.

Ville capitale de la province du Béarn, située sur le *gave de Pau*, à vingt-cinq lieues de Bayonne, à une lieue de Lescar, & à trente-huit de Toulouse.

ORIGINE. Pau doit son origine à un château bâti par un des premiers Princes du Béarn, vers le milieu du dixième siècle. Ce Prince faisoit sa résidence à *Morlaas*, ville de la province ; inquiété par les fréquentes excursions des Sarrasins d'Espagne, qui pénétroient dans ce pays par le passage des Pyrénées, il choisit un endroit propre à la construction d'une forteresse qui serviroit à arrêter les courses de ces brigands. La partie méridionale de la plaine de *Pontlong*, lui parut très-convenable à son projet ; elle appartenoit aux habitans de la vallée d'*Ossau*, qui la lui cédèrent, à condition qu'eux & leurs descendans auroient, pendant la tenue de la *Cour majour* (1), la première place au haut de la salle du château qui y seroit construit.

On planta trois pieux sur le terrain choisi, afin d'en marquer les limites. Le château fut bâti dans l'endroit où se trouvoit le pieu du milieu, & c'est du nom de ce pieux, en latin *Palus*, que ce château fut appelé d'abord *Pal*, puis, par corruption, *Pau*. Ce qui confirme cette étymologie, ce sont les armoiries parlantes que le Souverain accorda, en 1482, aux Jurats & Communauté de Pau, après qu'il lui eurent prêté serment de fidélité. Ces armoiries consistent en trois pals ou perches (en Béarnois *Paux*) ; sur celui du milieu est perché un Paon faisant la roue, pour désigner l'endroit où le château fut élevé, &c.

Ce château, situé où est actuellement la maison de *Gassion*, ne fut d'abord qu'un lieu de plaisance des Princes du Béarn. Plusieurs seigneurs particuliers & autres personnes s'éta-

---

(1) La *Cour majour* ou *plénière*, étoit une Cour souveraine du Béarn, composée du Prince qui y présidoit, des deux Évêques, des Abbés & des Gentilshommes de la province. Cette Cour ne différoit des autres Cours du royaume que par l'obligation où étoit le Souverain du Béarn de juger les causes de ses sujets avec sa Cour, & d'acquiescer à sa décision. En 1490, la Cour majour fut abolie, & l'on y substitua un Conseil souverain, qui, en 1620, a été érigé en Parlement.

blirent successivement dans le voisinage. Cet édifice subsista pendant quelques siècles, & fut remplacé par un autre plus grand & plus beau, que l'on construisit à peu de distance, & auquel les Princes du Béarn, devenus Rois de Navarre, ajouterent plusieurs décorations dont on voit de magnifiques restes.

En 1464, Pau étoit encore un lieu peu considérable par son étendue, comme il paroît par une patente donnée, le 25 septembre de cette année, par le Vicomte Gaston IV, Roi de Navarre, qui déclare son intention de peupler ce lieu en y faisant sa résidence ordinaire, en y fixant le siège de son Sénéchal, en y établissant des Jurats, des foires & marchés, & en accordant divers privilèges aux habitans. Le même Prince, voyant son projet prospérer, donna, le 19 mars 1468, de nouvelles lettres, par lesquelles il accorde aux Jurats de Pau le droit de faire quelques levées sur le vin & autres denrées qu'on y transporteroit aux foires & marchés, à condition que les deniers prélevés seroient employés à entourer le lieu de murs & de fossés, & à construire une église paroissiale. Les murs furent en conséquence élevés & poussés jusqu'à la place de Gassion, & jusqu'au portail de l'horloge, près de la maison de ville; mais alors on ne prévoyoit pas qu'on se resserreroit dans un trop petit espace.

L'église étant construite, l'Evêque de Lescar l'érigea en paroisse en 1473, sous l'invocation de Saint-Martin, y nomma un Curé dont il réserva pour la suite la nomination à lui & à ses successeurs.

Gaston IV fit encore réparer & embellir le château de Pau, y joignit un grand parc, & n'oublia rien pour en faire un séjour digne de sa magnificence.

Insensiblement Pau se peupla, s'agrandit, & fut pour la première fois honoré du titre de *Ville*, dans une patente de Jean d'Albret & de la Reine Catherine son épouse, donnée le 4 novembre 1502. Depuis, le séjour constant des Princes, l'établissement du Conseil souverain, en 1519, ont contribué beaucoup à l'agrandissement de cette ville, qui est enfin devenue la capitale du Béarn, le siège d'un Parlement, d'une Université, d'une Académie de Belles-Lettres, d'un hôtel des Monnoies, d'un Collège considérable, & d'autres établissemens favorables à la population.

DESCRIPTION. Pau est situé à l'extrémité d'une grande plaine qui domine sur une autre plaine où coule le Gave. Au delà de cette rivière sont des côteaux, & ensuite les monts Pyrénées qui, s'élevant en amphithéâtre, forment une vue magnifique.

Cette ville est d'une moyenne étendue, elle n'a ni murailles ni portes; la plupart des maisons y sont bien bâties, & presque toutes sont couvertes d'ardoises; il n'y a qu'une paroisse & une succursale, dont les secours spirituels seroient insuffisans, si les Capucins & les Cordeliers, qui ont dans cette ville de beaux couvens, ne soulageoient les Curés & Vicaires dans l'administration des Sacremens. Il y a plusieurs ponts sur les ruisseaux de *Hedas* & de *l'Ousse*; le plus remarquable est celui du Gave, qui est composé de sept arches; de ce pont très-élevé on découvre le pic du midi de la vallée d'Ossau, qui est un des pics les plus élevés de la chaîne des Pyrénées.

On ne trouve dans Pau qu'une seule fontaine, située vis-à-vis la place du marché; mais elle fournit abondamment de l'eau par six tuyaux.

La grande rue traverse entièrement la ville; au milieu est la place du marché, & à l'extrémité est l'*hôtel de ville*.

La Place royale est ornée de belles maisons & de plusieurs allées d'arbres; elle fait face à la nouvelle église dite *Saint-Louis*; au milieu est la statue pédestre en bronze de Louis XIV, entourée d'une grille de fer.

Les citoyens de Pau ayant sollicité, dans le siècle dernier, la permission de placer au milieu de cette place la statue d'*Henri IV*, cette demande, qui surprit la Cour, fut refusée; on accorda aux habitans, une statue de Louis XIV qu'ils ne demandoient point. Ces habitans peu courtisans, mais zélés admirateurs de leur ancien Souverain, firent graver sur le piédestal, en Langue Béarnoise, cette inscription remarquable:

Celui-ci est petit-fils de notre bon Roi Henri.

Les Capucins de cette ville ont été fondés par Henri IV; on y voit la bibliothèque de ce Roi, dont il fit présent à ces Religieux.

A l'extrémité occidentale de la ville, & sur un rocher coupé à pic au dessus du gave de Pau, est situé le *château* où résidoient les Princes du Béarn, & où nâquit *Henri IV*. Le souvenir de la naissance d'un Prince si cher aux François, ajoute un grand intérêt à cet ancien édifice, & sa situation singulière & romanesque porte l'imagination vers les temps fameux de la chevalerie. Ce château, quoiqu'en mauvais état, seroit encore habitable; on y entre par un pont & par un portail, au dessus duquel est le bâtiment du garde-meuble; à droite, plus bas, est le logement du sergent, & de suite celui du Gouverneur du château; le logement du Gouverneur de la province est située de l'autre côté.

Dans la cour est un beau puits; à gauche est une grande tour qui sert de prison de la ville; au bas de cette tour est le corps de garde du château, & au dessus est la chambre du trésor, où sont les archives.

Dans une chambre du château, qui, par sa largeur, devoit être autrefois chambre de parade, on voit un beau portrait en pied de *Jeanne d'Albret*, mère d'Henri IV; sa coiffure est ornée de perles; autour de sa gorge elle porte une fraise, & ses bras, également ornés de perles, sont couverts jusqu'au poignet par son habit; à sa ceinture pend une chaîne avec un portrait en miniature; de sa main droite elle semble pincer les cordes d'une guitare, & dans la gauche elle tient un mouchoir brodé; ses traits son réguliers, l'ovale de la tête est un peu alongé, ses yeux sont d'un brun clair, son nez bien formé, mais un peu grand, & ses sourcils bien cintrés; cette peinture rend assez le caractère de grandeur

d'ame

d'ame & de la noble fierté de cette Princesse (1).

Dans une des chambres voisines est un autre portrait d'Henri IV pendant sa jeunesse. Au second étage est l'appartement où ce Prince naquit. On montre encore dans le château une grande écaille de tortue qui lui servit de berceau.

Les Jardins sont devenus une promenade publique ; on y arrive du château par un pont-levis ; à côté est une plantation composée de plusieurs allées, appelée les *Ormelettes*, au bout de laquelle, & après avoir traversé un petit chemin qui conduit à la basse ville, on trouve le *parc du Roi*.

Pendant qu'Henri IV tenoit sa cour à Pau, il fréquentoit de préférence cette partie des jardins qui a retenu son nom. Ce parc est situé sur le penchant du gave ; il se termine à un point où s'offre une perspective étendue & très-pittoresque.

En face du Parc du Roi, on monte un petit tertre pour entrer dans un bois joint à une promenade appelée le *cours Bayard*, laquelle forme une magnifique étoile. Derrière cette promenade est une belle châtaigneraie, & à côté sont deux pépinières & des noyers, l'une &

---

(1) « Elle n'avoit, dit d'Aubigné, de femme que le sexe, l'ame entière aux choses viriles, l'esprit puissant aux grandes affaires, & le cœur invincible aux grandes adversités ». Une chose remarquable, c'est qu'elle se fit Protestante dans le même temps que son époux devint Catholique ; elle fut aussi ferme dans le parti qu'elle embrassa, que ce Prince indolent étoit foible & chancellant dans le sien.

Partie III.

l'autre entourées de grandes allées & de pièces d'eau. Au milieu d'une châtaigneraie qui est à côté des pépinières, on trouve une fontaine appelée *la fontaine des Fées*, dont l'eau a, dit-on, la vertu de guérir plusieurs infirmités.

EVÉNEMENS remarquables. L'événement le plus digne d'être rapporté à cet article, est celui de la naissance d'Henri IV.

Jeanne d'Albret, fille unique & héritière d'Henri II, Roi de Navarre & de Béarn, épousa Antoine de *Bourbon*, Duc de Vendôme (1). Les premiers fruits de cette alliance ne furent pas heureux; deux Princes, leurs enfans, moururent au berceau. *Jeanne d'Albret* voulut quelque temps après suivre son époux aux guerres de Picardie; avant son départ, le Roi son père lui dit que si elle devenoit grosse, il vouloit absolument qu'elle vînt accoucher à Pau. Suivant le désir de son père, *Jeanne*, étant enceinte & dans son neuvième mois, partit exprès de Compiègne, traversa toute la France, & dans l'espace de quinze jours arriva à Pau.

A son arrivée, le Roi son père lui montra une grosse boîte d'or, entourée d'une chaîne de même métal, d'une longueur extraordinaire: Dans cette boîte étoit renfermé le testament que ce Roi avoit fait. *Jeanne*, curieuse de

---

(1) Ce Prince descendoit en ligne droite & masculine de *Robert*, Comte de Clermont, cinquième fils de Saint-Louis, & qui par-là se trouvoit, après la branche alors régnante, le plus proche héritier de la couronne de France.

voir ce testament, lui demanda la boîte : « Elle sera tienne, lui répondit-il, dès que tu n'auras montré l'enfant que tu portes ; & afin que tu ne fasses pas une pleureuse ou un réchigné, je te promets le tout, pourvu qu'en enfantant tu chantes une chanson béarnoise ».

Entre minuit & une heure, le 13 décembre 1553, la Princesse sentit les douleurs de l'enfantement ; lorsqu'elle entendit venir son père, elle se mit à chanter la chanson béarnoise, qui commence par ces mots : *Noste Donne deou cap deou pon adjouda me in aquesta houra*, qui signifient : *Notre-Dame du bout du pont, aidez-moi à cette heure.* Si-tôt qu'elle fut délivrée, le Roi lui mit la chaîne d'or au cou, & lui donna la boîte d'or où étoit le testament : » Voici qui vous appartient, ma fille ; mais, » dit-il en désignant l'enfant, ceci est à moi ». Il prit en effet le nouveau né, lui fit avaler quelques gouttes de vin, lui frotta les lèvres avec une gousse d'ail, & quelque temps après l'envoya au château de *Coaraze* en Béarn, où on l'accoutuma à la fatigue & à une vie dure, « ne mangeant souvent que du pain commun, dit *Cayet* ; le bon Roi, son grand-père, l'ordonnoit ainsi, & ne vouloit pas qu'il fût délicatement mignardé, afin que de jeunesse il s'apprît à la nécessité : souvent on l'a vu, continue le même Historien, à la mode du pays, parmi les autres enfans du château & village de *Coaraze*, piés déchaux & tête nue, tant en hiver qu'en été ».

On rapporte même que cet illustre enfant prenoit plaisir à se piquer les doigts, & à se les faire saigner, pour s'accoutumer, disoit-il, aux combats que le sort lui destinoit.

Il ne faut pas douter que cette mâle éducation n'ait donné à ce Prince ce courage, cette activité qui le firent triompher de tant d'obstacles, le placèrent sur le trône de France, & le rendirent l'idole de ses sujets.

Cinq grandes routes sortent de la ville de Pau; savoir, la route de Bayonne qui passe au milieu du parc; celle de Bordeaux, dans une allée du *cours Bayard*; celle de Toulouse, au milieu des vallées de Morlaas; celle de Lourdes, près le village de Bizanos, & celle d'Oloron, entre les villages de *Gelos* & de *Jurançon*.

Productions & Commerce. Ce dernier village, éloigné de Pau d'un petit quart de lieue, est fort agréable; c'est là que se fait le fameux *vin de Jurançon*; en temps de paix, on en vend la plus grande partie aux Anglois & aux Hollandois, qui viennent le charger à Bayonne.

Le commerce de la ville de Pau consiste en belles toiles & en beaux mouchoirs qui s'y fabriquent avec du lin du pays. Il s'y fait un commerce considérable de jambons salés avec du sel de *saliés*, qui leur donne un goût exquis. Ce sont les jambons connus sous le nom de *jambons de Bayonne*, à cause qu'il s'en fait dans cette ville plusieurs embarquemens, & dont la propre dénomination devroit être *jambons de Béarn*.

Population. La ville de Pau contient environ huit à neuf mille habitans.

ENVIRONS. Les environs de Pau offrent à l'amateur de paysages, des points de vue pittoresques, & au Naturaliste plusieurs objets intéressans.

VALLÉE D'OSSAU. La vallée d'Ossau, dont on découvre les plus hautes montagnes du pont de Pau, mérite l'attention des observateurs. En partant de cette ville, & remontant le ruisseau de *Nés*, on trouve, à une lieue, *Gan*, village où naquit Pierre *Marca*, l'un des plus savans Prélats de l'Eglise Gallicane. Après avoir observé, à droite & à gauche du ruisseau, des marbrières, on arrive à sa source qui est au bas du *pic de Rebenac*; là, on voit sortir de terre un volume d'eau considérable, qui, suivant l'opinion étrange de quelques personnes, est une partie des eaux du *Nil*. On a pensé, avec plus de raison, que le gave voisin de cette source perdoit, près d'*Arudy*, une partie de ses eaux, pour donner naissance au *Nés* par des passages souterrains; mais des observations ont démontré le peu de fondement de ce système. (Voyez à cet égard *Essai sur la minéralogie des monts Pyrénées*, pag. 108 & 109).

De la source du *Nés*, toujours dans la même direction, on arrive à *Sévignac*; de ce village on descend dans le gave qui coule au milieu de la vallée d'*Ossau*, & qui l'a formée; on trouve ensuite *Arudy*, & puis *Iseste*, lieu de la naissance du célèbre Médecin *Bordeu*: au dessus de ce village on voit la *grotte d'Espalungue*; cette grotte est spacieuse & remarquable par ses cristallisations calcaires; on devine aisément qu'*Espalungue* dérive de *spelunca*, qui signifie caverne.

On rencontre sur le même gave des carrières d'ardoises & de marbre, ainsi que des mines.

Les montagnes qui entourent la vallée d'*Ossau* recèlent presque toutes des substances métalliques; mais l'exploitation de la plupart de ces mines a été tentée sans succès. La minière de fer de *Loubie*, située à l'extrémité orientale des montagnes d'Ossau, est exploitée depuis long-temps; on en tire du fer en chaux qui est transporté à la forge de Beon, pour y être converti en fer.

Près du village d'*Aste*, on trouve de la mine de fer spathique grise, tirant sur le blanc, & en petites lames; on en a essayé l'exploitation; mais lorsque ce fer a été réduit en masse, il a éclaté en morceaux sous les coups de marteau, & on n'a jamais pu le réduire en barres.

On trouve aussi, dans la plupart des montagnes de cette vallée, des mines de cuivre & de plomb qui ont été abandonnées.

Au dessus du village d'*Aste* est celui de *Loubie*, dont l'exploitation des minières de fer est, comme nous l'avons dit, en activité. On y trouve aussi une carrière de marbre, qui est une des plus remarquables du Béarn; elle est située à une petite distance de ce village. Le marbre y est gris & blanc; on en voit de blanc à grandes écailles, de dur & de transparent comme celui de *Carrare*. Le marbre blanc à petites écailles, de la même montagne de *Loubie*, peut être comparé à celui de *Serravezza*. Les statues de Notre-Dame de *Betharram*, village situé sur le gave de Pau, célèbre par le concours de Pélerins que la dévotion y attire de toutes les parties du Béarn, sont de marbre blanc de *Loubie* : le marbre des Pyrénées est assez généralement gris.

Au village de *Bielle*, chef-lieu de la vallée d'*Ossau*, situé au dessus de *Loubie*, on voit cependant quatre colonnes d'un marbre jaspé de blanc & de bleu, qui ornent l'autel de l'église; mais on ignore si elles ont été transportées d'un lieu éloigné, où si on les a tirées des montagnes de cette vallée (1).

Eaux-bonnes ou *Aigues-bonnes*, lieu célèbre par ses eaux minérales, situé dans la *vallée d'Ossau*, à quatre lieues de Pau, au pied d'un monticule, au confluent de la Soude & du Valentin, produit trois fontaines, qui, quoique voisines, ont cependant divers degrés de chaleur : la principale est nommée *la Vieille*.

Les eaux de cette source, selon M. *Bayen*, font monter la liqueur du thermomètre de Réaumur à vingt-huit degrés; elles n'altèrent point le sirop de violette; l'alkali fixe n'y occasionne pas de précipité; l'alkali volatil n'y produit

---

(1) On rapporte qu'Henri IV étant devenu Roi de France, envoya demander ces colonnes à la Communauté de *Bielle*, qui lui adressa une réponse en gascon, dont voici la traduction :

« Sire, vous êtes le maître de nos cœurs & de nos » biens; mais à l'égard des colonnes du temple, elles » appartiennent à Dieu, arrangez-vous avec lui ».

aucun changement; l'infusion de la noix de galle n'occasionne point de teinte noire qui puisse indiquer dans ces eaux la présence du fer.

Elles exhalent une odeur de foie de soufre, donnent une couleur noire à l'argent, & forment dans la dissolution de ce métal, par l'acide nitreux, un précipité blanc sale, qui insensiblement devient d'un gris noir.

On attribue à ces eaux la faculté de guérir les ulcères, les vieilles plaies, les maladies de la peau, &c.

Les Eaux-chaudes ou *Aigues-caudes* sont à une lieue & demie des Eaux-bonnes; elles sont situées dans un profond ravin formé par le gave, qui coule avec un bruit effroyable; là, cette rivière est bordée de montagnes presque inaccessibles. Ces eaux, soumises aux mêmes épreuves que les précédentes, ont donné les mêmes résultats; le degré de chaleur est seul différent. La source qu'on appelle *Lou-Rey* ou *les Rois*, fait monter, suivant M. Bayen, la liqueur du thermomètre à trente degrés. Auprès de ces eaux, & au dessus de la source de l'*Arresa*, on trouve une inscription gravée sur un rocher, & adressée à *Madame Catherine de France*, sœur du Roi très-chrétien Henri IV, en juin 1591, avec ces deux vers latins:

Caucasus & Rhodope tristi delebitur ævo;
At nostro insculpta pectore fixa manent.

A l'origine de la gorge qui conduit de Laruns aux eaux chaudes, dans l'endroit qu'on appelle *Hourat* (1), on lit deux inscriptions latines gravées sur le marbre, qui sont également relatives au séjour que *Catherine*, sœur d'Henri IV, fit dans ce lieu l'an 1591; en voici la traduction :

« Arrête-toi, passant, admire ce que tu ne vois pas, & regarde ce que tu dois admirer; nous ne sommes que des rochers, & cependant nous parlons; la nature nous a donné l'être, & la Princesse Catherine, la parole. Nous avons vu Catherine, regardant l'inscription que tu lis, nous avons entendu sa voix, nous lui avons servi de siège. Que nous sommes heureux de l'avoir vue, nous qui n'avons point d'yeux! Heureux toi-même, passant, de ne l'avoir point vue, tu aurois été changé en rocher. Son auguste présence, à nous qui étions morts, nous a donné une ame. Les Muses, vierges

---

(1) *Hourat*, en idiome Béarnois, signifie *trou* : on prétend que cet endroit a pris cette dénomination d'une ancienne ouverture où les eaux du gave se précipitoient pour reparoître, par des routes souterraines, près du village de Buzi. On ajoute encore que lorsque des causes qu'on ne détermine pas, vinrent à intercepter ce passage, le gave prit son cours par la plaine de la vallée d'Ossau. J'ai remarqué, dit l'Auteur de l'*Essai sur la minéralogie des monts Pyrénées*, auprès du château d'*Espalungue*, les ruines d'une église qui fut emportée par les eaux du gave, quand cette rivière cessa pour la première fois de disparoître à *Hourat*, ce qu'on dit être arrivé dans le dernier siècle : au reste, il n'est pas rare de voir dans les montagnes de la vallée d'*Ossau*, des ruisseaux qui se précipitent dans l'intérieur de la terre ; les uns reparoissent à quelque distance de l'endroit où ils s'engouffrent, d'autres s'y perdent entièrement.

» comme l'étoit *Catherine* de France & de
» Navarre, lui ont élevé ce monument pendant
» son séjour en ce lieu, l'an 1591 ».

Ce monument avoit été dégradé par le temps, on le fit réparer en 1646, & on y ajouta une autre inscription latine, dont voici la traduction :

« A tous passans, salut : ce que tu vois avoit
» été détruit; mais sa destruction l'a fait renaître.
» Ne reproche point au temps d'avoir dégradé
» ce monument de la Princesse *Catherine*, puis-
» que le temps l'a réparé par les soins de Mes-
» sire Jean *Gassion*, Conseiller d'Etat, Prési-
» dent au Parlement de Navarre, & Intendant
» général du domaine du Roi, de la justice,
» police & finances dans la Navarre, le Béarn,
» la Chalosse, le Bigorre & le Vicbilh, l'an
» 1646 ».

Les *eaux chaudes* étoient fort en réputation du temps d'Henri IV. Marguerite de Valois, première femme de ce Roi, en parle dans ses Mémoires. Pendant que la Cour de Navarre étoit à Nérac, la belle *Fosseuse*, maîtresse de ce Prince, désiroit, afin de cacher sa grossesse, de faire un voyage à ces eaux; le Roi, pour éviter le scandale, auroit voulu que la Reine fût de ce voyage; mais elle refusa constamment d'y accompagner cette favorite de son mari, non par délicatesse de sentiment, mais parce qu'elle avoit fait serment, comme elle le dit elle-même, *de n'entrer jamais en Béarn que la religion catholique n'y fût*.

On fait usage de ces eaux contre les obstructions, l'épaississement de la lymphe, les maux de tête invétérés, &c.; elles sont salutaires, dit-on, en bains & en douches, contre les paralysies, les rhumatismes, &c.

En approchant toujours du sommet des Pyrénées, on trouve, à droite du gave, *Gabas*, lieu entouré de noirs sapins qui rendent cette solitude affreuse; de tous côtés se présentent des pics tristes, isolés & inaccessibles. Non loin de ce village commencent les montagnes supérieures, & on arrive enfin au fameux *Pic de midi* (1), repaire assuré des aigles & des vautours, dit un moderne Observateur; il domine fièrement presque toutes les montagnes qui l'entourent. Sa hauteur, suivant M. Flamichon, est de mille quatre cent sept toises au dessus du pont de *Pau*. Les débris qu'on trouve au pied du pic, prouvent combien le temps y a exercé son empire. Les regards ne sont fixés que par des rochers énormes, qui, amoncelés les uns sur les autres, défendent à l'homme d'approcher; & les flancs escarpés de cette montagne, dont la cîme est presque toujours hérissée de glaçons, opposent à son audace un rempart inaccessible. Cependant M. *de Marca* dit, dans son Histoire du Béarn, qu'on voit les deux mers du pic de midi, ce qui suppose qu'on y a monté; cela semble difficile à croire.

---

(1) On compte plusieurs *pics de midi* dans la chaîne des Pyrénées; ils tirent leur nom de leur position méridionale par rapport aux villes de France qui les avoisinent; celui-ci est regardé comme le plus élevé de ces pics.

MONTS PYRÉNÉES.

Tableau général-des Monts-Pyrénées.

Les Monts Pyrénées s'étendent depuis l'Océan jusqu'à la Méditerranée, dans un espace de quatre-vingts lieues en longueur; ils commencent à Saint-Jean de Luz, dans le Labourd, & finissent au port de Vendre, dans le Roussillon.

La chaîne de ces Monts qui séparent la France de l'Espagne, « vue de loin, présente, dit un Savant, l'aspect d'une barrière hérissée, qui s'élève en amphithéâtre du côté de la France, descend de même du côté de l'Espagne, & forme, dans sa longueur, un arc de cercle dont les extrémités se courbent & vont mourir dans les deux mers (1) ».

Ces Monts s'élèvent insensiblement des rivages de l'Océan jusqu'à la source de la Garonne, & baissent ensuite vers la Méditerranée par une pente graduelle; leur cîme ne cesse d'atteindre à la froide région de l'air qu'à la partie orientale de la montagne du *Canigou* en Roussillon, où les Pyrénées perdent tout à coup leur grande élévation; elles ne sont, à cette extrémité, que

---

(1) Discours en forme de Dissertation sur l'état actuel des montagnes des Pyrénées, & sur les causes de leur dégradation, par M. d'Arcet.

de hautes collines, semblables à celles de la partie occidentale, vers Saint-Jean de Luz.

« Les Monts Pyrénées, dit un Minéralogiste (1), sont composés de bandes calcaires & de bandes argileuses qui se succèdent alternativement, & de masses de granit. Chaque bande est un assemblage de lits qui se prolongent en général de l'ouest-nord-ouest à l'est-sud-est, formant un angle de soixante-treize degrés à l'est avec la méridienne de l'Observatoire de Paris. Ces bancs sont communément inclinés d'environ trente degrés avec la perpendiculaire ».

On ne pénètre dans ces montagnes qu'à la faveur des ravins creusés par des torrens. Ces ravins sont d'autant plus ouverts que les torrents y rassemblent plus d'eau, à moins que le resserrement des montagnes & des rochers opposés n'y mette obstacle; alors le lit du torrent regagne en profondeur & en rapidité l'espace qu'il ne peut acquérir en largeur.

Les sommets des Pyrénées sont toujours couverts de neige, & d'une aridité affreuse. Les monts les plus élevés sont les pics *de Midi*, le pic d'*Anie*, les tours de *Marboré*, le *Canigou*, &c.

Il y a dans ces montagnes une grande quantité de mines de fer, de cuivre, de plomb, &c.; un très-petit nombre sont en exploitation.

Les carrières d'ardoise & de marbre y sont

---

(1) L'Auteur de l'Essai sur la minéralogie des Monts Pyrénées.

abondantes; le marbre y est presque généralement gris ou blanc-gris. Les carrières de *Campan*, de Sarancolin dans la vallée d'Aure, celle de Veyrede près de Sarancolin, dont le marbre est connu sous le nom de *marbre d'Antin* (1), diffèrent de cette règle générale.

Les eaux minérales de *Cauterez*, de *Barège*, des deux *Bagnères*, d'*Eaux-bonnes*, de *Morlies*, &c. sont les plus renommées des Pyrénées.

SOL. CLIMAT. L'aridité du terrain des Pyrénées, & le degré de froid s'accroît en raison du voisinage des sommets de cette longue chaîne de montagnes. Celles dont le penchant se trouve entre l'est & le nord, ayant une pente plus douce, sont moins exposées aux dégradations; ainsi l'eau n'y entraîne que peu de terre propre à la végétation. De ce côté elles sont couvertes de bois & de pâturages; il ne faut donc pas être étonné si les Pyrénées offrent des points de vue plus agréables, quand on les parcourt du nord au sud, ou du nord-est au sud-ouest, que lorsqu'on les traverse des côtés opposés, dont l'aspect est triste & aride : il est prouvé que les expositions au sud & à l'ouest sont attaquées avec plus d'activité par les agens destructeurs de l'air.

HABITANS. Les habitans des Pyrénées n'ont, dans l'étendue de ces montagnes, ni la même activité, ni le même caractère.

---

(1) Le marbre de *Sarancolin* est d'un rouge foncé avec des veines & taches en blanc & en gris; celui de *Veyrede*, appelé *marbre d'Antin*, est d'un rouge très-vif, avec les mêmes taches blanches & grises.

Les *Basques*, comme nous l'avons remarqué, font lestes, agiles, & d'une vivacité extraordinaire.

Les habitans des vallées de Béarn ont moins d'activité que les Basques. Dans les vallées du *Bigorre*, le peuple commence à s'appesantir; enfin l'extrémité de la vallée de *Luchon* offre des êtres tout à fait engourdis, relativement aux peuples précédens; ces malheureux, pauvres, tristes & basannés, font presque tous affligés du goître; difformité qui leur donne un air stupide, & qui leur rend la prononciation difficile. Dans le *Couserans*, dans le pays de *Foix*, & dans la province du Roussillon, cette espèce d'abrutissement semble diminuer, sur-tout dans la partie des montagnes qui est la plus susceptible de culture.

PHÉNOMÈNES. La fonte lente des neiges sur ces hautes montagnes produit des événemens bien désastreux. L'eau, ne coulant point sur la surface, pénètre facilement dans les montagnes secondaires dont le terrain est léger & sablonneux, en imbibe toute la masse, souvent à de très-grandes profondeurs; enfin le terrain suffisamment imbibé ne pouvant se contenir, rompt sa surface avec une explosion & un bruit considérable, prend son cours comme une matière fluide, entraîne souvent des rochers énormes ensevelis dans son sein, renverse tout sur son passage, & forme les vastes & profonds ravins qu'on trouve dans ces montagnes (1).

___

(1) C'est ainsi qu'a été formé le ravin immense qu'on voit au dessous de Barège, & qui descend depuis la ca-

Un autre phénomène auſſi fréquent, & plus redoutable, eſt les lavanges formées par la neige qu'un coup de vent détache des ſommets des montagnes; en roulant elle s'amoncelle, ſe durcit, & ſe groſſiſſant prodigieuſement dans ſon cours, elle entraîne des amas de terre, fait quelquefois des ponts ſur les torrens, comble des vallons, engloutit des villages. Une telle maſſe eſt ordinairement précédée dans ſa chûte par un violent courant d'air, qui produit un ſifflement épouvantable; ce vent, par ſon impétuoſité, renverſe, même avant le choc de la lavange, les arbres les plus gros, des maiſons, quelquefois des villages entiers (1).

Les Monts Pyrénées s'affaiſſent inſenſiblement; leurs ſommets, qui ont toujours été les limites naturelles de la France & de l'Eſpagne (2), par leur état de décrépitude & de ruine,

---

bane la plus élevée juſqu'au torrent, par une pente preſque verticale, qui a plus de trois cents pieds de hauteur; l'énorme quantité de pierres & de terres dont les montagnes ſont alors dépouillées, eſt en partie jetée dans le courant des rivières, & en partie dépoſée dans les plaines ou portée juſqu'à la mer.

(1) Le vent d'une ſemblable lavange raſa, il y a une trentaine d'années, la maiſon de M. *Ducot*, Chirurgien major de Barège. Des caiſſes pleines de meubles, dépoſées dans la cave, furent ouvertes & jetées dans la rue par la ſeule exploſion du courant d'air; on vit avec étonnement une partie des effets qu'elles contenoient, portée, ſur la montagne oppoſée, à plus de ſoixante pieds d'élévation; on obſerva que la maiſon fut raſée quelques inſtans avant l'arrivée & le choc de la maſſe de neige.

(2) La vallée d'*Aran*, qui fait partie du Comté de annoncent

annoncent que dans des temps reculés ils s'élevoient à une hauteur bien plus considérable. D'après les observations de M. Gensanne, la surface de ces montagnes baisse d'environ dix pouces par siècle. Dans cette hypothèse, & en supposant leur élévation commune au dessus du niveau de la mer, de quinze cents toises, il doit s'écouler un million d'années avant leur totale destruction; ainsi il ne faut que du temps pour que le mot de Louis XIV à son petit-fils, se réalise physiquement: *Il n'y a plus de Pyrénées.*

Comminges, est une exception à cette règle; quoiqu'elle dépende pour le spirituel de l'Evêque de Comminges, elle est sous la domination temporelle du Roi d'Espagne. Alphonse II, Roi d'Arragon, s'appropria cette vallée en mariant, en 1192, au Comte de Bigorre, *Beatrix* sa cousine, héritière du haut Comminges: c'est depuis ce mariage que la vallée d'Aran, située en deça des Monts, est restée à l'Espagne.

SAINTONGE, ANGOUMOIS, ET AUNIS.

Tableau général de la Saintonge, de l'Angoumois & de l'Aunis.

LA Saintonge & l'Angoumois forment un gouvernement général, militaire, qui comprend ces deux provinces limitrophes. Ce gouvernement est borné au nord par le Poitou, au nord-ouest par le pays d'Aunis, au sud & à l'est par celui de Guienne, & à l'ouest par l'Océan.

Ces deux provinces sont encore réunies, au moins en partie, par la généralité de *la Rochelle*, qui comprend la Saintonge, la partie de l'Angoumois où la ville de *Cognac* est située (1), & le pays d'Aunis.

LA SAINTONGE, dont *Saintes* est la capitale, est bornée à l'est par l'Angoumois, à l'ouest par l'Océan & la Gironde, au sud & au sud-est par le Bordelois & le Périgord, au nord & au nord-ouest par le Poitou & le pays d'Aunis; cette province a vingt-sept lieues dans sa plus grande longueur; sa largeur moyenne est d'environ douze lieues, ce qui peut donner une surface de trois cent vingt-quatre lieues carrées.

---

(1) L'autre partie de l'Angoumois depend de la généralité de Limoges, & forme l'élection d'Angoulême.

L'ANGOUMOIS, dont *Angoulême* est la capitale, est borné au nord par le Poitou, au sud & à l'ouest par la Saintonge, à l'est & au sud-est par le Périgord; ce pays a environ vingt-quatre lieues dans sa plus grande longueur; sa largeur moyenne est d'environ dix lieues, ce qui peut offrir une surface d'environ deux cent quarante lieues carrées.

L'AUNIS, dont *la Rochelle* est la capitale, est borné au nord par la partie du Poitou qu'on appelle *Plaine de Luçon*; au sud & à l'est par la Saintonge, & à l'ouest par l'Océan; cette petite province, qui forme un gouvernement militaire, & qui dépend de la généralité de la Rochelle, a environ neuf lieues dans sa plus grande longueur, & huit dans sa largeur moyenne; ce qui forme une surface de soixante-douze lieues carrées.

RIVIÈRES. *La Sèvre*, qui vient de Saint-Maixent & de Niort, passe à Marans, sépare l'Aunis du Poitou, & se jette dans l'Océan.

La Boutonne passe à Saint-Jean d'Angély, & va se jeter dans la Charente, au dessus de Rochefort.

La Charente est la rivière la plus considérable de ces pays; elle serpente long-temps dans l'Angoumois, passe à Bourg-Charente, à Cognac, puis elle entre dans la Saintonge; en la traversant elle baigne les murs de Saintes, de Rochefort, &c., & se jette dans l'Océan, en face d'une petite île qui est à son embouchure, qu'on appelle *Ile Madame*.

Climat, Sol, Production, Commerce. Le climat de la *Saintonge* est fort tempéré ; mais l'air est peu sain, sur-tout le long des côtes, à cause des marais salans qui s'y trouvent.

Le sol est fertile en blés, en vins, fruits, pâturage & safran; il y croît de l'absinthe qui est fort estimée ; elle a même été connue par les Romains, sous le nom de *Virga Santonica*; il y a des bois, des eaux minérales & quelques mines de fer & d'autres métaux; le bétail, le gibier, la volaille y sont très-abondans ; le sel est une des productions principales de la basse Saintonge.

Le commerce de cette province consiste en sel, en denrées, en chevaux du pays, qui sont estimés. Les huitres de Marennes ont une grande réputation, on les transporte jusqu'à Paris.

Le sol du pays d'*Aunis* n'est pas aussi fertile que celui de Saintonge, il est très-marécageux; les marais salans, dont on tire un très-beau sel, en offrent la principale production ; les ports de *Rochefort* & de *la Rochelle*, par leur importance, contribuent beaucoup au commerce & à l'activité de ce pays.

L'*Angoumois* diffère assez pour le climat, les productions & le commerce, de la Saintonge & de l'Aunis.

Le climat y est sain, quoiqu'un peu froid ; le pays est rempli de collines, mais il n'y a point de montagnes considérables. La terre y est fertile en froment, seigle, avoine, maïs, safran; en vin & en toutes sortes de fruits qui sont excellens : il y a des mines de fer qui sont abondantes ; celles de *Runcogne* & de *Planchemi-*

niers sont les plus connues; on en trouve aussi à *Rochebeaucourt* & à *Roussines*. On avoit découvert une mine d'antimoine à *Menet*, dans laquelle se trouvoit de l'argent; mais le produit n'a pas suffisamment dédommagé des frais de l'exploitation.

Le commerce de l'Angoumois est considérable en vins & en eaux-de-vie, ceux de *Cognac* ont une grande réputation. Il y a aussi plusieurs manufactures d'étoffes de laine, de diverses espèces, à Angoulême & ailleurs. Les fabriques de papiers y sont aussi fort estimées, & deviennent une source de commerce, d'activité, & de richesse pour ce pays.

HISTOIRE. *La Saintonge* étoit avantageusement connue du temps de la République Romaine. *César*, en parlant du projet que les Suisses avoient formé de s'emparer de cette province, dit que la Saintonge étoit un pays très-fertile; les habitans étoient nommés *Santones* (1); leur pays ne dépendoit point alors de la Gaule celtique. Sous l'empire d'Auguste, il fut attribué à l'Aquitaine : de là vient que cette province dépend de la métropole de Bordeaux.

___

(1) Plusieurs Ecrivains modernes ont écrit *Xaintes*, *Xaintonge*. Cette orthographe a été introduite par la fable qui fait descendre les Saintongeois d'une colonie de Troyens qui habitoient les bords du fleuve *Xantus*. Dans les Commentaires de César, dans tous les Historiens des six premiers siècles, qui font mention de la Saintonge, ce mot est toujours écrit par une *S*, & non par un *X* : ainsi il faut écrire *Saintes* & non *Xaintes*.

Sous *Honorius*, la Saintonge faisoit partie de l'Aquitaine seconde.

De la domination des Romains, ce pays passa sous celle des Visigoths, & après la mort d'*Alaric*, tué par *Clovis* en 507, il fut soumis aux François, puis il fit partie du Duché d'Aquitaine; il eut ensuite ses Comtes particuliers; pendant long temps il fut le théâtre de la guerre entre les Anglois & les François. Après la mort de *Geoffroy Martel*, Comte d'Anjou, arrivée en 1060, Guillaume VII ou VIII, Duc de Guienne, s'empara de la Saintonge, & la réunit à son Duché, dont elle suivit le sort.

Cette province fut quelque temps réunie à la couronne de France par le mariage d'*Eléonore*, fille & unique héritière de Guillaume X, Duc de Guienne & Comte du Poitou, avec le Roi Louis VII; mais elle passa sous la domination Angloise lorsque cette Princesse, répudiée par le Roi de France, eut épousée Henri, Comte d'Anjou, qui devint Roi d'Angleterre.

En 1451, sous le règne de Charles VII, les Anglois ayant été chassés de France, la Saintonge fut réunie à la couronne.

L'AUNIS suivit à peu près le sort de la Saintonge. (Voyez *la Rochelle*.)

L'*Angoumois* eut une destinée plus particulière. Du temps de César, ce pays étoit habité par les *Agesinates*; il éprouva les mêmes révolutions que la Saintonge jusqu'au commencement du règne féodal; il fut alors soumis aux Ducs d'Aquitaine, qui y établirent des Comtes; on distingue parmi eux *Guillaume Ier*, surnommé *Taillefer*, nom qu'il prit à l'occasion d'un combat dans lequel il défit les Normands, & tua *Stolius* leur chef. Malgré son casque & sa cuirasse de fer, d'un coup d'épée il lui fendit la tête jusqu'à la poitrine; il mourut en 956; ses descendans se firent honneur de porter le surnom de *Taillefer*.

L'Angoumois, après plusieurs événemens qui le firent passer tour à tour de la domination des Anglois à celle des Rois de France, fut enfin soumis à cette dernière sous le règne de Charles VII; ce pays fut, dans la suite, donné en apanage à la seconde branche de Valois, dont étoit François Ier, qui porta le titre de *Comte d'Angoulême*, avant que d'être Roi de France. Ce Prince l'érigea en Duché en 1515, pour *Louise de Savoie*, sa mère. Après la mort de cette Princesse, arrivée en 1531, le Duché d'Angoulême fut réuni à la couronne; en 1552, Henri II le donna à sa fille *Diane*, légitimée de France, mariée à Horace Farnèse & ensuite à François de Montmorenci : cette Princesse mourut en 1619 sans postérité.

Louis XIII donna le Duché d'Angoulême en engagement à Charles de Valois, fils naturel de Charles IX, qui mourut en 1650; ce Prince est célèbre dans l'Histoire par ses projets de trahison, par sa longue détention à la Bastille, & par des Mémoires d'une partie de sa vie, qu'il a écrits; ce Duché fut depuis réuni à la couronne, & donné en apanage à différens Princes du sang; aujourd'hui le fils de Monseigneur Comte d'Artois, né le 6 août 1775, Grand Prieur de France, porte le titre de Duc d'Agoulême.

La *Saintonge* & *l'Aunis* furent, pendant près

de deux siècles, désolés par des malheurs du même genre: ces pays devinrent le théâtre sanglant des guerres qu'on appelle de religion, mais qui étoient plutôt celles de l'ambition de quelques Grands, qui, favorisés par les circonstances, fomentoient l'avarice des uns, le fanatisme des autres, cachoient, sous un prétexte sacré, leurs projets ambitieux, & donnoient les couleurs de la vertu aux entreprises les plus criminelles.

Les opinions de la religion réformée furent long-temps dominantes dans ces pays; les persécutions, loin de les détruire, ne leur donnèrent que plus de force. L'on méconnut, ou l'on dédaigna d'employer les moyens persuasifs, les seuls convenables. La persécution avoit enfin aigri, soulevé les esprits, lorsque quelques Grands ambitieux, comptant sur la foiblesse du Gouvernement, s'armèrent pour combattre ou pour défendre les Sectaires opprimés. De là ces troubles, ces traités continuellement violés, ces massacres, ces brigandages, ces pilleries qui accoutumèrent long-temps la Noblesse françoise à se porter, sans répugnance, à des bassesses honteuses, à des actions dont la lecture fait frémir.

Sous le règne d'Henri IV, ces pays jouirent de quelque tranquilité; l'édit de Nantes assura une existence paisible aux Religionnaires; mais les atteintes que l'on porta successivement à cet édit sous les règnes suivans, firent naître plusieurs orages. Enfin on détermina Louis XIV à le révoquer, & à convertir tous les Protestans de son royaume: on lui fit croire qu'il viendroit à bout de ce projet par la séduction ou par la violence ; on usa amplement de ces deux moyens, mais sans beaucoup de succès. On ne triomphe pas des opinions comme on triomphe des hommes : cette vérité ne fut pas assez sentie.

On avoit établi d'abord une caisse dont l'argent étoit distribué à ceux que le besoin forçoit d'y recourir, en feignant de changer de religion ; ce moyen, comme on peut le croire, ne produisit aucune conversion sincère. Les fameuses missions appelées *Dragonades*, furent le comble de la persécution ; on soudoya des espions, & des Moines se chargèrent, avec empressement, de cet emploi (1) ; on accabla le peuple de vexations inouies. Qu'on se figure des Bourgeois tranquilles chez lesquels sont logés huit, dix, vingt, jusqu'à cent militaires qui avoient ordre de s'abandonner à tous les excès de la licence, injuriant, battant leurs hôtes, brisant leurs meubles, dissipant leurs biens, violant leurs filles, & se faisant un jeu des barbaries les plus odieuses (2), & on n'aura encore

---

(1) On mandoit au mois de décembre 1685 : « Je ne trouve plus de Religionnaires à la Rochelle depuis que je paye ceux qui les découvrent & qui me les livrent, dont je fais emprisonner les hommes & mettre les femmes & filles dans les couvens, de l'aveu & par l'autorité de M. l'Evêque ».

(2) On rapporte que le Maréchal de Tessé ayant envoyé un détachement de Dragons dans un village, les paysans effrayés promirent aussi-tôt de se convertir. Le Capitaine eut ordre alors de revenir sur ses pas ; mais fâché d'avoir perdu l'occasion de piller ces villageois,

qu'une foible idée de l'état de ces malheureux (1). Des familles riches de Négocians

& de leur faire éprouver les supplices ordinaires, il dit, mêlant la raillerie à la cruauté : *Monseigneur, ces marauts se moquent de vous, il ne nous ont pas seulement donné le temps de les instruire.*

(1) On envoya quelques Missionnaires, mais la plupart étoient peu propres à une telle entreprise. Fénelon, qui fut député dans la Saintonge, deux mois après la révocation de l'édit de Nantes, dit dans une relation écrite de sa main : « Les Huguenots paroissent frappés de nos instructions jusqu'à verser des larmes... & ils nous disent sans cesse : *Nous serions volontiers d'accord avec vous ; mais vous n'êtes ici qu'en passant ; dès que vous serez partis, nous serons à la merci des Moines qui ne nous prêchent que du latin, des indulgences & des confréries ; on ne nous lira plus l'Evangile ; nous ne l'entendrons plus expliquer, & on ne nous parlera qu'avec menace...* Il est vrai, ajoute M. de Fénelon, qu'il n'y a en ce pays que trois sortes de Prêtres, les Séculiers, les Jésuites, & les Récollets. Les Récollets sont méprisés & haïs, sur-tout des Huguenots, dont ils ont été les délateurs & les parties en toute occasion. Les Jésuites de Marennes sont quatre têtes de fer qui ne parlent aux nouveaux Convertis, pour ce monde, que d'amendes & de prisons, &, pour l'autre, que du Diable & de l'enfer. Nous avons eu des peines infinies à empêcher ces bons Pères d'éclater contre notre douceur, parce qu'elle rendoit leur sévérité plus odieuse, & que tout le monde les fuyoit pour courir après nous, avec mille bénédictions... Pour les Curés, ils n'ont aucun talent de parler, & c'est une grande confusion pour l'Eglise catholique ; car les Huguenots étoient accoutumés à avoir des Ministres qui les consoloient & les exhortoient par des paroles touchantes de l'Ecriture... ». Nous pourrions multiplier les citations pour prouver la passion & l'ignorance de la plupart des Missionnaires, les moyens violens & barbares employés pour faire abandonner aux Protestans la croyance que leurs aïeux avoient établie &

cent fois plus utiles à la nation que la troupe entière de ceux qui les persécutoient, ont été ruinées au bout de quelques mois. Lassés d'un sort pire que celui des esclaves Chrétiens chez les nations barbaresques, un grand nombre, malgré les défenses rigoureuses de s'expatrier, sortirent de France, & portèrent leur industrie & leur commerce chez les nations voisines. Les persécuteurs sont morts; mais leur affreux système a laissé des traces profondes & presque irréparables. La dépopulation s'est fait sentir de tous côtés; le commerce est tombé; des pays riches & vivans sont restés pauvres & déserts; le seul diocèse de Saintes perdit alors cent mille habitans. Enfin dans un temps plus éclairé, où les fureurs du fanatisme sont amorties, où les droits des citoyens sont plus respectés, & après une expérience d'un siècle qui a prouvé que les persécutions ne convertissoient pas les Protestans, on s'est déterminé à leur donner un état civil : ainsi, par l'édit de janvier 1788, ils ne seront plus contraints, pour donner la légitimité à leurs enfans, pour leur conserver leur patrimoine, &c. de feindre des sentimens qu'ils n'avoient pas, &

---

maintenue au prix de leur sang. Des scènes si atroces semblent étrangères au règne de Louis XIV; on se croit transporté dans ces temps de persécutions odieuses, exercées contre les Albigeois & contre les premiers Protestans. Nous renvoyons nos Lecteurs à l'Ouvrage curieux & impartial, intitulé, *Eclaircissemens historiques sur les causes de la révocation de l'édit de Nantes, & sur l'état des Protestans en France*, & à ce que nous avons dit aux articles du *tableau général du Béarn*, de *Montauban*, & du *tableau général du Poitou*.

de profaner les Sacremens auxquels on les forçoit de participer (1); leur existence est aujourd'hui protégée par les lois.

Administration. La généralité de la Rochelle, qui comprend la Saintonge, le pays d'Aunis, & une petite partie de l'Angoumois, où est située la ville de Cognac, est rédimée de gabelles, & une partie est exempte des Aides; les travaux des chemins s'y font par corvées.

Les contributions de cette généralité peuvent être estimées à environ neuf millions cent mille livres.

La population étant évaluée à quatre cent soixante-dix-neuf mille sept cents habitans, c'est dix-huit livres dix-neuf sous par tête; sa surface étant de quatre cent soixante-quatre lieues car-

---

(1) A la fin du règne de Louis XIV & au commencement de celui de Louis XV, les Prélats du royaume avoient une opinion qui a paru depuis fort étrange. Après la révocation de l'édit de Nantes, les Protestans qu'on voulut nommer *Nouveaux Convertis*, quoiqu'on sût qu'ils ne l'étoient pas, furent, & ont été jusqu'à présent forcés, pour contracter des mariages légitimes, & pour conserver leurs biens à leurs enfans, de se marier dans l'église catholique, & de demander, à la mort, l'Extrême-Onction; on exigea même d'eux d'assister aux offices, & de s'approcher du Sacrement de l'Eucharistie. Cette comédie pénible, qu'on les forçoit de jouer, les profanations & les parjures auxquels on les contraignoit, leur répugnoient autant qu'aux bons Catholiques. L'administration regardoit ces sacrilèges comme utiles à la conversion des Protestans. Le Clergé de France parut en juger de même: prétendoit-on que les profanations scandaleuses des Sacremens de l'Eucharistie, du Mariage, de l'Extrême-Onction, n'étoient point un mal dans cette occasion?

rées, c'est mille trente-quatre habitans par lieue carrée.

CARACTÈRES. Les Saintongeois sont spirituels, polis, mais peu zélés pour les Lettres, quoique jaloux de réputation. Le voisinage de la Gascogne leur a communiqué un air de suffisance & de présomption, qui déplairoit, s'il n'étoit tempéré par un ton de franchise & d'affabilité. Ceux qui habitent les bords de la mer en Aunis comme en Saintonge, sont laborieux, propres au commerce, à la navigation; mais ils ont la politesse des marins.

Les Angoumoisins sont actifs, propres au commerce; leur industrie & la fertilité du pays entretient chez eux un air d'aisance & de cordialité; les plaisirs de la table ont pour eux, dit-on, beaucoup d'attraits. Ils sont plus intéressés, moins polis que les Saintongeois; mais aussi ils ont peut-être plus de véritable générosité, &, tout comme chez eux, on sent un peu l'influence du voisinage de la Gascogne.

PONS.

Petite ville située à quatre lieues de Saintes, sur la route de cette capitale à Blaye & à Bordeaux.

ORIGINE. Quelques Ecrivains conjecturent que cette ville fut fondée par *Elius Pontius*, petit fils du grand *Pompée*, & que le nom de *Pons* dérive de celui du fondateur; d'autres croyent, & c'est l'opinion la plus commune, qu'elle tire son nom des Ponts qu'on y voit sur la petite rivière qui baigne les murs de cette ville (1).

Pons a depuis long-temps eu le titre de *Sirie* ou de *Sirauté*. Ses Seigneurs ont toujours pris la qualité de *Sires de Pons*. Richard Cœur de Lion, Duc d'Aquitaine, fit démolir cette place en 1179, parce que le Sire de Pons avoit alors embrassé le parti de Geoffroi de *Rançon*, Seigneur de Taillebourg.

Les anciens Sires de Pons étoient fort puissans, puisque cette seigneurie comprend cinquante fiefs nobles. La *Sirauté* ne releve que du Roi. Voici la formule singulière des hommages que ces Seigneurs lui rendoient.

Le Sire de Pons, armé de toutes pièces, la visière baissée, se présentoit au Roi, & lui disoit : *Sire, je viens à vous, pour vous faire hommage de ma terre de Pons, & vous supplier de me maintenir en la jouissance de mes privilèges*. Le Roi le recevoit, & devoit lui donner, pour gratification, l'épée qu'il avoit à son côté.

DESCRIPTION. Cette ville est située sur une colline agréable, elle se divise en haute & basse ; la haute est appelée *Saint-Martin*, & la basse *Saint-Vivien* ; la petite rivière de *Seugne*, qui passe au bas, se partage en trois branches, & forme, en serpentant dans la campagne, un paysage très-riant.

Près du sommet de la colline, & au centre de la ville, paroît l'ancien château des Sires

---

(1) Le blason de cette ville porte de gueules à trois ponts d'or.

de Pons, bâti sur un rocher; il n'en reste que le donjon, qui est une tour carrée d'une grande hauteur; les étages sont formés par de belles voûtes; ce donjon sert aujourd'hui de tour de l'horloge & de maison de ville; au bas est une espèce de plate-forme carrée, flanquée de petites tourelles de même forme, dont il en est deux seulement qui subsistent.

De cette plate-forme on jouit d'une vue charmante & étendue.

La *Sirauté* de Pons fut constamment possédée par des Seigneurs de la maison de même nom, jusqu'à la fin du seizième siècle; ensuite elle passa dans la maison d'Albret de Miosans, & depuis dans celle de Lorraine, de la branche de Marsan, dont l'aîné porte ordinairement le titre de *Prince de Pons*.

ILE D'OLERON.

Cette île est située sur les côtes de la Saintonge, vis à-vis les embouchures des deux rivières de Seudre & de Charente, à peu de distance & à droite de l'embouchure de la Gironde.

HISTOIRE. Oleron étoit connu des anciens; plusieurs Géographes de l'antiquité en font mention sous les noms d'*Uliarus* ou d'*Olerum*, &c.; M. de la Sauvagère prétend que ce terrain étoit uni au continent par l'endroit où est aujourd'hui le *Pertuis de Maumusson*, & que la baye, formée à l'embouchure de la Seudre par cette langue de terre & le continent, étoit le port nommé *Portus Santonum*. Cette conjecture, dit ce Savant, est appuyée sur la tradition de ce canton; on raconte qu'il y avoit autrefois sur cette côte, où l'on ne voit aujourd'hui que des dunes affreuses, une ville qui y est engloutie sous les sables, qui s'appeloit, dans les derniers siècles où elle subsistoit, *Anchoigne*; nom que les habitans de ce pays prononcent *anchoanne*.

L'Auteur ajoute, que pendant des tempêtes le vent y souleve les sables, & qu'alors on aperçoit quelques masures. C'est un pareil événement qui mit à découvert une chapelle enfouie, dont on a recueilli des morceaux de verre des vitraux, qui étoient peints en rouge & en bleu, & vivement colorés; ces verres ont une ligne d'épaisseur, & quelques morceaux sont dorés; ce procédé étoit connu des anciens (1).

M. le Maréchal de Senectère, Seigneur de ce pays, a retiré de ces ruines, des matériaux qu'il a employés à des constructions dans *la Tremblade*, bourgade que l'on croit bâtie des démolitions de la ville enfouie.

Ce qui est remarquable, c'est que de pareils débris se trouvent sur la rive opposée de l'île d'Oleron. L'ancien village de *Saint-Trojan* y est totalement englouti sous les sables; le village, qu'on a depuis reconstruit à quelque dis-

---

(1) On conjecture que cette chapelle ou église pourroit bien appartenir à un prieuré autrefois situé en ce canton, dépendant de l'abbaye de Grandmont, & qui fut fondé en 1192; ce qui rapproche la destruction de cette église & de ces côtes, à des temps bien postérieurs aux Romains, & semble prouver que cette partie étoit habitée au treizième siècle.

tance de l'ancien, semble menacé du même sort.

La rupture de l'isthme, qui forme aujourd'hui le pertuis de Maumusson, s'est successivement élargie, & a recouvert de dunes arides, des bords autrefois fertiles & habités. Dans ce détroit, pendant les gros temps, il se fait un bruit épouvantable; deux directions différentes y produisent un choc violent des vagues de la mer, qui dégrade continuellement les côtes voisines.

Il est prouvé, par un titre, qu'en 1430 la petite île d'Aix, placée à l'embouchure de la Charente, étoit encore unie à la terre, & qu'il y croissoit de beaux chênes.

Ainsi, en supposant, comme il y a tout lieu de le croire, que l'île d'Oleron tenoit autrefois au continent (1); le port de Saintonge, ou le *Santonum Promontorium*, dont parle Ptolomée, se trouveroit naturellement placé à l'extrémité la plus occidentale de l'île d'Oleron, qu'on nomme *le Cap de Chassiron*, & cette détermination géographique est plus satisfaisante que les systèmes jusqu'alors imaginés à cet égard.

---

(1) M. de *la Martière*, Capitaine des Gardes-côtes, racontoit à M. de la Sauvagère, que son père, pendant la basse marée, avoit passé ce détroit appelé *Pertuis de Maumusson*, à pied sec; qu'il n'y couloit qu'un petit courant d'eau qu'il traversa sans se mouiller, en posant le pied sur la carcasse de la tête d'un cheval; ce qui prouve que les progrès de ce pertuis sont assez récens; aujourd'hui même les vaisseaux n'y passent qu'avec grande précaution.

DESCRIPTION

Cette île forma long-temps un gouvernement particulier. Pendant les guerres de la Ligue, d'Aubigné, en 1586, s'en empara pour le Roi de Navarre, & en fut long-temps Gouverneur (1).

---

(1) La manière dont cette île fut prise est assez singulièrement racontée par d'Aubigné lui-même, dans l'Histoire secrète de sa vie. « Voyant quelque résistance dans l'île, il (d'Aubigné) défendit à ses Officiers de mettre pied à terre avant lui ; & pour soutenir cette fanfaronnade, il se jeta dans un petit bateau, accompagné de *Monteil* & de *Lisle*, & du Capitaine *Brou*, qui ramoit lui-même ; comme il étoit près d'aborder, une barque qui paroissoit être des pêcheurs, fut tout d'un coup reconnue par lui pour un vaisseau de guerre, où étoit le Capitaine *Madelin*, brave soldat & en grande réputation. Celui-ci hausse ses voiles, & arrive sur le futur *Gouverneur d'Oleron*. Brou lui cria : Vous êtes perdu, & il n'y a d'autres moyens de se sauver, que d'aller passer à la proue de ce bâtiment ; ce qui étant résolu sur le champ, *Brou* rama droit à eux. *Madelin*, voyant cette manœuvre, fit compasser la mêche à ses soldats, au nombre de soixante, & les fit tous tirer à plomb dans l'esquif, à la longueur de vingt pas ; mais la précipitation avec laquelle ces Mousquetaires firent leur décharge, fut cause que des trois qui étoient dans ledit esquif, il n'y eut que Brou de blessé légèrement. Ayant ainsi passé de dix pas le bâtiment ennemi, *Brou* se leva de bout, & leur cria : *Pendez-vous, bourreaux, vous avez manqué le Gouverneur d'Oleron*. Cette rodomontade leur attira quelques volées de canons qui ne leur firent pas grand mal ; après quoi les trois aventuriers ayant mis pied à terre, se mirent à la tête d'un petit nombre de soldats venus dans d'autres bateaux, & le peuple de l'île s'enfuit sans livrer aucun combat ». D'Aubigné raconte ensuite que les habitans d'Oleron ayant préparé quatre charrettes chargées de vivres, pour les présenter à M. de *Saint-Luc*, Commandant dans le

DESCRIPTION. Oleron a environ six lieues de longueur sur deux lieues dans sa plus grande largeur; à l'extrémité la plus voisine du continent, & sur les bords de la mer est le *château du Bourg*, qui est le chef-lieu de cette île.

Le château du Bourg est une petite ville fortifiée qui contient deux hôpitaux, l'un pour les soldats de la garnison, l'autre pour les ouvriers & les matelots, & environ quatre ou cinq cents maisons.

La tour de *Chassiron* est à l'autre extrémité; c'est un fanal qui sert principalement à faire connoître aux vaisseaux l'entrée du *Pertuis d'Anthioche*; il y a deux réchauds, l'un plus élevé que l'autre, où l'on entretient un feu considérable; cette double lumière fait distinguer ce fanal de celui de la tour de Cordouan, qui est à l'embouchure de la Gironde.

Le Pertuis d'Anthioche est l'espace que l'eau a formé entre l'île de Rhé & celle d'Oleron.

En 1787, on a établi, sur la côte méridionale d'Oleron, des balises pour indiquer aux Navigateurs la partie de la côte où, dans un cas de naufrage, on peut sauver les équipages,

---

bas Poitou, qu'ils attendoient à leur secours, & voyant que les choses avoient pris une autre face, ils voulurent renvoyer ces présens à la ville; « A quoi s'opposa, dit d'Aubigné, un *roger bontemps*, Procureur de ladite île, lequel présenta lesdits vivres à d'Aubigné, en lui faisant ce compliment: *Monsieur, il ne faut point déguiser la vérité, ce présent avoit été destiné pour celui qui demeureroit le maître de l'île* ».

les cargaisons, & quelquefois les navires. On y a aussi construit une digue dans l'anse nommée *la Peroche*; cette digue forme un port propre à recevoir journellement les Caboteurs & les Pilotes de la rivière de Bordeaux, & à servir de refuge aux bâtimens forcés de donner à la côte; une batterie de deux canons, établie au pied des balises, est destinée à répondre aux signaux de détresse que feront les navires. Pour indiquer l'entrée de ce petit port, le jour on hisse un pavillon blanc, & la nuit on pose un falot sur chacune des balises.

On compte dans l'île d'Oleron six paroisses, un couvent de Récollets, & quelques chapelles.

L'air de cette île est tempéré, & le terrain très-bien cultivé; les habitans, agriculteurs ou *sauniers*, ont beaucoup d'activité; on y recueille de très-bons légumes; le sel que produisent ces marais salans, est considérable, & la Ferme en retire de gros droits.

Les habitans d'Oleron sont depuis long-temps très-expérimentés dans l'art de la navigation; ils ont été aux François ce que les habitans de Rhodes furent aux Romains; leurs lois maritimes, appelées *jugemens d'Oleron*, ont servi de modèle aux premières ordonnances de la marine de France. *Eléonor*, Duchesse de Guienne, fit servir, pour la première fois, ces *jugemens d'Oleron* à la police de la mer.

DROITS *singuliers*. Lorsque *Geoffroy Martel*, Comte de Saintonges, fonda l'abbaye des Dames de Saintes, il la dota de très-grands biens, & accorda à ces Religieuses la dixme dans l'île d'Oleron sur tous les cerfs & biches qu'on y tueroit; *afin*, est-il dit dans l'acte, *de faire des couvertures de livres*; il est en outre permis à l'Abbesse d'y faire prendre vifs, tous les ans, un cerf & sa biche, un sanglier & sa laie, un chevreuil & sa femelle, deux daims & deux lièvres, pareillement mâles & femelles, pour servir à désennuyer ces dames, *ad recreandam femineam imbecillitatem.*

SAINTES.

Ville ancienne, épiscopale & capitale de la Saintonge, située sur la rive gauche de la Charente, à cent trente-deux lieues de Paris, à vingt-cinq de Bordeaux, & à douze de la Rochelle.

ORIGINE. C'est une des plus anciennes villes des Gaules; les Géographes en font mention sous les noms de *Civitas Santonum*, *Mediolanum Santonum*, &c.; elle étoit capitale des peuples nommés *Santones*; cette ville, déjà florissante lorsque César fit la conquête des Gaules, fut mise, sous l'empire d'Auguste, dans le département de l'Aquitaine; sous l'Empereur Valentinien, elle fit partie de la seconde Aquitaine. Les Visigoths & les Francs la soumirent successivement. Avant les irruptions des barbares qui ravagèrent l'Empire Romain, cette ville étoit grande, riche, fortifiée de murs flanqués de hautes tours, & décorée de plusieurs édifices publics, tels qu'un amphithéâtre, plusieurs temples, un aquéduc, des mausolées, un Capitole, &c.

En 845, Saintes fut assiégée par les Normands. *Seguin*, qui en étoit Comte pour le Roi *Charles le Chauve*, fut pris, tué; ses trésors furent enlevés; la ville devint la proie des flammes; les murs, les tours, &c., furent démolis; hommes, femmes, enfans furent égorgés. Saintes, que les Romains avoit rendue magnifique, n'offrit plus que des ruines teintes du sang de ses habitans. Pendant les années suivantes on commença à rétablir quelques édifices; mais en 854, les mêmes Normands y commirent de nouvelles horreurs, & cette ville fut encore la proie de ces féroces brigands.

Description. Ces désastres, suivis de plusieurs autres, ont fait disparoître de cette ville la magnificence de son ancien état; elle n'annonce point ce qu'elle étoit du temps des Romains, & son antique splendeur n'existe plus que dans des ruines; mais les ruines romaines nous semblent toujours précieuses, & celles-ci sont de nature à exciter de l'intérêt.

Il y a peu de villes anciennes où l'on remarque autant de ruines Romaines, qu'à Saintes & aux environs de cette capitale.

Antiquités. Le *Capitole* étoit, suivant les conjectures, situé à peu près où est bâti le couvent des Carmélites, sur un rocher qui dominoit la rivière de Charente; cet édifice formoit un temple & une citadelle. Au commencement de la monarchie, il servit de palais aux Comtes de Saintonge; aujourd'hui ce capitole n'existe que dans des fragmens épars de colonnes, de frises, d'architraves, &c., qu'on voit dans plusieurs endroits de la ville. Le mur du jardin de l'hôpital général en offre une grande quantité; on y remarque sur-tout un bas-relief représentant *Castor Gaulois*. Parmi les ruines des fortifications de la ville, on trouve deux débris de frises, dont l'un est orné de triglyphes & de métopes, l'autre d'une tête de bœuf couronnée de fleurs; près d'une vieille tour, deux corniches, quinze chapiteaux corinthiens, dix-huit tambours de colonnes cannelées, & quelques lettres d'une inscription. Dans un jardin près de la tour du *Mélier*, sont aussi des restes du capitole, qui consistent en deux bas-reliefs & une pierre sépulcrale; une inscription tirée des débris de cet édifice, & publiée par Samuel Veyrel, fait croire que le temple de ce capitole étoit consacré à *Jupiter* (1).

On rencontre encore à Saintes une infinité d'autres antiquités, comme la porte d'*Aiguières*, anciennement *Porta Aquaria*; des débris qui se trouvent au bas du cimetière de Saint-Maur, un mur antique qu'on voit près de la cathédrale, dans une petite cour appelée la *Guillarde*, &c.

_____

(1) Lorsqu'en 1609, le sieur *Depern*, Gouverneur de Saintes, reçut ordre du Roi Henri IV de construire quelques fortifications, il fit en conséquence démolir une vieille tour auprès de la citadelle, & creuser dans les fondemens. On y déterra de grosses pierres qui paroissoient avoir appartenu à quelques constructions antiques, plusieurs fragmens de colonnes, avec leurs bases & chapiteaux, des frises, des autels, des pierres sépulcrales, des bas-reliefs, beaucoup de médailles, & plusieurs instrumens destinés aux sacrifices.

mais les antiquités les mieux conservées, ou celles dont les restes méritent une attention particulière, sont l'*arc de triomphe*, l'*amphithéâtre* & l'*aquéduc*.

L'*arc de triomphe*, ainsi nommé, quoiqu'il n'ait aucun des ornemens qui caractérisent les monumens triomphaux, est situé au milieu de la Charente, & au milieu du pont qui est bâti sur cette rivière; de sorte qu'on passe sous cet arc de triomphe pour arriver dans la ville. Il est aisé d'apercevoir que ce monument ne fut point construit au milieu de l'eau, mais sur les bords de la Charente, du côté du faubourg, & que cette rivière ayant changé son lit & miné le terrain, a coulé entre ce rivage & l'arc de triomphe.

Ce monument est dans un triste état; toutes les parties saillantes sont brisées, écornées ou défigurées. Des brèches dans les parties élevées, des herbes, des arbustes, même des branches d'arbre offrent une ruine pittoresque, mais qui ne peut intéresser que l'amateur des arts ou de l'antiquité; le peuple n'y voit qu'un objet de mépris.

Ceux qui ont écrit sur cet arc de triomphe, l'ont assez mal jugé; nous citerons sur-tout M. *Mahudel*, qui, dans les Mémoires de l'Académie des Inscriptions, a donné une dissertation accompagnée d'un dessin sur ce monument qu'il n'avoit point vu; cette dissertation a été suivie par *Piganiol*, qui, comme à l'ordinaire, a été copié par l'Abbé d'*Expilly*, lequel l'a été ensuite par M. Robert de Hesseln; elle contient plusieurs erreurs, dont la plus grave est le jugement peu avantageux que porte l'auteur sur cette construction par rapport au peu d'élévation des portiques; il ignoroit que dans le principe ils offroient des ouvertures plus hautes & plus élégantes, & que le sol du pont ayant été élevé considérablement dans des réparations, les portiques de cet arc de triomphe ont été alors dépourvus des proportions que l'Architecte romain leur avoit données.

Ce monument paroît aujourd'hui élevé sur un massif ou espèce de soubassement, composé d'énormes pierres de taille, & formant une des piles du pont; sur ce soubassement est construit l'arc de triomphe, offrant deux portiques couronnés d'un entablement, & surmontés d'un attique. Cet arc de triomphe a dix pieds d'épaisseur, quarante-sept de largeur; sa hauteur étoit d'environ quarante-quatre pieds dix pouces avant qu'on eût élevé le sol du pont, elle n'est aujourd'hui que de trente-huit pieds deux pouces.

Si ces deux portiques ne paroissent pas assez élevés pour leur largeur, c'est, comme nous l'avons annoncé, parce qu'on a exhaussé le pavé du pont. Le célèbre Architecte *Blondel* y fit, en 1665 & 1666, exécuter des réparations indispensables, & qui ont peut-être prévenu la ruine totale de l'arc de triomphe. La plupart de ses travaux tendirent à la conservation de ce précieux monument de l'antiquité; cependant il se vit forcé de sacrifier quelque chose de sa beauté pour préserver toute la masse d'une ruine prochaine : en conséquence il éleva le sol du pavé de six pieds au dessus des anciens seuils des portiques (1).

Les trois massifs des deux portiques, avoient chacun à leurs quatre angles, des pilastres cannelés avec un chapiteau corinthien ; mais ces pilastres, dont on ne distingue presque aucune trace, étoient très-courts & d'une mauvaise proportion ; ils étoient couronnés d'un imposte qu'on voit encore ; les deux arcades, bordées d'une large archivolte, prennent naissance au dessus de cet imposte ; aux quatre angles de cet édifice sont quatre colonnes engagées dans la maçonnerie, appuyées sur la saillie de l'imposte, & portant à faux ; ces colonnes, courtes, cannelées avec chapiteaux corinthiens, ont la proportion de l'ordre toscan ; au dessus de ces colonnes & des arcades, règne un entablement qui est surmonté d'un grand attique, sur lequel, ainsi que dans la frise de l'entablement, sont des inscriptions romaines.

L'inscription de la frise étoit connue depuis long-temps ; on la voit également sur la façade

---

(1) M. *Blondel*, dans son cours d'Architecture, chap. XIII, pag. 599, a fait graver deux dessins de cet antique monument ; l'un qui le représente entier, l'autre dans l'état de ruine où il l'avoit trouvé ; on voit dans ces dessins tous les renforts qu'il y fit ajouter pour préserver sa chûte. Il a laissé des détails circonstanciés sur ce monument, dont il fait un grand éloge, & qui s'est encore beaucoup dégradé depuis plus de cent ans qu'il a été restauré.

qui est du côté de la ville, & sur celle qui est du côté du faubourg; elle forme deux lignes.

C. Julius C. Juli Otvanevni F. Rufus C. Juli Gedemonis nepos Epotsorovidi pron.

Sacerdos Romae et Augusti ad aram quae est ad confluentem praefectus fabrum D.

Voici ce qu'elle exprime:

« Caius-Julius Rufus, fils de Caius-Julius
» Otvaneunus, petit-fils de Caius-Julius Gede-
» mon, & arrière petit-fils d'Epotsorovidus,
» Prêtre de la Déesse Rome & d'Auguste, In-
» tendant des travaux, fit la dédicace de ce
» monument sur l'autel qui est au confluent ».

La qualité de Prêtre de la Déesse Rome & d'Auguste, étoit ordinairement commune à ceux qui occupoient à Rome de grandes charges; c'étoit un simple titre. La charge d'Intendant des travaux étoit très-importante; ce fut en cette qualité que *Rufus* fit la dédicace de ce monument sur un autel qui étoit voisin, & situé au confluent de la Charente & de la Seugne; ces deux rivières ayant depuis long-temps changé de lit, le confluent n'existe plus.

Cette inscription ne nous fait point connoître à quelle occasion ce monument a été élevé, ni à qui il a été dédié. L'inscription qui est sur l'attique, devoit contenir à cet égard des renseignemens; mais on n'en pouvoit lire que les derniers mots, ce qui n'avoit produit que de savantes conjectures, & rien de satisfaisant ; enfin M. *de la Sauvagère* fut le premier qui travailla, il y a environ vingt ans, à découvrir ce qui manquoit à cette inscription : plein de zèle & de connoissances, il ne négligea rien pour retrouver une vérité perdue dans la révolution des siècles. Voici le résultat de ses travaux, & ce qu'il a déchiffré de cette seconde inscription qui est en trois lignes.

GERMANICO CAESARI TIB. AUGUST. F. TIB. AUGUST. F. CAES..... DRUSO CAESARI.

DIVI AUGUST. NEP. DIVI JULI PRONEP..... AUGURI PONT. MAX. C. IIII. IMP. VII. TRIB. POT. XXII. DIVI AUG. NEP. DIVI JULI.

AUGURI FLAM. AUGUST. COS. II. IMP. II....... ...... PRONEP. PONTIFICI AUGURI.

Cette inscription, malgré ses lacunes, ne laisse plus de doute sur la personne à laquelle le monument a été dédié. C'est à *Germanicus* & à *Tibere* son oncle ; ils ont ici le titre de fils d'Auguste, parce que cet Empereur les adopta conjointement. M. de la Sauvagère conjecture qu'il fut aussi dédié à *Drusus*. Le mot *Druso* suffiroit pour le faire croire, si la lacune qui le précède n'en faisoit pas douter. Ce Savant conclut que cet arc de triomphe fut construit après la mort de *Germanicus*, à qui il est principalement dédié (1), vers l'an 774 de Rome,

---

(1) *Germanicus* ayant été, à ce qu'on croit, empoisonné, l'an 19 de notre ère, par les ordres de Tibère;

& l'an 21 de notre ère, c'est-à-dire, qu'il s'est écoulé depuis sa construction, 1768 années.

L'Amphithéâtre, dont on voit de foibles restes dans un fond proche l'église de *Saint-Eutrope*, offre encore des ruines imposantes. Son plan est de figure elliptique, la grandeur du grand axe, hors d'œuvre, est de soixante-six toises trois pieds; celle du petit de cinquante-quatre toises; le grand axe de l'arène a quarante toises, & le petit vingt-trois; ce qui est remarquable dans ces dimensions, c'est qu'elles sont, à très-peu de chose près, les mêmes que celles de l'amphithéâtre de Nîmes; la différence qui existe entre ces deux amphithéâtres, c'est que celui de Nîmes est fort élevé, & pouvoit contenir environ vingt mille Spectateurs, & celui de Saintes n'avoit qu'un étage, & ne contenoit que cinq mille personnes. L'architecture de l'amphithéâtre de Nîmes est magnifique, tandis que celle de l'amphithéâtre de Saintes paroît avoir été fort simple, & dépourvue de tout ornement.

On y voit encore les souterrains, séparés par des murs de refends, qui portoient les voûtes

---

le Sénat, pour manifester les regrets d'une si grande perte, ordonna que par-tout où les Prêtres d'Auguste offriroient des sacrifices, on célébreroit des fêtes, où le nom de cet Empereur seroit chanté dans les hymnes, qu'on lui placeroit des chaises curules, avec des couronnes de chêne au dessus; que dans les jeux du Cirque, sa statue en ivoire seroit portée devant toutes les autres, enfin qu'on éleveroit des arcs de triomphe en son honneur, à Rome & dans plusieurs autres villes de l'Empire. On présume, avec assez de raison, que l'arc de triomphe de Saintes fut bâti d'après un pareil ordre du Sénat.

& les gradins circulaires où se plaçoient les Spectateurs ; on y distingue aussi les loges appelées *Cavea*, où l'on renfermoit les bêtes féroces destinées aux combats, & le *Podium* où se plaçoient les Sénateurs ou principaux Magistrats.

On croit que cet amphithéâtre servoit à des *naumachies*, & que l'aquéduc dont on voit encore des restes, étoit destiné à y conduire l'eau nécessaire à ces jeux.

Cet *aquéduc* prenoit sa source à trois lieues au nord-est de Saintes, & à un quart de lieue au delà du château de *Douhet*. Les eaux s'y rendent encore, par des voûtes interrompues, à deux cents pas de la source. Ces eaux disparoissent ensuite, mais à un quart de lieue plus loin est une fontaine appelée de *Saint-Vénerand*, dont les eaux, presque en sortant de leurs sources, entrent dans un gouffre, & s'y abîment, sans qu'on sache où elles prennent leur issue.

Au village de *Fontcouvert*, à trois quarts de lieue de Saintes, dans un vallon appelé *Lesar*, on voit les restes les plus apparens de cet aquéduc.

Ces restes consistent en plusieurs arcades soutenues par des piles, dont quelques-unes sont très-hautes ; ces arcades ne présentent que des ruines, triste ouvrage du temps, des barbares Goths ou Normands, & de ceux qui, dans ce siècle-ci, ont dirigé la construction de la chaussée de la route de Paris, & qui y ont employé des pierres tirées de cet ancien monument ; les uns & les autres ont droit à la même réputation.

Cet aquéduc, dans le vallon de Lefar qu'il traverfoit, avoit dix-fept arcades. A la hauteur de la montagne, il continue fous terre jufqu'à trois ou quatre cents toifes; on y rencontre des évents ou regards que l'on prendroit pour des puits profonds, & qui indiquent la prolongation des canaux fouterrains; au delà de cet efpace, on ne trouve plus aucuns reftes.

La Cathédrale de Saintes, dédiée à *Saint-Pierre*, fut bâtie par Charlemagne; elle étoit alors magnifique, fi l'on en juge par la groffe tour du clocher, qui, depuis la primitive conftruction de l'églife, a été confervée malgré les ravages du temps & des conquérans.

Cette tour eft non-feulement curieufe par fa hauteur & par la folidité de fa conftruction, elle l'eft encore par fa fculpture; on y voit de toutes parts, du haut en bas, des ornemens en bas-reliefs dans le genre gothique, qui font des ouvrages précieux. Le portail foutient toute la maffe de ce clocher, qui eft d'une groffeur confidérable; la voûte qui fert d'entrée, en face de la nef, eft ornée de niches, de ftatues & de fculptures dentelées, admirables par leur travail précieux.

Lorfque Charlemagne fit bâtir cette églife, elle étoit une fois plus grande qu'elle n'eft aujourd'hui. On voit encore au dehors les ruines de quelques arcades buttantes, & les contreforts fur lefquels elles portent, qui fe foutiennent, pour ainfi dire, en l'air; ils fervoient anciennement à retenir la pouffée des voûtes, ce qui témoigne qu'elles étoient prodigieufement elevées. Il n'eft pas douteux que ces arcades n'appartiennent, comme le clocher, à la primitive église, bâtie par Charlemagne.

Vers la fin du quinzième siècle, cette église fut réparée; le Pape Sixte IV accorda, par une Bulle du mois d'août 1476, des indulgences à ceux qui contribueroient aux frais de cette réparation (1). En 1562, cet édifice fut ruiné par le parti des Protestans. Au mois de janvier 1583, M. *le Cornu*, Evêque de Saintes, posa la première pierre du chœur, que l'on reconstruisit entièrement; le reste ne fut que réparé. En 1763, M. *de la Corée*, aussi Evêque de cette ville, fit faire les voûtes en briques plates qu'on y voit.

La cathédrale ne fut point la première église bâtie à Saintes; celle dédiée à *Saint-Eutrope*, qui prêcha le premier le Christianisme dans cette ville, & celle de l'*Abbaye*, fondée par *Saint-Palais*, Evêque de Saintes, sont plus anciennes.

L'*Abbaye* des Dames, située dans le faubourg de Saintes, étoit dans l'origine, comme nous venons de le dire, une église dédiée à

---

(1) Dans le temps que l'on s'occupoit de ces réparations, en 1483, un Prédicateur plein de zèle prêchoit à Saintes, que toute ame condamnée par la justice divine à demeurer un certain temps dans le purgatoire, s'envoloit tout à coup dans le ciel aussi-tôt qu'on avoit donné, à son intention, six blancs d'aumône pour la réparation de la cathédrale de Saintes, en vertu de la Bulle du Pape Sixte IV. Le Prédicateur fut dénoncé; la faculté de Théologie de Paris décida que cette Bulle ne promettoit rien de semblable, & qu'il avoit eu tort de prêcher que six blancs suffisoient pour faire sortir une ame du purgatoire.

l'Evêque

l'Evêque *Saint-Palais*; on y conftruifit dans la fuite un monaftère d'hommes fous le nom de *Saint-Pallade*. Geoffroy Martel, fils de *Foulques Nera*, ayant conquis la Saintonge, dont s'étoit emparé le Comte de Poitou, fonda, conjointement avec Agnès de Bourgogne, fa troifième femme, en 1047, l'abbaye des dames de Saintes; elles remplacèrent les anciens Moines qui occupoient ce monaftère.

ÉVÈNEMENS remarquables. Ce fut à Saintes que l'ufurpateur *Pepin* ne pouvant, par la force ouverte, fe défaire de *Waiffre*, Duc d'Aquitaine, employa des moyens de trahifon fi familiers aux grands Hommes de ce temps-là. Dans cette intention, il chargea quatre Comtes de s'emparer d'abord de *Remiftan*, oncle de *Waiffre*. Ces Comtes, fidèles exécuteurs des ordres cruels de leur maître, faifirent, dans une embufcade, *Remiftan*; l'ayant lié & garrotté, ils le menèrent, avec fon époufe, à Pepin, qui, pour rendre fon fupplice plus ignominieux, le fit pendre à Saintes, comme un vil criminel.

Quelques mois après, en 768, Pepin étant revenu à Saintes, réfolut de fe défaire de *Waiffre*, comme il avoit fait de Remiftan; il ne reftoit à ce malheureux Duc que quelques châteaux bâtis fur des rochers prefque inacceffibles, où il fe tenoit caché pour fe dérober aux attentats de Pepin, qui, non content de l'avoir dépouillé de tous fes Etats, fans autres droits que celui de la force, d'avoir cruellement fait couler le fang des fujets de ce Duc, vouloit encore lui arracher la vie.

Pepin, plein de fon projet, laiffa la Reine

Partie III. T

son épouse à Saintes, marcha avec ses troupes dans le Périgord, & ne pouvant parvenir assez promptement à se saisir de la personne de Waiffre, il séduisit un des Officiers de ce malheureux Duc, qui, pendant la nuit du 2 juin 768, l'assassina dans son lit. Une ancienne chronique, insérée dans la bibliothèque de Lambecius, a transmis à la postérité le nom du principal meurtrier de Waiffre, comme un nom mémorable; ce traître se nommoit *Waratton*. Pepin témoigna publiquement la joie qu'il ressentit à la nouvelle de cet assassinat, qui lui assuroit la tranquille possession de l'Aquitaine. Il pilla les châteaux de Waiffre. Parmi le butin étoient des bracelets d'or, garnis de pierreries, dont ce Duc avoit coutume de se parer les jours de grandes fêtes; Pepin en fit présent à l'abbaye de Saint-Denis : ces bracelets furent nommés *poires de Waiffre*.

Pendant les révoltes que causèrent, au commencement du règne de Henri II, dans le Poitou, la Saintonge & la Guienne, l'onéreuse imposition des gabelles, établie par François Ier; les révoltés faisoient une guerre ouverte à tous les suppôts de la Ferme, qu'ils appeloient *Gabelleurs*. *Puimoreau* étoit un de leurs chefs; il vint, le 12 août 1548, à Saintes, à la tête d'environ seize à dix-sept mille hommes armés; ils saccagèrent les maisons de ceux qui occupoient quelque emploi dans la gabelle. Un Receveur de cet impôt avoit été mis en prison pour cause d'infidélité; les révoltés en avoient enfoncé les portes, afin de se saisir de sa personne; ils lui promirent la vie & la liberté s'il consentoit à entrer dans leur parti, & à porter une de leurs enseignes. Le Receveur avoit déjà accepté cette proposition, lorsqu'un des révoltés lui porta sur la tête un coup de faux emmanchée à l'envers, & la lui fendit en partie. On lui demanda la cause de cette cruauté ; *par le cordi*, répondit-il, *c'est un méchant qui me fit traîner à la queue de son cheval il n'y a pas quinze jours, pour m'amener en cette prison* (1). Ce trait peut s'excuser comme repré-

―――――――――――――

(1) L'excessive prodigalité de François Ier rendit nécessaire cette funeste imposition, si contraire aux droits de la nature, si gênante pour le peuple, & qui expose sans cesse les Préposés de la Ferme à faire, au nom du Roi, la guerre à ses propres sujets ; tout comme dans la partie des Aides, au nom du Roi, on opprime les habitans des villes & des campagnes. Louis XVI a gémi plus d'une fois sur l'existence d'une imposition si opposée à ses vues bienfaisantes, & qui porte continuellement atteinte à l'amour que les François ont toujours eu pour leur Souverain : il a daigné manifester dans ces derniers temps le désir qu'il avoit de voir son peuple soulagé de cette charge, & a regretté que des circonstances malheureuses éloignassent l'époque de cette abolition. C'est moins l'impôt, que la manière dont il est perçu, qui a toujours révolté les sujets du Roi. Les personnes chargées des premiers emplois ont souvent usé de leur pouvoir en petits tyrans ; ils ont été imités par les subalternes entre les mains desquels l'autorité est si dangereuse. *Paradin*, qui a écrit en grand détail l'Histoire de cette révolte, & qui se montre plutôt l'apologiste de la gabelle que l'ennemi de cet impôt, avoue que l'émeute de la Saintonge fut causée par les vexations d'un Officier au fait de la gabelle, qui condamnoit à des amendes excessives, à des prisons, les contrevenans ; « ce que le populaire, dit-il, trouvoit fort étrange & nouveau, & mesmement qu'ils disoient que les Officiers y faisoient

failles; mais ce qui suit est atroce. Le Receveur, qui n'étoit pas mort sur le coup, fut transporté en l'aumônerie de l'abbaye de Saintes; un Prêtre du nombre des révoltés, s'y rendit aussitôt, s'approcha du malade, & lui donna, dit un Historien contemporain (1), « plusieurs coups de dague au sein, ainsi qu'il étoit couché sur un lit, & l'acheva de tuer, & le dépouilla en chemise, emportant un misérable butin, qui fut un merveilleux acte de Prestre chrestien ».

Passons à des événemens moins affligeans, & tâchons d'effacer l'impression désagréable que le récit de celui-ci a pu produire.

Pendant les guerres de la religion, la plupart des riches abbayes de filles avoient ouvertement secoué le joug de la règle. L'abbaye *de Notre-Dame de Saintes* fut dans le temps citée parmi les Communautés religieuses qui, à cet égard, étoient les plus distinguées; on disoit alors que ce couvent ressembloit plutôt à une Cour qu'à un monastère. L'Evêque de Saintes, *Nicolas le Cornu*, & l'Abbesse nommée *Françoise de la Rochefoucauld*, furent accusés de

---

infinis abus, tellement que leurs insolences estoient plus grieves que l'imposition de ladite gabelle; « & donna, dit-il ailleurs, commencement à ladite esmeute, une sentence donnée par le Juge commis & délégué de la gabelle, à l'encontre d'une povre femme; par laquelle sentence elle estoit tenue à une amende si excessive qui ne lui étoit possible d'y satisfaire de tout son bien..... tellement, ajoute-t-il, que patience vaincue se tourna en fureur ». *Histoire de nôtre temps*, liv. V, pag. 723.

(1) *Histoire de notre temps*, par *Paradin*, livre V.

vivre ensemble dans une trop grande intimité ; on fit même, contre ces deux personnages, une épigramme en vers que nous ne rapporterons point ; & dont le sel consistoit dans le rapprochement de l'habit noir de l'Evêque & de la robe blanche de l'Abbesse ; & quand le rapprochement de ces deux couleurs avoit lieu, on disoit que les deux personnes *faisoient une œuvre pie* (1).

En janvier 1787, l'Officialité de Saintes a rendu un jugement qui mérite d'être rapporté ; ce jugement prononce la dissolution d'un mariage déclaré illégitime, par la puissante raison que la mariée étoit un homme.

François Suire épousa *Marie Besson*, baptisée & élevée comme une fille ; mais les indices du sexe masculin, d'abord cachés, puis développés un peu tard, jetèrent dans l'erreur les parens, & cette prétendue fille, qui sans doute étoit fort ignorante sur les devoirs du mariage qu'elle contractoit, & par conséquent très-innocente de l'espèce de profanation de ce Sacrement. Les deux hommes ont été séparés, & ont eu chacun la permission de se remarier ; ce qu'il y a de remarquable en cette affaire, c'est que cette union incohérente a duré dix-huit mois.

ENVIRONS. Les environs de Saintes offrent quelques antiquités intéressantes.

On voit à *Geay*, à deux lieues de cette ville, sur la route de Rochefort, une grosse

___
(1) On nomme *Moines pies*, *Frères pies*, des Religieux dont le costume est noir & blanc, comme les plumes de l'oiseau appelé *Pie* ; ainsi cette épithète ne se rapporte point à *piété*.

table de pierre de treize pieds de pourtour, portée sur des pierres dreſſées, & qu'on nomme *la Pierre levée*. Il y a en France pluſieurs monumens ſemblables; dans le Querci, dans l'Auvergne, dans la Brétagne, &c., notamment une à Poitiers, qui porte auſſi le nom de *Pierre levée*, & qui a fait naître pluſieurs diſſertations ſavantes, dont nous parlerons en ſon lieu.

Ces pierres, objet du culte des Payens, étoient ordinairement conſacrées à Mercure, Dieu des chemins. Les habitans des campagnes, toujours attachés aux vieilles ſuperſtitions, ont eu bien de la peine à abandonner ce culte; on a vu, dans le dix-ſeptième ſiècle, des Payſans porter myſtérieuſement des offrandes ſur ces eſpèces d'autel & les couvrir de fleurs.

Dans la petite île de *Courcourie*, formée par la Seugne & la Charente, à une lieue au deſſus de Saintes, on voit une haute butte de terre nommée *le mont des Fées*: cette butte indique la ſépulture d'une perſonne diſtinguée de l'antiquité. Ces eſpèces de tombeaux, dont les anciens font ſouvent mention, ſont aſſez communs en France; ils étoient ordinairement compoſés de pierres ou de gazons entaſſés régulièrement en forme pyramidale; nous aurons ſouvent occaſion de décrire de ſemblables monumens.

SABLANCEAUX.

Bourg avec une abbaye d'hommes, de l'ordre de Saint-Auguſtin, ſitué dans un pays ſablonneux, à trois lieues de Saintes, & à une demi-lieue des bords de la Seudre.

ORIGINE. L'abbaye de Sablanceaux ou Sabloncéaux fut fondée vers l'année 1136, par Guillaume, Duc d'Aquitaine. Les fontaines d'eau limpide & légère qui jailliffent dans les environs, ont fait croire que ces eaux avoient contribué, avec les fablons qui entourent ce lieu, à former le nom de *Sabloncéaux*; cette étymologie est détruite par le nom latin de cette abbaye *Sabloncella*, évidemment compofé de fablon, & de *cella* qui fignifie petite maifon. Ces noms de *celle* & *chelle* font communs à plufieurs anciens monaftères de France, qui n'étoient, dans leur origine, que de fimples hermitages: c'est de là qu'on a fait *cellule*.

HISTOIRE. Les privilèges accordés à cette abbaye furent confidérables, mais ne purent la garantir de plufieurs malheureux événemens dont nous allons parler.

Cette abbaye, fortifiée, comme l'étoit, dans les quinzième & feizième fiècles, la plupart des riches monaftères, fut affiégée & pillée en 1559 par le parti des Proteftans.

En 1568, les bâtimens de cette maifon devinrent prefque entièrement la proie des flammes; les ravages de l'incendie ne furent, à ce qui paroît, entièrement réparés que long-temps après. *Gabriel Martel*, dernier Abbé régulier de Sablanceaux, depuis 1615 jufqu'en 1621, ne réfidoit plus dans cette abbaye, & s'emparoit de prefque tous les revenus; alors les Religieux demandèrent en Cour de Rome un Abbé commendataire. *Hugues* fut le premier Abbé de ce titre. *Raimond de Mortagne*, nommé depuis Evêque de Bayonne, lui fuccéda dans cette dignité, & il n'en fut pourvu qu'à condition qu'il feroit réparer l'églife & les lieux réguliers. Les guerres de la religion l'empêchèrent fans doute de s'occuper pleinement de ces réparations. De fon temps, en 1621, l'abbaye fut affiégée par le Prince de Soubife, qui, à la tête de deux mille hommes, & avec trois pièces de canon, s'en rendit maître ; fes foldats y firent plufieurs dégradations ; un grand nombre de titres, de manufcrits, & de mémoires du temps qui y étoient confervés, furent perdus en cette occafion.

Les Religieux n'avoient pas alors une conduite fort régulière, & leurs mœurs déréglées ne devoient pas infpirer beaucoup de refpect aux Catholiques, & encore moins aux Proteftans. Lorfqu'en 1633, Henri d'Efcoubleau de *Sourdis*, Archevêque de Bordeaux, fut nommé Abbé commendataire de Sablanceaux, il ne put voir fans indignation la vie fcandaleufe des Moines. Pour remédier à ces maux, il prit le parti extrême de renvoyer, fans exception, tous les Religieux de cette communauté, de les difperfer en leur donnant des penfions, & de les remplacer par des Religieux plus exemplaires. En conféquence, le 25 octobre 1633, il fit un accord avec *Alain de Solminiac*, Abbé & réformateur de la *Chancellade*, & depuis Evêque de Cahors, qui lui envoya douze Chanoines réguliers de fa réforme. Mais les Moines expulfés n'étoient pas d'un caractère à voir tranquillement ces nouveaux venus occuper leur monaftère de Sablanceaux. A peine la nouvelle colonie fut-elle introduite dans l'abbaye, que les anciens prirent conseil entre eux, se glissèrent pendant la nuit dans la communauté, & forcèrent, à main armée, les nouveaux à quitter la place.

Ceux-ci, moins aguerris, firent peu de résistance, & reprirent le chemin de la *Chancellade*, d'où on les avoit tirés. En route, ils rencontrèrent un Seigneur voisin, nommé le sieur de *Balanzac*, qui, apprenant leur disgrace, les arrêta, & leur promit qu'ils seroient bientôt rétablis; en effet, il assembla une compagnie de cavalerie qui étoit en garnison dans Corme-Royal, conduisit cette troupe sous les murs de l'abbaye, fit faire une décharge de mousqueterie, & menaça les anciens Moines de les faire brûler dans la communauté, s'ils ne se retiroient promptement : la peur les fit obéir. Les Chanoines réguliers furent remis en possession de l'abbaye, & les Moines irréguliers ne firent plus de semblables tentatives.

DESCRIPTION. Après avoir, avec succès, réformé cette abbaye, M. de *Sourdis* en fit réparer les bâtimens, & reconstruire entièrement la maison abbatiale; ses armes, sculptées en différens endroits, indiquent les parties restaurées ou rebâties par ce Prélat.

Dans le palais qui joint l'abbaye, on voit un vieux appartement qu'on nomme encore *la salle des Pages*, ce qui feroit croire que les Ducs d'Aquitaine ont habité ce lieu; cette conjecture semble être confirmée par un autre monument. A un quart de lieue de Sablanceaux on trouve des masures que les habitans ont toujours appelées le *château Guillaume*.

ENVIRONS. Dans les environs de Sablanceaux il existe quelques monumens curieux.

A une demi-lieue de cette abbaye, & proche le village de Saint-Germain de Benest, est une construction appelée la *Pile de Pirelonge*; c'est une des belles antiquités qui nous restent des Romains; cette pile est massive, & construite en moellons avec du ciment dur; sa hauteur est de soixante-quatorze pieds; le plan offre un carré dont chaque côté a dix-huit pieds de longueur; cette pile est couverte d'une maçonnerie, en forme conique, de vingt pieds de hauteur, & composée de sept assises de grosses pierres de taille; la surface extérieure de ces pierres est sculptée en petites rigoles, creusées par compartimens.

Cette belle pile massive est un peu dégradée; la curiosité de pénétrer dans son intérieur a occasionné, plutôt que la révolution des siècles, les brèches qu'on y voit.

Les anciens Romains élevoient de semblables édifices pour transmettre à la postérité le gain d'une bataille mémorable. « La Pile de *Pirelonge*, dit M. *de la Sauvagère*, est sans doute un de ces monumens, érigé peut-être par un Général de l'armée de Jules-César, Commandant dans cette contrée, qui pouvoit s'appeler *Longinus*, nom si commun parmi les Romains, & d'où cette pile aura pris son nom de *Pila Longini*, & dans la suite, on a dit *Pirelonge*, &c. ». *Recherches sur les ruines romaines de Saintes & des environs.*

A un quart de lieue de cette pile, & à une demi-lieue de Sablanceaux sont les ruines d'une tour antique qui se nommoit *Turris Longini*, aujourd'hui *Toulon*, dont le nom vient à l'appui de l'opinion de M. de la Sauvagère, sur l'étymologie de *la Pile de Pirelonge*; cette tour se voit au milieu d'un ancien camp Romain, appelé dans le pays *camp de César*.

On sait que plusieurs camps Romains portent le nom indéterminé de *camp de César*, qui peut s'appliquer également à *Jules-César* & aux autres Empereurs Romains; mais celui ci, outre la tradition constante du pays, a tous les caractères qui conviennent aux camps que faisoit exécuter ce célèbre conquérant des Gaules.

Ce camp est placé sur le sommet d'une petite montagne, d'où on découvre un lointain immense, & dont on a applani le sol pour en augmenter l'étendue; il est entouré de fossés sans parapets; ce qui étonne, c'est que depuis un laps de temps aussi considérable, ces fossés, creusés en terre, sans jamais avoir été revêtus, se soient conservés aussi larges & aussi profonds; ils ont encore communément vingt-huit à trente pieds d'ouverture à la gueule, & trente pieds de profondeur; la nature du sol mêlé de pierrailles & durci à l'air, ainsi que les broussailles dont ces fossés sont remplis, ont empêché les éboulemens.

Sur la partie la plus élevée de ce camp, & au sommet de la petite montagne, sont les ruines de la tour; elle a une enceinte particulière formée par un second fossé du côté du camp; ces ruines offrent encore des murs de douze pieds de hauteur, & de sept pieds & demi d'épaisseur; les faces extérieures présentent des pierres cubiques, liées avec du ciment, dur comme le marbre; on voit, dans le maffif des murs, des trous verticaux où l'on préfume que les Romains plaçoient les drapeaux des légions qui étoient dans le camp.

M. de la Sauvagère, d'après lequel nous parlons de ce monument, eft porté à croire qu'il étoit un de ces temples dont Jufte-Lipfe fait mention, qui dominoient le milieu des camps Romains, où l'on confultoit les Augures, & où l'on faifoit les facrifices.

Dans le village de *Toulon*, qui eft dans le voifinage de ce camp, & qui a pris fon nom de la tour dont nous venons de parler, on remarque beaucoup de fragmens de murs antiques, quelques ruines d'aquéduc, ce qui fait conjecturer que ce lieu étoit autrefois une ville confidérable; la tradition du pays, & un titre de l'an 1481, qui parle d'une porte de cette ville alors exiftante, viennent à l'appui de cette conjecture.

SAINT-JEAN-D'ANGÉLY.

Petite ville fituée fur la rivière de Boutonne, à cinq lieues de Saintes, & à peu près à la même diftance de Rochefort.

ORIGINE. Un magnifique château bâti par les anciens Ducs d'Aquitaine, dans une forêt nommée *Angeriacum*, fut l'origine de cette ville. A la place de ce château, Pepin le Bref fonda un monaftère environ l'an 768, & y dépofa, dit-on, la tête de Saint-Jean-Baptifte. On raconte que cette précieufe relique lui fut apportée de la Terre-Sainte par quelques Religieux, & que ce fut par la vertu de cette tête que ce Roi dépouilla *Waiffre*, Duc d'Aquitaine, de tous ses Etats, & qu'il parvint à le faire assassiner.

Cette relique de Saint-Jean, dont l'authenticité est au moins très-suspecte, comme nous allons le faire voir, fut cependant la cause de l'établissement de la ville de Saint-Jean-d'Angély ; elle attira un si grand concours de Pélerins, qu'il fallut des hôtelleries pour les loger, & ces hôtelleries, enfin multipliées, formèrent une ville.

Mézerai, sous le règne du Roi Robert, raconte l'histoire de cette relique d'une manière peu ressemblante à la relation qu'en ont donnée les Religieux de Saint-Jean-d'Angély. « Le Duc d'Aquitaine, dit-il, à son retour de son troisième ou quatrième pélerinage de Rome (ceux qui en faisoient le plus étoient les plus estimés); trouva son pays enrichi d'un nouveau trésor. L'Abbé de Saint-Jean-d'Angély ayant rencontré le crâne d'un homme mort, dans une muraille, le bruit s'espandit que c'étoit la tête de Saint-Jean-Baptiste. Les peuples de France, de Lorraine & de Germanie, qui, en ce temps-là, couroient avec grand zèle à toutes sortes de reliques, y affluoient de tous côtés. Le Roi Robert, la Reine, le Duc de Normandie, & une infinité de Seigneurs y apportèrent leurs offrandes ; celle du Roi fut d'une conque d'or qui pesoit trente-trois livres ; présent admirable, en un temps où l'or & l'argent étoient cinquante fois plus rares qu'ils ne sont à cette heure ».

Plusieurs Critiques se sont élevés contre le prétendu chef de Saint-Jean-Baptiste. Le Moine

Guibert, Abbé de Nogent sous Couci, qui vivoit au commencement du douzième siècle, est le premier, je crois, qui, dans son traité *de pignoribus Sanctorum*, ait élevé des doutes sur la sainteté de cette relique. « Les habitans de Constantinople, dit-il, assurent qu'ils ont le chef de Saint-Jean-Baptiste, & les Moines de Saint-Jean-d'Angély prétendent la même chose. Y a-t-il rien de plus ridicule que d'attribuer deux têtes à ce grand Saint ? mais parlons sérieusement : puisqu'un même homme ne peut avoir qu'un chef, il est certain que ces deux sortes de personnes ne peuvent pas le posséder toutes deux ; & par conséquent que les uns ou les autres se sont engagés dans une insigne fausseté ».

Il n'y avoit alors dans le monde chrétien que deux têtes de Saint-Jean-Baptiste, elles se sont depuis beaucoup multipliées; aujourd'hui, en France ou en Italie, on compte à ce Saint cinq ou six têtes.

DESCRIPTION. La ville de Saint-Jean-d'Angély étoit déjà considérable sous Philippe Auguste : ce Roi, en 1204, y établit un Maire & des Echevins auxquels il accorda le privilège de noblesse & à leurs descendans, en considération de ce que les habitans avoient chassé les Anglois de leur ville. Mais ces habitans ayant, sous Louis XIII, embrassé le parti des Protestans, ce Roi, après avoir pris la ville en 1621, & fait raser les fortifications, les dépouilla de leurs privilèges, & les rendit taillables.

Cette petite ville, agréablement située & assez bien bâtie, n'est remarquable que par ses moulins à poudre, construits sur les bords de la rivière de Boutonne, au delà du faubourg de Taillebourg, & par son Abbaye.

L'Abbaye. Les bâtimens de cette Communauté sont vastes & commodes; on y conserve la fameuse relique dont nous avons parlé. L'Abbé est Seigneur de la ville, & jouit d'un revenu très-considérable.

Anecdote. Ce fut un Abbé de Saint-Jean-d'Angély, nommé *Jean Favre Versoris*, qui, étant, le 24 mai 1472, à Saint-Sever, avec *Charles*, Duc de Guienne, frère du Roi Louis XI, & la dame de *Chambes-Monsoreau*, maîtresse de ce Duc, empoisonna ces deux amans dans une pêche qu'ils partagèrent : cette action est d'autant plus criminelle, que le Duc devoit avoir une entière confiance en ce Moine qui étoit son Confesseur, & qui fut, dit-on, porté à cet attentat par le dévot & méchant Roi Louis XI (1).

_____

(1) Brantome rapporte qu'on auroit ignoré la participation de Louis XI à l'empoisonnement de son frère, sans l'indiscrétion du *fou* de ce Roi. Voici comme cet Historien raconte le fait : « Louis étant un jour dans ses bonnes prières & oraisons à Cléry, devant Notre-Dame, qu'il appeloit sa *bonne patronne*, & n'ayant personne auprès de lui, sinon ce fou qui en étoit un peu éloigné, & duquel il ne se doutoit qu'il fût si fou, fat, sot, qu'il ne put rien rapporter ; il entendit comme il disoit : *Ah ma bonne dame, ma petite maîtresse, ma grande amie, en qui j'ai eu toujours mon réconfort, je te prie de supplier Dieu pour moi, & être mon avocate envers lui, qu'il me pardonne la mort de mon frère, que j'ai fait empoisonner par ce méchant Abbé de Saint-Jean-d'Angely.* (Notez encore qu'il l'eût bien servi en

Evénemens remarquables. Le 5 mars 1588, mourut à Saint-Jean-d'Angély, le second jour de sa maladie, Henri de *Bourbon*, Prince de *Condé*. D'après le rapport des Chirurgiens & Médecins qui ouvrirent & examinèrent son corps, il fut prouvé que le poison le plus violent avoit causé sa mort; la Princesse son épouse, *de la Tremouille*, fut accusée d'avoir ordonné cet empoisonnement; un Page nommé *Belcastel* commit ce crime; il se sauva, & fut exécuté en effigie. *Brillaud*, Procureur au Parlement de Bordeaux, & Contrôleur de la maison, complice de ce meurtre, fut pris & tiré à quatre chevaux en la place publique de Saint-Jean-d'Angély. D'après les charges & informations, les Juges de Saint-Jean-d'Angély crurent devoir décréter Charlotte-Catherine de la Tremouille, veuve du Prince; mais en sa qua-

---

cela, il l'appeloit *méchant* : ainsi faut-il appeler toujours telles gens de ce nom); *je m'en confesse à toi comme à ma bonne patronne & maîtresse, mais aussi qu'eussé-je su faire? il ne faisoit que troubler mon royaume. Fais-moi donc pardonner, ma bonne dame, & je sai ce que je te donnerai;* (je pense qu'il vouloit entendre quelques beaux présens, ainsi qu'il étoit coutumier d'en faire tous les ans, force grands & beaux à l'église). Le fou n'étoit point si reculé, ni dépourvu de sens, ni de mauvaises oreilles, qu'il n'entendît & retînt fort bien le tout, en sorte qu'il redit à lui, en présence de tout le monde, à son dîner & à autres, lui reprochant ladite affaire, & lui répétant souvent qu'il avoit fait mourir son frère. Qui fut étonné? ce fut le Roi.... Mais le fou ne le garda guères, car il *passa* comme les autres, de peur qu'en réitérant, il fût scandalisé davantage ».

lité de Princesse du Sang, elle fit évoquer la procédure au Parlement de Paris, qui en interdit la connoissance aux Juges que Henri, Roi de Navarre, avoit commis pour cette affaire (1). Ces Juges n'ayant pas obéi aux ordres du Parlement de Paris, & ayant même continué d'instruire le procès, cette procédure fut, par la Cour, déclarée nulle, comme faite par Juges incompétens.

La Princesse cependant fut étroitement gardée au château de Saint-Jean-d'Angély, dont

---

(1) Le Roi de Navarre (qui devint Henri IV) fut très-sensible à cette mort; « Je ne saurois vous dire, écrivoit-il alors à M. de *Ségur*, l'extrême regret & déplaisir que j'ai reçu de la perte si notable & importante que nous venons de faire de feu mon cousin le Prince de *Condé*; de combien la façon de sa mort si exécrable, a contristé mon cœur & mon ame... Nous sommes en un misérable temps, ajoute-t-il, puisque les plus grands, & ceux qui font profession d'honneur & de vertus, suivent des voies si exécrables ».

Le Cardinal de *Bourbon*, oncle du Prince empoisonné, fut sensible d'une autre manière à la perte de son neveu. On sait que dans ces temps de cabale & de violence, ce Cardinal ne montra pas un génie bien transcendant; aussi-tôt qu'il eut appris la mort tragique de son neveu, il vint trouver le Roi Henri III, & lui dit avec une grande exclamation; *Voilà, Sire, ce que c'est d'être excommunié; quant à moi, je n'attribue sa mort à autre chose qu'au foudre d'excommunication dont il a été frappé.* Le Roi se mit à rire, & lui répondit: *Il est vrai que le foudre d'excommunication est dangereux; mais si n'est-il point besoin que tous ceux qui en sont frappés en meurent; il en mourroit beaucoup; je crois que cela ne lui a pas servi, mais autre chose lui a bien aidé.*

Partie III.   V

le sieur de *Saint-Mesme* étoit alors Gouverneur. Après sept ans de prison elle sollicita vivement sa grace, & l'obtint. Le Parlement revit alors toute la procédure, cassa, par arrêt du 26 avril 1596, toutes celles qui avoient été faites à Saint-Jean-d'Angély, & les supprima par un autre arrêt du 28 mai suivant; enfin un autre arrêt du 24 juillet de la même année, déclare la Princesse innocente de toutes les accusations formées contre elle.

Les habitans de Saint-Jean-d'Angély embrassèrent de bonne heure la réformation de Calvin. En 1562, le Duc de la Rochefoucauld, un des chefs du parti des Protestans, vint assiéger cette ville, mais il fut contraint d'abandonner ce projet. Quelque temps après, les troupes du même parti parvinrent à s'emparer de cette place, & y ajoutèrent de nouvelles fortifications. Le Duc d'Anjou, qui fut depuis Henri III, l'assiégea en 1569. Charles IX se rendit aussi devant cette ville lorsque le siège fut formé. Deux mille hommes des plus braves du parti Protestant défendirent cette place avec un courage vraiment héroïque. Dix mille hommes des troupes du Roi périrent à ce siège. *Sébastien de Luxembourg*, d'une des plus illustres maisons de l'Europe, & le plus grand ennemi des Protestans, fut tué dans la tranchée d'un coup de mousquet (1); enfin les assiégés furent forcés

---

(1) On raconte qu'avant d'être frappé il se moquoit des hymnes & des pseaumes que les Protestans chantoient en françois du haut des murs, & leur demandoit

de céder aux efforts & au nombre des troupes royales : la ville fut prise ; mais bientôt elle fut reprise par les Protestans, qui en firent une de leurs places fortes, & la conservèrent jusqu'aux troubles arrivés en 1620 & 1621. Louis XIII la prit alors, punit rigoureusement, comme nous l'avons dit, les habitans de leur longue résistance, fit détruire les fortifications, & voulut même changer le nom de Saint-Jean-d'Angély en celui de *Bourg-Louis* ; mais l'expérience a prouvé souvent que les Rois n'ont point en cela le pouvoir de se faire obéir.

L'événement suivant, quoique particulier, mérite, par sa singularité, de trouver une place ici.

Madame *Lacour*, mère d'un Jacobin de ce nom, fut enterrée à Saint-Jean-d'Angély, avec les bagues qu'elle portoit aux doigts, comme elle l'avoit désiré. Sa Femme de chambre, de concert avec le Sacristain, résolut pendant la nuit suivante, de s'emparer des bijoux que la défunte avoit gardés dans son cercueil ; ils la découvrirent, & essayèrent d'arracher les bagues désirées ; les doigts gonflés de la dame rendirent cette entreprise difficile ; ils redoublèrent leurs efforts. La prétendue morte, ainsi tourmentée, poussa un grand soupir ; les deux voleurs effrayés prirent la fuite ; la dame Lacour revint parfaitement de son assoupissement, elle retourna,

---

où étoit leur *Dieu le fort*, qui étoit à cette heure leur *Dieu le foible*. Les Huguenots ont observé que ce fut en disant ces paroles qu'il fut renversé dans la tranchée.

comme elle put, dans sa maison, & se rétablit si bien, qu'elle mit au monde, dans la suite, un fils qui fut le P. *Lacour*, auquel il arriva un événement à peu près semblable (1).

Etant à Saint-Jean-d'Angély, il mourut subitement ; on l'ensevelit, & après le délai ordinaire, on le porta à l'église pour l'enterrer : comme on se disposoit à le descendre dans la fosse, le cercueil échappa des mains de ceux qui le portoient, éprouva une rude secousse, & le mort ressuscita.

---

(1) Il y a plusieurs exemples de pareilles aventures. Nous raconterons la suivante, qui a beaucoup de rapport avec celle que nous venons de citer : Une dame fut enterrée dans l'église des Jacobins de Toulouse, avec un diamant à son doigt ; un de ses domestiques, amoureux de ce bijou, se laissa enfermer dans l'église, & la nuit étant venue, il descendit dans le caveau où étoit déposé le cercueil de sa maîtresse ; l'ayant ouvert, le gonflement du doigt de la dame empêchant l'anneau de couler, il entreprit de couper ce doigt ; un cri perçant poussé par la prétendue morte, pénétra d'effroi le domestique : il tombe à la renverse sans connoissance ; les soupirs & les plaintes de la dame furent entendus par les Jacobins lorsqu'ils vinrent à Matines ; ils descendirent dans le caveau, virent la dame sur son séant & ressuscitée, & son domestique couché par terre, à demi-mort ; tous deux furent apportés au logis. La dame fut parfaitement rappelée à la vie, & le domestique mourut dans les vingt-quatre heures.

ANGOUMOIS.
COGNAC.

VILLE avec un château, située sur la rive gauche de la Charente, à une lieue & deux tiers de Jarnac, & à quatre de Saintes.

Cette ville peu considérable est célèbre dans l'Histoire par les Conciles, qui, dans le treizième siècle y ont été tenus, & par le château où naquit François Ier.

Cognac est dans la plus heureuse situation; le château vaste & accompagné d'un beau parc, domine sur la ville, sur la campagne & sur une pièce d'eau considérable qui fait l'ornement des jardins.

DESCRIPTION. A gauche en sortant du château par la porte du parc, on voit une enceinte hexagone en maçonnerie; elle fut construite autrefois autour d'un orme qui existoit il y a environ quarante années, afin de le conserver plus longtemps; on raconte que c'étoit sous cet arbre, appelé dans le pays l'*Oume-Till*, que *Louise de Savoye*, Duchesse d'Angoulême, en revenant de la promenade, pressée par les douleurs de l'enfantement, mit au jour François Ier, le 12 septembre 1494. Pour perpétuer le souvenir de la naissance d'un des plus célèbres Monarques de France, on voulut conserver l'orme illustré par cet événement; les habitans, depuis la ruine totale de cet arbre, en ont fait planter un autre auprès de l'enceinte, & qui porte le même nom (1).

CONCILES. Il s'est tenu plusieurs Conciles à Cognac; comme ils concernent la discipline du Clergé, on les rapporte ici d'après l'Histoire Ecclésiastique de l'Abbé *Fleuri*.

Le premier Concile fut tenu le 12 avril 1238; on y publia trente-huit canons ou articles de réformation, où l'on voit, comme dans la plupart des Conciles du même siècle, l'esprit de chicane & les déréglemens du Clergé. Ce Concile excommunie les Prêtres qui se servoient de fausses lettres, qui poursuivoient une partie, pour la même cause & en même temps, devant différens Juges; qui se faisoient céder des actions pour les attirer au tribunal ecclésiastique; qui

---

(1) François Ier, surnommé le *Père des Lettres*, mérita ce titre par la protection qu'il accorda aux Sciences; il fut encore le protecteur des Beaux-Arts, qu'il fit fleurir en France; son règne fut l'époque d'une grande révolution dans l'esprit des François; les lumières s'accrurent ainsi que la corruption des mœurs & le malheur des peuples; ce Monarque, brave, loyal, mais enclin au plaisir, comme l'étoient la plupart des Chevaliers de son temps, s'occupa plus de ses goûts, de sa gloire, que de ses sujets. Il accabla son peuple d'impôts, confia pendant long-temps une grande partie de son autorité à un des plus vils & des plus vicieux des courtisans, au Cardinal *Duprat*; il fit de sa cour le centre du luxe & de la frivolité, en y introduisant le premier des Dames & des Prélats; il fit pis encore, il vendit les charges de la magistrature, source de tant de maux! enfin il justifia la prédiction de Louis XII, qui, voyant les excès de ce Prince pendant sa jeunesse, disoit: *ce gros gars-là gâtera tout*.

se difoient fauffement Juges, & faifoient citer les parties devant eux; qui pourfuivoient un nouveau droit en vertu de lettres obtenues auparavant en une autre occafion. Les autres abus que ce Concile tendoit à réformer regardoient les Moines qui fe faifoient payer en argent leur nourriture & leur veftiaire, ce qui autorifoit la propriété; qui négligeoient de rendre compte des revenus de leur monaftère, & d'en tenir les portes fermées; les Frères qui fortoient fans permiffion, mangeoient de la viande chez les particuliers, prenoient des cures, & demeuroient feuls dans leurs prieurés.

Le fecond Concile fut tenu l'an 1260; on y fit dix-neuf articles; par le premier on voit que le peuple affiftoit encore en ce temps-là aux offices de la nuit, car on y défend de veiller dans les églifes ou les cimetières, à caufe des défordres qui s'y commettoient; on défend auffi de faire des danfes dans les églifes aux fêtes des Innocens, ni d'y repréfenter des *Evêques*, en dérifion de la dignité épifcopale, &c.

Dans le troifième Concile de Cognac, tenu en 1262, il fut fait fept articles; le troifième nous prouve de quelle manière l'autorité fpirituelle ufurpoit la temporelle; on y contraint les Seigneurs à faifir les biens des excommuniés, pour les obliger à rentrer dans l'églife; il faut ajouter que les Prélats excommunioient alors pour des fujets fort légers, & que pour accorder enfuite l'abfolution, l'Evêque exigeoit une amende confidérable qui contribuoit beaucoup à accroître fon revenu.

Cognac eft renommé par fes eaux-de-vie, dont

il se fait un grand commerce ; plusieurs villes des environs, comme *Saint-Jean-d'Angély, Marennes, &c.*, en font aussi un grand débit.

CHARENTE est un bourg placé au dessus de Cognac, & sur la même rivière ; c'est là que se trouve le bureau des droits qui se perçoivent sur les vins, les eaux-de-vie & le sel.

Les travaux qu'on a faits pour étendre & perfectionner la navigation intérieure de la Charente, n'avoient point d'abord, comme on l'avoit pensé, augmenté le commerce de cette rivière, parce que les droits s'étoient accrus en raison des facilités qu'on procuroit à cette navigation ; on vient enfin de supprimer les droits de sortie sur les eaux-de-vie, ce qui a rendu le port de Charente un peu plus commerçant.

JARNAC.

Bourg situé sur la rive droite de la Charente, à deux lieues de Cognac & à cinq d'Angoulême.

Ce Bourg est célèbre par la victoire que Henri, Duc d'Anjou, frère de Charles IX, & depuis Roi de France lui-même, sous le nom d'Henri III, y remporta, au mois de mars 1569, sur l'armée des Calvinistes, commandée par le Prince de Condé ; ce Prince, entraîné par sa valeur, pénétra trop avant entre les ennemis ; voyant qu'il n'avoit plus de ressource que dans son courage, il aima mieux périr que de reculer : *A Dieu ne plaise qu'on die jamais que Bourbon ait fui devant ses ennemis !*

s'écria-t-il ; mais obligé de céder au grand nombre, il fut pris par *d'Argence* (1), Gentilhomme qui devoit la vie à ce Prince, & qui fit ce qu'il put pour lui sauver la sienne ; mais il fut découvert par les Compagnies du Duc d'Anjou, frère du Roi. Le Prince de Condé, voyant ces troupes approcher, dit à *d'Argence: Je suis mort, tu ne me sauveras jamais.* Bientôt Montesquiou, Capitaine des Gardes du Duc d'Anjou, arriva, & tua ce Prince de sang froid, par le commandement, dit-on, de son maître. A l'occasion de cet assassinat, on publia ce quatrain composé, suivant Papyre Masson, par un nommé *Laval*, Procureur, natif du Périgord :

> L'an mil cinq cent soixante-neuf,
> Entre Jarnac & Châteauneuf,
> Fut porté mort sur une ânesse,
> Le grand ennemi de la messe.

La Motte Messemé, qui parle de la bataille de Jarnac en témoin oculaire, semble, de la manière dont il s'exprime, faire douter que ce fut Montesquiou qui tua le Prince de Condé. Voici six vers, dans lesquels il dément tous les Historiens :

Montesquiou y survint, & un qui sa pistole
Lâchant dedans le dos du foible corselet
De ce Prince tombé, lui perçant du boulet
Le corps de part en part, en fit sortir la vie,
D'un hélas ! seulement effroyable suivie (2).

___

(1) Il se nommoit *Cybard Tison*, sieur d'Argence.
(2) M. Dreux Duradier, qui, dans sa bibliothèque

On a fait élever, il y a environ une vingtaine d'années, un monument dans l'endroit où le Prince de Condé fut assassiné.

ANGOULÊME.

Ville capitale de l'Angoumois, avec titre de Duché, siège d'un évêché suffragant de Bordeaux, située sur la rive gauche de la Charente, à trente-trois lieues de Bordeaux, à quinze de Saintes,

---

historique du Poitou, cite ces vers, ajoute que les Historiens démentis par le récit de la *Motte Messemé*, qui parle en témoin oculaire, sont *Brantome*, cité par le Laboureur sur Castelnau, & copié par le P. Daniel; *Tuez, tuez, s'écria Montesquiou en jurant, & lui-même lui cassa la tête d'un coup de pistolet;* le Président de *Thou* qui dit: *Condæum à tergo agressus (Montesquius) sclopeto in cervicem adacto confecit;* cet Historien a été copié par *Mezerai, Varillas, le Gendre* & autres modernes. *La Popeliniere* n'affirme point le fait : « Tellement, dit-il, qu'après avoir appelé Argence & Saint-Jean, leur donna sa foi, après lui avoir promis, à sa prière, de lui sauver la vie; mais le malheur le suivoit de si près, qu'ayant été reconnu à même instant, fut occis par Montesquiou (*comme aucuns disent*) qui lui outre-perça la tête d'une pistolade mortelle ». Il paroît, continue M. Duradier, par la parenthèse de la Popeliniere, que tout le monde n'attribuoit pas l'espèce d'assassinat du Prince à Montesquiou. Notre Poëte (*la Motte Messemé*) parle aussi d'un coup de pistolet dans le dos de la cuirasse, & non pas dans la tête. C'est au Lecteur à décider si le récit de la Motte Messemé, témoin oculaire, joint au doute de la Popeliniere, doit balancer l'autorité de Brantome & du Président de Thou qui n'étoient point présens à l'action : car Mezerai, Daniel, Varillas, le Gendre & tous les modernes n'ont pu que copier; l'Auteur des Mémoires du Prince de Condé n'en dit rien.

à vingt de Limoges & à cent trente-sept de Paris.

ORIGINE. Des médailles qu'on a déterrées dans cette ville sont les uniques témoignages de son existence du temps des Romains; on n'y trouve aucun autre monument antique; les anciens Géographes n'en ont point fait mention. Elle étoit néanmoins capitale des peuples connus sous le nom d'*Agesinates*, qui occupoient l'Angoumois. Ausonne est le premier qui parle de cette capitale des Agesinates, sous le nom d'*Iculisma*, & il en parle comme d'un lieu solitaire & écarté. La notice des provinces de la Gaule classe cette ville parmi celles de la deuxième Aquitaine, sous le nom de *Civitas Ecolismensium*; le plus ancien Evêque que l'on connoisse de cette ville est *Dynamius* cité par Grégoire de Tours.

HISTOIRE. De la domination des Romains, Angoulême passa sous celle des Visigoths qui conservèrent cette ville jusqu'en 507; à cette époque, Clovis, après la bataille de Vouillé, s'en rendit maître; on raconte qu'en cette occasion ce premier Roi chrétien ayant poursuivi ses ennemis jusqu'à Angoulême où ils s'étoient réfugiés, les murailles tombèrent au son des trompettes de son armée, par l'effet d'un miracle pareil à celui qui fut autrefois opéré en faveur des Hébreux. Clovis pénétra sans peine dans la ville, extermina tous les Goths qui s'y trouvoient, & y plaça un Evêque Catholique à la place d'un Evêque Arien qui y occupoit le siège. Angoulême, & le pays qui en dépendoit, furent alors gouvernés par des Comtes d'abord amovibles, mais, qui dans la suite se rendirent héréditaires ; nous en parlons à l'article du *Tableau général de la Saintonge & de l'Angoumois*.

Les Normands ayant détruit cette ville, *Wulgrain*, Comte d'Angoulême, commença le dernier février 868, à la faire rebâtir.

DESCRIPTION. *Angoulême* est bâtie sur une petite montagne environnée de rochers, & dont le pied est baigné par les eaux de la Charente. En venant du côté de Paris, on trouve, avant de monter à la ville, le faubourg de *l'Hommeau*, qui est au bas de la montagne.

La ville est mal bâtie, mais sa situation est heureuse ; la vue en est charmante ; l'air y est pur & vif ; depuis quelques années on a pratiqué sur les remparts des promenades fort agréables.

La Cathédrale, dédiée à *Saint-Pierre*, n'a rien de remarquable ; elle avoit été presque détruite pendant les guerres de la religion ; on commença à la rétablir en 1628, & elle ne fut achevée que plusieurs années après.

L'Abbaye de Saint-Cybar est située au bas de la montagne sur laquelle Angoulême est bâti, & sur la rive droite de la Charente ; cette abbaye fut fondée en 876. Saint Cybard y avoit vécu long-temps avant, dans une simple cellule, où il fut suivi par quelques disciples ; il y mourut l'an 585. Les Comtes d'Angoulême firent de grands biens à cette abbaye, & y choisirent leurs sépultures, dont on voit encore des restes. Du temps des guerres de la religion, les bâtimens de ce monastère furent presque entièrement détruits ; ce qu'on en voit, fait cependant juger de leur ancienne magnificence ; sur ces ruines on a bâti un logement habité par des Religieux Bénédictins.

L'*Abbaye de Saint-Ausone*, située hors de la ville, a le titre d'*abbaye Royale* ; elle est fort ancienne. *Caliaga*, sœur du Gouverneur que les Romains avoient dans la contrée, tourmentée par une passion violente, chercha, dit-on, dans la retraite, un remède à son amour, & consacra à Dieu sa virginité ; son exemple fut suivi par de jeunes personnes qui se joignirent à elle. *Ausone*, que l'on croit avoir été un des premiers Evêques d'Angoulême, leur donna, hors la ville, un lieu où elles pouvoient prier Dieu avec plus de recueillement, & où *Caliaga*, aidée des bienfaits de *Garrulus* son frère, fit bâtir une église. Dans la suite, le nombre de ces vierges consacrées au Seigneur s'étant accru, l'Evêque *Ausone* leur donna le voile. Charlemagne étant à Angoulême, fit don à cette Communauté d'une autre église, & de biens considérables ; plusieurs Rois de France en furent successivement les bienfaiteurs.

Les Anglois, en 1345, ruinèrent cette abbaye. Jeanne de Bourbon, femme du Roi Charles V, en fit reconstruire les bâtimens. Cent soixante ans après, Louise de Savoye, mère du Roi François Ier, fit encore refaire la moitié des bâtimens avec beaucoup de dépenses. Le Calvinisme s'étant introduit dans l'Angoumois, les Religieuses se virent obligées d'abandonner ce monastère, & de se retirer dans un autre ; les bâtimens furent alors détruits. Louis XIII, dans la suite, les fit reconstruire avec une espèce de magnificence; ce sont les mêmes qu'on voit aujourd'hui.

A une lieue & demie d'Angoulême se trouve une source fameuse, connue sous le nom de *Touvre*; cette source, par la beauté & l'abondance de ses eaux, peut être comparée à la fontaine de *Vaucluse*; elle est au pied d'un rocher escarpé, sur lequel les anciens Comtes d'Angoulême avoient fait bâtir un château où ils passoient la belle saison; ce château fut détruit par les Anglois.

La source dont nous parlons a plus de douze brasses d'eau de profondeur; elle forme une rivière, qui, dès sa naissance, porte bateau, mais qui n'est point navigable, à cause des rochers & autres obstacles qui s'y rencontrent. Cette petite rivière, dont le cours est d'une lieue & demie, se jette dans la Charente au lieu appelé *le Gou*; ses eaux, toujours claires, sont froides en été & chaudes en hiver; le poisson y abonde, & on y pêche d'excellentes truites. Du temps des Comtes d'Angoulême, cette rivière étoit couverte de cygnes auprès de sa source, mais on les a laissé détruire.

ÉVÉNEMENS remarquables. Guillaume Taillefer, deuxième du nom, cinquième Comte d'Angoulême, maria son fils *Aldouin* avec *Alauzie*, fille du Duc de Gascogne, qui lui porta en dot le château de Fronsac. Après avoir conclu ce mariage, Guillaume Taillefer, quoique vieux, partit, comme les autres Seigneurs de son temps, pour la conquête de la Palestine, & laissa à son fils le soin de gouverner ses Etats en son absence; à son retour, il reprit le gouvernement. Alausie, sa belle fille, qui, pendant cet intervalle avoit goûté le plaisir de dominer, se vit alors, non pas sans chagrin, dépouillée de l'autorité & des honneurs qui en dépendoient, & pour ne plus vivre dans une situation qui humilioit sa fierté, elle résolut de se porter, dit-on, à une action criminelle.

On s'aperçut que le Comte, peu de jours après son arrivée, fut attaqué d'une maladie de langueur. Aussi-tôt on attribua la cause de cette maladie à l'ambition démesurée d'Alauzie, & aux moyens magiques employés par une vieille demoiselle de sa maison, qui se mêloit de sorcellerie. Cette vieille demoiselle fut accusée & condamnée, suivant l'usage du temps, à fournir un Chevalier, qui, *en duel, maintînt le fait de son innocence*, contre un autre Chevalier que le Comte fourniroit de même.

On choisit pour le lieu du combat l'île de Saint-Pierre, qui est la plus proche de la fontaine du Pallet, sous les murailles de la ville; une foule de spectateurs attendoit avec avidité l'issue de l'événement qui devoit décider de la vie ou de la mort de l'accusée.

Les deux champions entrés dans la carrière parurent armés de l'écu & du bâton, *de scuto & baculo* (1); ils se chargèrent vigoureusement.

---

(1) Dans les combats judiciaires qui n'étoient point à outrance, on employoit ordinairement l'écu & le bâton. Les Ecclésiastiques pour décider de leurs différens, ne se servoient point d'autres armes, sans doute parce qu'il est défendu à l'église de répandre le sang : on croyoit alors que pour juger les affaires du Clergé il étoit plus convenable de s'assommer que de se blesser.

Le champion du Comte fut vainqueur; & parce que celui de la vieille demoiselle se trouva plus foible ou moins heureux, elle fut condamnée à mort comme sorcière; on ajoute même qu'elle s'accusa d'avoir ensorcellé le Comte par le moyen d'une image d'argile à sa ressemblance, qu'elle avoit fabriquée par ordre d'Alauzie (1).

Le Comte ne s'en porta pas mieux; il mourut au mois d'avril de l'an 1028, après avoir langui sept à huit mois.

Angoulême fut pris par l'Amiral de Coligny en 1568; les églises furent alors détruites & pillées.

En 1588, le Duc d'*Epernon*, Gouverneur de l'Angoumois & des provinces voisines, se rendit à Angoulême, où les Ligueurs faisoient plusieurs complots contre le service du Roi. Les habitans de cette ville le reçurent fort honorablement; pour ne leur marquer aucune méfiance, le Duc voulut loger dans le château appelé la *Maison du Roi*, qui n'étoit point

---

(1) Les images d'argile ou de cire ont été long-temps en usage chez les sorciers; l'Histoire nous fournit plusieurs exemples de ces pratiques superstitieuses & criminelles, par lesquelles on croyoit, en blessant ou torturant une semblable image, faire éprouver les mêmes tourmens à la personne qu'elle représentoit; on faisoit souvent consacrer ces images par des Prêtres qui se prêtoient sans peine à ces sacrilèges; on a vu des exemples de ces profanations du temps de la Ligue; & au commencement du siècle dernier, on croyoit encore que des images de cire consacrées pouvoient avoir une influence sur la vie d'une personne ennemie.

fortifié, & refusa de prendre un appartement dans la citadelle, dont on lui avoit offert les clefs.

Etant un matin dans son cabinet avec l'Abbé d'*Elbenne* & *Marivault*, il entendit dans une pièce voisine un coup de pistolet, suivi de ces cris : *Tue, tue*. L'Abbé d'Elbenne sort, & voit l'Aumonier du Duc d'Epernon, pâle & effrayé, appuyant, avec effort, son dos contre la porte, pour la tenir fermée ; il dit tout bas à l'Abbé d'Elbenne : *Ce sont gens armés qui veulent tuer Monsieur*. De nouveaux coups de pistolets se firent entendre, avec ces mots, *tue ; rendez-vous, aussi bien vous êtes morts*.

Le Maire d'Angoulême & plusieurs Gentils-hommes de cette ville & du voisinage, secrètement gagnés par le Duc de Guise, avoient formé le complot de tuer le Duc d'Epernon, de s'emparer de la citadelle & de la ville, & de mettre l'une & l'autre sous la domination des Ligueurs.

Le Maire s'étoit chargé, avec quelques Capitaines ou brigands, d'assassiner le Duc ; il étoit parvenu, à la faveur d'un faux prétexte, jusqu'à son appartement ; il entra avec huit ou dix assassins dans la garderobe où étoient l'Aumonier, un Chirurgien, & quelques autres personnes. Le Chirurgien, voyant ce Magistrat cuirassé & armé d'un pistolet, mit aussi-tôt son épée à la main, & le blessa un peu à la tête. Un des Gentilshommes, nommé *Raphaël*, se voyant attaqué, saisit un des assassins, lui porta plusieurs coups d'épée, & poursuivit les autres en leur disant : *Monsieur n'est point ici* ; mais

Partie III. X

il fut blessé d'un coup de pistolet, & tué à coup d'épée.

À ce bruit, l'alarme se répandit dans cette maison; les Cuisiniers s'armèrent de broches; mais ils ne purent atteindre les conjurés qui s'étoient barricadés dans la chambre du Duc d'Epernon. Les partisans qu'ils avoient dans la ville voulurent se saisir de la porte du château pour y introduire le peuple qu'ils avoient ameuté en lui faisant accroire que les Huguenots s'étoient emparés de ce château; mais quelques Gentilshommes qui étoient dans la basse cour, s'opposèrent vigoureusement à ce projet, & fermèrent la porte.

Cependant le Duc d'Epernon, l'Abbé d'Elbenne & Marivault restoient toujours dans le cabinet où ils étoient avant l'attaque; & le Maire avec ses satellites, demeuroit barricadé dans la chambre. Les Gentilshommes qui avoient défendu & fermé la porte du château, se réunirent à ceux qui s'y trouvoient : résolus de défendre le Duc jusqu'à la dernière goutte de leur sang, ils marchèrent ensemble vers la porte de la chambre où étoient les conjurés, blessèrent le Maire qui vouloit sortir pour monter à la tour du château. Les conjurés épouvantés emportèrent le Maire blessé, sortirent par une petite porte qui communiquoit à un escalier par où l'on pouvoit arriver à la tour. Alors le Duc d'Epernon & ceux de sa compagnie, reconnoissant la voix des Gentilshommes, sortirent de leur cabinet l'épée & le pistolet à la main, poursuivirent ensemble les conjurés, les empêchèrent de se rendre à la tour, & les forcèrent de se retirer dans une chambre qui en étoit voisine. Le Duc d'Epernon, & ceux qui l'accompagnoient, se trouvant mal armés, n'osèrent point aller dans cette chambre par un escalier fort étroit qui y communiquoit, pour attaquer les Conjurés, qui étoient pourvus de toutes sortes d'armes.

Bientôt une nouvelle troupe de Conjurés assaillit le château, & étoit sur le point d'y pénétrer par une brèche qu'ils venoient d'y faire. Le Duc d'Epernon y accourut, y tua, avec ses Gentilshommes, le frère du Maire, & un assaillant qui étoient déjà entré. Une autre troupe de Conjurés attaquoit la porte du château, & tentoit d'y mettre le feu ; le Duc d'Epernon vint encore à bout de rendre leurs efforts inutiles. Cependant ceux de la troupe du Maire, renfermés dans une chambre voisine de la grosse tour, voulurent faire une sortie; le Duc les repoussa, les fit rentrer dans leur retraite, & tua lui-même un de ces Ligueurs à coup d'épée.

Pendant cette émeute, Madame d'Epernon étoit à la messe aux Jacobins; elle sortit précipitamment, croyant que les Huguenots avoient surpris la ville; mais elle fut arrêtée, & ses deux Ecuyers furent blessés à mort par les Ligueurs, qui ne permirent pas à l'Aumonier de cette dame d'achever la messe. *De Meré* (1), Gentilhomme Ligueur, menaça cette dame, si elle ne persuadoit pas à son mari de se rendre,

---

(1) Benoît Combaud, sieur de Meré.

de la faire servir de gabion, ou de la poignarder ; elle répondit courageusement que s'il la menoit devant le château, elle persuaderoit tout le contraire à son mari, & qu'elle espéroit un jour tirer raison des insolences dudit sieur de Meré.

Le Duc d'Epernon, dépourvu de vivres & munitions, voyant le peuple toujours acharné contre lui, & qui faisoit pleuvoir sur le château & à travers ses fenêtres, une grêle de coups d'arquebusades, voulut dépêcher à Saintes un laquais vers M. de Tagens, pour l'avertir de venir promptement à son secours ; mais ce laquais, que l'on descendit par dessus les murailles du parc du château, fut aussi-tôt pris par les habitans.

Cependant deux Gentilshommes, qui de grand matin étoient sortis de la ville pour aller à la chasse, instruits de la révolte, coururent à Saintes en avertir M. *Tagens* ; d'Angoulême à Saintes il y a quinze lieues de distance. Le Duc d'Epernon avec sa troupe, assailli au dehors par les efforts continuels d'un peuple de révoltés, au dedans menacé par la troupe des assassins renfermés dans la chambre voisine de la grosse tour, que la faim & la crainte de la mort pouvoient porter aux ressources les plus violentes, sans armes, sans munitions, tourmenté par la faim, ignorant les secours qui lui venoit, demanda à capituler. L'Abbé d'Elbenne fut employé à cette négociation, elle n'eut qu'un succès momentané. Le sieur de Meré détourna toujours les habitans disposés à la paix, & qui n'avoient pris les armes que dans l'intention de combattre les Huguenots,

Le lendemain matin le tocsin appela les combattans; Ligueurs ou Royalistes, Artisans ou Gentilshommes, tous furent indifféremment contraints de prendre les armes pour aller à la brèche qu'on se disposoit de faire au château. Les gens du Duc d'Epernon soutinrent cet assaut, qui fut vigoureux. Les soldats de la citadelle, qui jusqu'alors n'avoient pris aucune part à cette sédition (1), ayant entendu le Duc, qui, de dessus la haute tour du château, leur avoit commandé de tirer sur la ville, firent, sur les assaillans, une décharge d'artillerie qui les épouvanta. La nouvelle qui se répandit bientôt de l'arrivée d'un secours considérable pour le Duc d'Epernon, ralentit encore le courage des assaillans; ils demandèrent à capituler. L'Abbé d'Elbenne parut pour la seconde fois, & se rendit plus difficile à leur proposition; enfin la capitulation étoit sur le point d'être signée lorsque les Ligueurs refusèrent toute espèce d'accommodement. L'arrivée du Baron de *Toverac* & de plusieurs autres Gentilshommes du parti de la Ligue, qui assuroient que M. d'Aubeterre venoit au secours de la ville avec trois cents chevaux & cinq cents hommes de pieds, causa ce prompt changement. L'Abbé d'Elbenne, exposé aux injures des Ligueurs, se retira promptement au château.

Cependant M. de Tagens arriva de Saintes

---

(1) Le sieur *de Bordes*, Gouverneur de la citadelle, fut fait prisonnier dans la ville, par les révoltés, qui le contraignirent de défendre aux soldats de cette forteresse de tirer aucune canonnade.

avec ses troupes; alors les principaux Bourgeois d'Angoulême & quelques Gentilshommes s'assemblèrent dans la maison épiscopale, & appréhendant les malheurs qui résulteroient de l'entréee de tant de gens de guerre dans la ville, députèrent deux particuliers vers le Duc d'Epernon, pour le supplier de consentir à ce que M. de *Tagens* signât la capitulation déjà proposée, à laquelle ils ajoutèrent seulement que ceux qui étoient retenus prisonniers au château, seroient mis en liberté.

Cette capitulation signée, fit cesser les hostilités de part & d'autre; tout rentra dans l'ordre. Le Maire étoit mort de ses blessures dans le château, & ceux de sa troupe furent relâchés. Les Ligueurs relâchèrent également les prisonniers qu'ils avoient faits; il y avoit alors trente-six heures que le Duc d'Epernon & ceux qui étoient avec lui dans le château, n'avoient ni bu ni mangé.

PRODUCTIONS. Angoulême est située dans un pays très-fertile; les fruits qu'on y recueille en abondance sont beaux & délicieux; les cerises sur-tout y sont peut-être les plus belles & les meilleures du royaume.

Les Papeteries d'Angoulême forment un objet considérable du commerce des habitans; depuis quelques années le papier qui en sort est très-estimé, & le dispute aux plus beaux papiers de France: le *Carré fin* est sur-tout employé avec succès pour les belles impressions.

On y fabrique aussi des draps raz & drapés. On vient d'y établir une nouvelle fabrique d'étoffes de laine, à l'inſtar de celles d'Angleterre, protégée par le Roi, qui accorde aux Négocians qui la dirigent, un encouragement de 6000 livres par année pendant douze ans.

Hommes célèbres. Cette ville eſt la patrie de *Balzac*; il y naquit en 1594; il fut d'abord attaché au Duc d'Epernon, puis au Cardinal de la Valette, enfin protégé par le Cardinal de Richelieu, qui le produiſit à la Cour, & lui fit obtenir des penſions & des titres; il dut ſa fortune à ſes protecteurs, & ſes ſuccès littéraires à un ſtyle précieux, péniblement ourdi, ſemé de pointes & d'antithèſes. Ses lettres firent une grande ſenſation dans la Littérature. Des Critiques s'élevèrent contre cet ouvrage très-célèbre alors. Le Général des Feuillans, nommé *Goulu*, cru devoir compoſer deux gros volumes pour prouver que les bons endroits qu'on trouvoit dans les Lettres de Balzac, appartenoient aux Anciens, & les mauvais au grand *Epiſtolier* moderne. Ce Moine *Goulu* ne ſe contenta pas de critiquer le ſtyle & les penſées de l'Auteur, il attaqua ſes mœurs. Balzac, après s'être défendu quelque temps, céda le champ de bataille, & ſe retira au château de Balzac, ſitué aux environs d'Angoulême, ſur les bords de la Charente; il y mourut en 1654: ce fut dans cette retraite qu'il fit ſon plus bel Ouvrage. Il donna 12000 liv. aux pauvres de l'Hôtel-Dieu d'Angoulême, & c'eſt dans l'égliſe de cet hôpital qu'il fut enterré.

Population. La population d'Angoulême eſt eſtimée à douze ou treize mille ames,

ENVIRONS. Entre Angoulême & la Rochefoucauld, à trois lieues de cette première ville, & à une lieue de cette dernière, on trouve le village de *Rancogne*, célèbre par ses forges & ses mines de fer; mais ce qui y doit sur-tout piquer la curiosité des Voyageurs, ce sont de vastes & profonds souterrains, connus sous le nom de *Caves de Rancogne*.

Les nombreuses cavités de la montagne de Rancogne contiennent des stalactites de toutes les formes; une infinité de routes étroites & sinueuses, aboutissent, en montant ou en descendant, à une salle immense qui offre plusieurs curiosités naturelles, & sur-tout de fort belles congellations; les parois de ces souterrains sont pour la plupart recouvertes d'un enduit de couleur tigrée, formé par petites couches d'une eau noire, brune & roussâtre; cette peinture naturelle est en quelques endroits si frappante, qu'on la prendroit pour une tapisserie de peau de tigre.

Ces souterrains s'étendent également en hauteur & en profondeur; dans le fond on rencontre deux ruisseaux; l'un peut avoir deux pieds de largeur; son eau est limpide, inodore, mais chaude; le second ruisseau coule, entre des rochers, à une profondeur presque inaccessible, & le bruit de son cours rappelle le bourdonnement de grosses cloches, entendu de loin.

Ces souterrains doivent, à plusieurs égards, exciter la curiosité des Naturalistes.

AUNIS.
ROCHEFORT.

VILLE nouvelle & fortifiée, avec un port de mer pour les vaisseaux de Roi, située sur la rive droite de la Charente, à quatre ou cinq lieues de l'embouchure de cette rivière dans l'Océan, en suivant ses sinuosités, mais en ligne droite, elle n'en est éloignée que de deux grandes lieues; à six lieues de la Rochelle & à cent vingt-six lieues de Paris.

Louis XIV, sentant le besoin d'avoir sur l'Océan un port où les vaisseaux de guerre fussent en sûreté, fit sonder en plusieurs endroits. L'embouchure de la Charente avoit la profondeur nécessaire aux grands bâtimens. Le lieu de *Soubise* parut d'abord le plus convenable à cette entreprise; en conséquence, on y commença des travaux qui ne furent point continués, parce que le Duc de Rohan, Seigneur de Soubise, refusa de vendre sa terre; alors on remonta la même rivière jusqu'à *Tonnay-Charente*, & cette nouvelle situation paroissant en plusieurs points fort avantageuse, on y commença les travaux d'un port, on traça le plan d'un parc, on planta des piquets, on détermina les lieux des magasins, & le 12 juillet 1664, les vaisseaux du Roi entrèrent dans la rivière. Les embarquemens & les débarquemens commençoient à y avoir lieu, la marine y étoit même florissante,

& le sieur d'Apremont y avoit déjà désarmé une escadre de onze vaisseaux, lorsque le sieur de Mortemar, à qui appartenoit Tonnay-Charente, fit difficulté de vendre sa terre; ce qui détermina le Roi à abandonner cet établissement, pour le transférer à Rochefort.

Rochefort consistoit alors en un petit château placé au milieu des marais, & environné de quelques chaumieres habitées par des pêcheurs. De ce château dépendoit une terre qui appartenoit à un Gentilhomme, à titre d'engagement du Roi. L'acquisition en fut faite en 1665. On traça le plan d'une ville, on y marqua les emplacemens pour l'arsenal & pour les magasins du Roi, & l'on abandonna le reste à des particuliers qui offrirent de bâtir des maisons à un denier de cens par carreau, & le projet fut exécuté.

L'exécution de ce projet fut critiquée; voici ce qu'on lit dans les Mémoires du temps : « Le Chevalier *de Clerville*, Commissaire ou Ingénieur général du royaume, dressa le plan de la nouvelle ville, où il n'a pas donné de grandes marques de capacité, non plus qu'aux fortifications de plusieurs autres places. M. *Blondel*, plus Architecte qu'Ingénieur, conduisit les bâtimens. On trouve de belles parties de détail, mais on cherche en vain les beautés & la perfection qui résultent de l'ensemble. En 1679, M. *Ferri*, Directeur des fortifications, acheva la clôture du parc avec des bastions qu'il fit élever. Le Maréchal *de Vauban* imagina un nouveau projet en 1684; il vouloit faire évanouir, en quelque sorte, la grande irrégularité de l'enceinte en la poussant au delà de la rivière & jusques dans la prairie du Rhône: ce projet fut étouffé sous les obstacles que la jalousie opposa; aux grandes idées du premier Ingénieur de l'Europe, on substitua un dessin bizarre ».

DESCRIPTION. La ville est située dans un marais, à l'endroit d'une courbure de la rivière; les rues sont larges, alignées, & se coupent entre elles à angle droit; un rempart, orné de deux rangs d'arbres, borde une grande partie de la ville, & forme une très-belle promenade.

L'Arsenal est regardé comme le plus beau & le plus grand du royaume; on y voit un vaste chantier de construction, des bassins pour les radoubs, & des magasins d'une grandeur étonnante, qui contiennent tout ce qui est nécessaire à l'armement des vaisseaux.

La Salle d'armes est très-considérable & une des mieux fournies du royaume. En 1689, on en tira dix mille fusils pour les envoyer en Irlande, sans que cet envoi préjudiciât à l'armement qui se fit à cette époque; on admire sur-tout l'ordre & la propreté qui y règnent.

La Fonderie est une des plus belles que l'on connoisse; l'opération par laquelle on fore les canons est très-curieuse.

La Corderie, placée sur les bords de la Charente, est un bâtiment d'une longueur considérable, & qui mérite d'être visité.

L'Hôpital est un bâtiment remarquable par sa construction & par son étendue.

La Place d'armes, située presque au milieu de la ville, est vaste & régulière. Le couvent des Capucins, qui y communique par un angle, a donné son nom à cette place.

La maison du Roi, où logeoit l'Intendant, est sur les bords de la rivière; on y jouit d'une vue qui offre de belles prairies de trois ou quatre lieues d'étendue, & des côteaux très-agréables; une belle allée d'ormeaux, de cent toises de long, sert d'avenue à cette maison.

Le séjour de Rochefort est mal-sain, sur-tout pendant les mois d'août, de septembre & d'octobre; la mauvaise qualité des eaux, la privation des vents du nord & les marécages qui environnent cette ville sont les causes de l'insalubrité qui y règne; mais depuis qu'on s'est occupé du dessechement des marais, les maladies sont beaucoup plus rares.

On occupe constamment à Rochefort un grand nombre d'ouvriers; on y voit aussi environ cinq à six cents Galériens employés aux travaux les plus pénibles, on les enchaîne deux à deux, & on les garde constamment; ils sont logés dans un vaste édifice situé au centre du chantier.

Louis XIV, en fondant cette ville, accorda aux habitans des privilèges & des exemptions dont l'esprit fiscal, qui va toujours en croissant, les dépouille insensiblement; ce Prince y fit en même temps construire des fortifications, quoique sa situation à une distance assez considérable de la mer, la garantît suffisamment de toute attaque; d'ailleurs l'entrée de la rivière de Charente & de la rade est défendue par plusieurs forts.

A l'île d'Aix on a bâti un fort, l'on y avoit même tracé une petite ville dont la construction ne fut pas exécutée. Vis-à-vis cette île est une anse dans laquelle on construisit, en 1689, une redoute nommée *l'Aiguille*; à l'entrée de la rivière, du côté de l'Aunis, étoit une tour fort ancienne nommée *Fourax*, que le Roi acheta; il fit, en sa place, bâtir un fort; on a aussi construit, de distance en distance, plusieurs autres petits forts dans les lieux les plus avantageux. A cause des sommes immenses que cette ville couta à la France pour sa construction, le Ministre Colbert l'appeloit *la Ville d'or*.

LA ROCHELLE.

Ville maritime, forte, riche, marchande, très-célèbre dans l'Histoire des seizième & dix-septième siècles; épiscopale, & capitale du pays d'Aunis, située sur l'Océan, au fond d'un petit golfe, à deux lieues de l'île de Ré, à quatre de celle d'Oléron, à douze de Saintes, & à cent-vingt lieues de Paris.

ORIGINE. La Rochelle fut bâtie à la place d'un ancien château nommé *Vauclair*, situé sur le bord du port, dans l'endroit nommé aujourd'hui *la Place du château*; ce château fut construit afin d'opposer quelque résistance aux Normands. *Châtel-Aillon*, à deux lieues de la Rochelle, ayant été ruiné, les habitans vinrent s'établir aux environs du château de Vauclair, y construisirent plusieurs maisons, dont le nombre s'accrut insensiblement. Un petit fort appelé *Rocca*, qui y fut construit sur un rocher, donna à ce nouvel établissement le nom de *la Rochelle*. La sûreté de son port la rendit dans la suite une des plus importantes places de cette côte.

Histoire. Les Rochelois, dès l'an 950, équipèrent quelques vaisseaux avec lesquels ils donnèrent la chasse aux Pirates qui infestoient leur mer, & les défirent. *Ebles de Mauleon* & *Godefroi de Rochefort* étoient alors conjointement Seigneurs de ce lieu ; pour récompenser les habitans de cette victoire, ils leur accordèrent plusieurs privilèges qui furent encore augmentés par Guillaume IX, Comte de Poitou, lorsqu'il eut enlevé la Rochelle à ces deux Seigneurs. Ce Prince entoura de murailles cette ville, qui fit partie des Etats considérables qu'il légua, en 1137, à sa fille *Eléonore*, ou plutôt *Alienor*, qui épousa Louis VII, Roi de France.

Le Duc Guillaume étant mort cette même année, les Seigneurs sur lesquels il avoit usurpé la ville de la Rochelle, s'en emparèrent. La Princesse Eléonore, répudiée par le Roi de France, & devenue Reine d'Angleterre, conserva les vastes Etats qui formoient sa dot ; désirant y réunir la Rochelle, que son père avoit possédée, elle en fit l'acquisition ; elle augmenta les privilèges des habitans, & leur permit d'élire un Maire, un Sous-Maire, & soixante-seize Pairs pour le gouvernement de la ville. La Rochelle étoit alors sous la domination Angloise, & y resta jusqu'en 1224 : alors Louis VIII, sur le refus que fit Henri III, Roi d'Angleterre, de lui rendre foi & hommage pour le Duché de Guienne, assiégea cette ville & la prit. Guillaume Guiart dit que les Rochelois, attendant des secours du Roi d'Angleterre, reçurent une cassette qu'ils croyoient pleine d'argent, dont ils avoient besoin pour soudoyer les troupes; mais l'ayant ouverte, ils furent bien surpris de n'y trouver que du son & des cailloux; piqués de cette tromperie, ils se rendirent aussi-tôt au Roi de France. Voici comme cet ancien Poëte chroniqueur s'exprime :

> Mut entre Englois à la Rochelle,
> Contans & harne nouvelle,
> Li Rois Henri leur ot tramise
> Une huche, & lot on la mise,
> De deniers plaine la cuidoient ;
> Leur Serjans payer en devoient ;
> Mais de bran rasée la virent,
> Et de pierres, quand ils l'ouvrirent (1).
> Par quoi tantost, sans plus attendre,
> Cil de léans s'allèrent rendre
> Au Roi de France, blancs & sauves,
> Les cors d'eux & choses sauves,
> Foi & léauté lui jurerèrent,
> Et Englois en la mer enttrèrent, &c.

La Rochelle resta sous la domination de la France jusqu'en 1360; elle fut alors, par le traité de Bretigni, donnée aux Anglois, avec trois millions d'écus d'or pour la rançon du Roi Jean, qui avoit été fait prisonnier à la bataille de Poitiers.

---

(1) Ils trouvèrent, à l'ouverture, cette *huche* ou cassette pleine de pierres & de son. *Rasée de bran*, peut aussi exprimer quelque chose de moins propre que du son.

Quelques années après, en 1371, le Maire de la Rochelle, nommé *Pierre Boudré*, par patriotisme ou par mécontentement, excita les Bourgeois à la révolte contre la garnison Angloise, & parvint à se rendre maître de tous les soldats & de la ville; il envoya ensuite des Députés au Connétable du Guesclin, pour lui offrir de remettre cette place sous l'obéissance du Roi de France; mais à de certaines conditions, dont les principales étoient, qu'on y établiroit une monnoie, avec les mêmes privilèges que celle qui étoit établie à Paris; & que jamais la ville ne seroit détachée du domaine du Roi. Ces conditions furent acceptées par le Connétable & par le Roi, qui voulut même accorder, par surérogation, la noblesse au Maire & aux Echevins, pour eux & leur postérité; le Connétable vint lui-même, au nom du Roi, prendre possession de la Rochelle.

Cette ville eut un sort assez tranquille jusqu'au temps où les nouvelles opinions religieuses s'y introduisirent. Les nouveaux sectaires, d'abord cachés dans l'ombre du mystère, étoient bien loin d'exciter des troubles, ils vivoient dans la plus parfaite docilité. Les persécutions, les exécutions sanglantes auxquelles ils étoient exposés, les obligeoient de célébrer leurs cérémonies pendant la nuit, & dans des lieux souterrains; les noms des agrégés étoient écrits en chiffres; on n'osoit pas même admetre des femmes, dans la crainte d'une funeste indiscrétion. Enfin l'exercice de la religion réformée étant toléré dans tout le royaume, les Protestans de la Rochelle, jusqu'alors inconnus, osèrent se montrer

montrer, & célébrèrent leur Cène dans un lieu situé hors de la ville (1): quoiqu'autorisés par la Cour, ils supportèrent pendant quelque temps avec patience les insultes des Catholiques.

Dans la crainte que la Rochelle ne fût surprise pendant que les Protestans seroient au prêche, on leur permit de s'assembler dans cette ville;

---

(1) Avant cette époque, on avoit déjà vu à la Rochelle les nouveaux dogmes prêchés publiquement; cette nouveauté parut pour la première fois, lorsqu'en 1558, Antoine de Bourbon & *Jeanne* sa femme firent quelque séjour dans cette ville. Un Prêtre nommé *David*, du diocèse d'Agen, qui étoit à la suite du Roi de Navarre, prêcha sans surplis dans l'église de Saint-Barthelemi, & annonça la réforme; ce sermon fit moins d'effet sur l'esprit du peuple, qu'une farce que le Roi & la Reine firent alors jouer publiquement.

Dans cette farce, on représentoit une femme mourante & en proie aux plus vives douleurs, qui demandoit du soulagement: différens Moines courent à son secours; les uns portent des reliques, des indulgences; d'autres revêtent la malade du scapulaire & de l'habit de Saint-François: ces reliques n'opéroient point. On annonce qu'un inconnu possède des remèdes spécifiques, mais qu'il est errant, persécuté & sans patrie, & qu'il fuit continuellement la lumière du jour; on cherche, on trouve, & l'on amène cet inconnu qui s'approche de la malade, lui parle tout bas, & lui remet un petit livre qui contient d'excellentes recettes pour son mal. Bientôt cette femme est guérie; elle vante l'efficacité du remède, invite les Spectateurs à s'en servir; elle les avertit *qu'il est chaud au toucher, & qu'il sent le fagot,* & ajoute que c'est une énigme dont elle leur laisse à deviner le mot. Le peuple sentit facilement l'allusion.

Part. III

mais ces assemblées n'eurent une certaine publicité qu'après le massacre de Vassi. Alors les Protestans Rochellois, apprenant que leurs frères avoient été si indignement massacrés par des Catholiques, ne crurent plus devoir garder de ménagemens avec leurs concitoyens de cette religion. Cette cruauté donna naissance à plusieurs troubles : attaqués ou menacés de toutes parts, les Protestans cherchèrent enfin à se mettre en sûreté.

Des Princes du Sang, de grands Capitaines, par animosité, par ambition ou par intérêt, embrassèrent leur défense & leur religion. Le Comte *de la Rochefoucault*, un des chefs les plus zélés de la nouvelle secte, fit plusieurs tentatives pour se rendre maître de la Rochelle. Dans la suite, le Capitaine *Faget* renouvela la même entreprise ; il s'empara de quelques fortifications ; mais il en fut bientôt repoussé, & ceux de la ville qui l'avoient secondé, furent pendus.

Enfin la religion réformée devint la religion dominante de cette ville. En 1568, *François Pontard de Treuil-Charais*, qui avoit adopté les opinions de la nouvelle secte, fut élu Maire ; il parvint à faire embrasser à tous les habitans la cause des Reformés, & livra au Prince de Condé la ville, qui, à cette époque, devint la place la plus formidable du parti Protestant.

La nouvelle du massacre de Vassi avoit tiré les Protestans de l'état de crainte & d'humiliation dans lequel ils vivoient : mais les massacres affreux de la Saint-Barthélemy les excitèrent à la révolte; ceux qui échappèrent au poignard des assassins, se réfugièrent dans leurs plus fortes places; telles étoient *Sancère, Montauban, la Rochelle, &c.*; un grand nombre de fugitifs vinrent dans cette dernière ville mettre leurs vies en sûreté, disposés à se venger vigoureusement de leurs lâches & cruels ennemis.

La haîne profonde des Rochellois contre la Cour & contre les prétendus défenseurs de la religion Catholique, n'étoit que trop bien fondée; ils étoient sur-tout indignés de la conduite de Charles IX, à qui, quelque temps avant les massacres, ils avoient donné des fêtes magnifiques, lorsque ce Roi séjourna dans leur ville; ils avoient reçu de lui des promesses d'une constante protection : ces promesses furent bientôt violées. Si les habitans de la Rochelle ne tombèrent pas sous le fer des assassins, ce ne fut point par ménagement : la Cour avoit envoyé des ordres, afin que le sacrifice fût accompli dans cette ville comme dans les autres places du royaume; mais ils ne purent être exécutés. Voici ce que Catherine de Médicis mandoit à M. de *Strozzi*, qui rassembloit alors un corps de troupes en Saintonge, en lui prescrivant de n'ouvrir sa lettre que le 24, août jour de Saint-Barthélemy.

« Je vous averti que cejourd'hui 24 août,
» l'Admiral & tous les Huguenots qui étoient
» ici avec lui, ont été tués. Partant, advisez diligemment à vous rendre maître de la Rochelle,

» & faites aux Huguenots qui vous tomberont en
» mains, le même que nous avons fait à ceux-ci ;
» gardez-vous bien d'y faire faute, d'autant que
» craignez à déplaire au Roi, Monsieur mon fils,
» & à moi, *Catherine* ».

Après tant d'attentats, les Protestans crurent devoir cesser d'obéir à un Prince qui assassinoit ses sujets, au lieu de les protéger; ils levèrent l'étendart de la révolte, & se préparèrent à soutenir un long siège. Entraînés par le zèle religieux qui fait tout braver, par la forte indignation que leur inspiroient les crimes de leurs ennemis, ils montrèrent, pour se défendre, une ardeur, un héroïsme dont il est peu d'exemples dans l'Histoire des Monarchies.

Au mois de novembre 1572, le Duc de Biron investit la Rochelle; le Duc d'Anjou, frère du Roi, vint peu de temps après en former le siège.

Les Rochellois, pendant cette guerre, montrèrent un courage extraordinaire; on ne pouvoit contenir l'ardeur qui les transportoit; chaque jour on voyoit des Chevaliers sortir des remparts, & venir défier, en combat singulier, les Royalistes : ces sorties étoient si fréquentes, que le Conseil de la ville fit ordonner aux Militaires de s'en abstenir seulement pendant quatre jours : cet ordre ne put être observé. On vit des soldats descendre avec peine le long des murailles, dans les fossés, & venir chercher hors de la ville des ennemis à combattre.

Dans le combat violent du 27 février 1573, les femmes Rochelloises, animées du même esprit, portoient des rafraichissemens à ceux qui combattoient, les excitoient par leurs cris, & soulageoient les blessés par des soins généreux. Une d'entre elles se présenta sur le champ de bataille, dépouilla un soldat qui venoit d'être tué, & s'en retourna parée de ses dépouilles militaires.

On vit de ces faits singuliers dont l'Histoire n'offre que peu d'exemples. Au mois de décembre 1572, lorsqu'on commençoit à bloquer la Rochelle, un moulin nommé *la Braude*, situé près des murs de la ville, appartenant au Capitaine *le Normand*, étoit gardé le jour par plusieurs soldats, & la nuit, comme le danger n'étoit pas encore pressant, on se contentoit d'y laisser une seule sentinelle. Cependant *Strozzi*, à la tête d'un détachement de Royalistes, vint une nuit, à la faveur du clair de lune, attaquer ce moulin ; il fit braquer deux coulevrines pour le battre, & fit sommer la garnison de se rendre. L'unique soldat qui formoit cette garnison, par une témérité inouïe, résolut de défendre la place, & s'apprêta à soutenir le siège. Il tiroit à chaque instant des coups d'arquebuse sur les assaillans ; & pour les confirmer dans l'opinion qu'il étoit accompagné de plusieurs autres, il se présentoit successivement dans divers endroits, contrefaisant la voix de plusieurs personnes. Du haut d'un ouvrage de fortification, le Capitaine *le Normand*, voyant son moulin assiégé, crioit à la sentinelle de tenir ferme, lui parloit comme si ce petit fort étoit défendu par une compagnie entière, & l'encourageoit, en lui annonçant qu'il alloit lui envoyer du secours.

Cependant le soldat est sur le point d'être forcé; alors il capitule, & demande quartier pour lui & les siens; ce point lui est accordé: il met bas les armes, sort du moulin, & représente en lui seul la prétendue garnison. *Strozzi*, furieux d'avoir été joué, vouloit faire pendre ce soldat, qu'un Capitaine plus généreux auroit récompensé. Biron commua la peine, & il fut condamné aux galères, d'où il se sauva. Ce soldat, dont le nom méritoit bien d'être conservé, étoit de l'île de Ré, & Chaudronnier de son métier (1).

La ville essuya trente mille coups de canons, ce qui étoit fort considérable dans ce temps-là; soutint neuf grands assauts, plus de vingt autres moins considérables, & près de soixante-dix mines. Les habitans, réduits aux horreurs d'une cruelle famine, se défendoient encore avec une fermeté héroïque, & sembloient fort éloignés de se rendre. Le Prince qui commandoit à ce siège, fut alors élu Roi de Pologne; l'empres-

---

(1) Parmi plusieurs autres actions héroïques de ce siège, on doit sur-tout remarquer celle-ci: Le Duc d'Anjou, revenant de visiter une mine, passa dans un endroit découvert; un soldat de la place l'aperçut & le coucha en joue. Hubert *de Vins*, Écuyer de ce Prince voit le péril dont son maître est menacé, il se met aussitôt devant lui, & reçoit le coup au travers du corps; il eut le bonheur de guérir de sa blessure, & de jouir long-temps de la gloire d'un si courageux dévouement.

sement d'aller prendre possession de son nouveau Royaume, & sans doute le dégoût d'un siège qui avoit duré près de huit mois, & où environ vingt-cinq mille hommes avoient péri inutilement, lui firent hâter la conclusion d'un traité avec les Rochellois, par lequel ils demeurèrent maîtres absolus de la ville.

Glorieux d'avoir résisté à tant d'efforts, les habitans de la Rochelle n'en furent que plus disposés à l'indépendance ; on fit alors courir par toute la France des Vaudevilles, où se lisoient ces vers :

>   Les Rochellois ont planté
>   Le glorieux fondement
>   De l'antique liberté.

Ce siège coûta des sommes immenses ; un grand nombre de braves Capitaines y perdirent la vie. On a même dit que Catherine de Médicis y avoit convoqué tous les plus grands Seigneurs du royaume, dans le dessein de les exposer à la mort, & de s'en défaire. « On sait même, dit un Ecrivain du temps, le conseil qui y fut tenu d'y célébrer une autre *Saint-Barthélemy*, en quoi étoient compris le Roi de *Navarre*, le Prince de *Condé*, les Ducs de *Longueville* & de *Bouillon*, M. le Maréchal de *Cossé*, les sieurs de *Biron*, de *Strozzy*, Colonel de l'Infanterie, & plusieurs autres qui hasardoient tous les jours leurs vies aussi avant que nuls autres ; & tout suivant les mémoires & instructions de la Reine mère, & de son Comte *de Retz*, &c. »

Montluc, l'ennemi le plus acharné des Protestans, constamment dévoué aux volontés de la Reine, ne doit pas être suspect en cette occasion ; il semble, en parlant de ce siège, confirmer ce qu'on vient de lire : « Etant arrivé, dit-il (devant la Rochelle), je fus étonné d'y voir *tant de gens de diverses humeurs qui eussent été bien marris qu'elle eût été prinse*... Je ne veux pas m'amuser à écrire ce qui fut fait là... & ne veux *mesdire de personne* ».

La politique cruelle & incertaine de la Cour, les massacres exercés sur les Protestans, & leur succès à la Rochelle & ailleurs, rehaussèrent considérablement leur parti, & abbattirent celui du Roi (1).

Les Catholiques tentèrent plusieurs fois, non par la force ouverte, mais par des moyens artificieux de s'emparer de la Rochelle ; enfin, sous Louis XIII, l'infraction aux traités, les menées secrètes du Capucin *Joseph*, l'ambition du Cardinal de *Richelieu*, le zèle outré du Duc de *Rohan* (2), les amours du Duc de *Buckin-*

---

(1) Pour montrer dans quel état se trouvoient les affaires de la Cour après les massacres, il suffit de citer les expressions d'une lettre écrite de Périgueux au Duc d'Alençon, le 13 mars 1574, par André de Bourdeille, Sénéchal du Périgord, que Charles IX avoit chargé de s'informer secrètement de l'état de la province : *Si le Roi, la Reine & vous, ne pourvoyez autrement que par le passé (aux troubles de l'état), je crains de vous voir aussi petit compagnons que moi.*

(2) Il est constant que, sans les mouvemens du Duc de Rohan, les Protestans des Cévènes, du bas Languedoc,

gham, & son animosité contre le Cardinal, causèrent un nouveau siège de cette ville, aussi violent, plus long & plus décisif que le précédent.

---

du pays de Foix, de la Rochelle, &c., auroient, en cette occasion, souffert patiemment les infractions que la Cour avoit faites aux traités, & n'auroient point pris les armes contre le Roi. Ce Duc fut obligé, comme il le raconte dans ses Mémoires, de parcourir tous ces pays, de déterminer les uns par des promesses, d'autres même par la force, & de flatter le plus grand nombre par l'espoir d'un triomphe certain, & de la pleine exécution de l'édit de Nantes. Les Rochellois, quoique menacés depuis long-temps d'un siège, eurent beaucoup de peine à se décider à la guerre. Lorsque pour la première fois le Duc de *Buckingham*, arriva avec une armée considérable pour soutenir leur parti, & que sa flotte se fût présentée à la rade de la Rochelle, les habitans fermèrent les portes pour empêcher que personne ne vînt de sa part. Le Duc de Soubise, frère du Duc de Rohan, fit tout ce qu'il falloit en cette occasion pour porter les habitans de la Rochelle à recevoir le secours qui leur étoit envoyé par l'Angleterre, & ce ne fut qu'après des protestations d'obéissance au Roi & après des hostilités déjà commises par les troupes Royales, qu'ils se déterminèrent à se défendre. Le Duc de Rohan, entraîné par le zèle de sa religion, n'envisageoit que l'infraction aux traités, & la nécessité de maintenir les Protestans dans leurs droits, sans penser à la foiblesse de leur parti, & au peu d'activité des troupes Angloises, conduites par le Duc de *Buckingham*. Il étoit d'ailleurs animé personnellement par les arrêts du Parlement de Toulouse, qui avoit déclaré son frère criminel de lèze majesté, & qui l'avoit lui-même condamné à être tiré à quatre chevaux, avoit mis sa tête au prix de cinquante mille écus, & avoit promis la noblesse à celui qui l'assassineroit.

Le 10 août 1627, le Duc d'Angoulême commença le siège de la Rochelle. Les habitans, qui avoient d'abord marqué beaucoup de répugnance à s'armer contre le Roi, se déterminèrent enfin à la plus opiniâtre résistance. *Guiton* fut élu Maire de cette ville; ce valeureux & expérimenté Capitaine dit aux habitans assemblés, en tenant à la main un poignard : « Je serai Maire, puisqu'absolument vous le voulez, mais c'est à condition qu'il me sera permis d'enfoncer ce fer dans le sein du premier qui parlera de se rendre ; je consens qu'on en use de même envers moi, dès que je proposerai de capituler, & je demande que ce poignard demeure tout exprès sur la table de la chambre de nos assemblées ».

Le Roi, Monsieur le Duc d'Orléans, le Cardinal de Richelieu qui étoit l'ame de ce siège, le Duc d'Angoulême, le Maréchal de Bassompierre, le Duc de Schomberg, enfin tous les Généraux les plus renommés se trouvèrent au camp de la Rochelle.

On fit faire autour de la ville une ligne de circonvallation qui occupoit l'espace de trois lieues; on y construisit des forts & des redoutes. Le feu de l'artillerie fut violent de part & d'autre sans succès. Aucun secours ne pouvoit facilement arriver aux assiégés du côté de terre; les troupes royales formoient de ce côté un cordon impénétrable ; le port seul offroit un abord assez facile aux Anglois, dont la flotte avoit abordé à l'île de Ré, & favorisoit de temps en temps l'entrée des vivres & munitions dans la place. On sentit que l'ouverture de ce port rendroit toujours inutiles les forces considérables de l'armée du Roi ; les moyens de séduction, déjà plusieurs fois employés, soit auprès du Duc de Buckingham qui commandoit les Anglois, soit auprès de quelques habitans de la Rochelle, n'ayant eu aucun succès, on se détermina tout naturellement à fermer ce passage aux vaisseaux (1).

Ce projet offroit des difficultés qui parurent d'abord insurmontables ; la largeur de cette entrée étoit très-considérable, & les flots de la mer s'y succédoient avec une impétuosité décourageante. *Pompée Targon*, célèbre Ingénieur Italien, essaya de fermer ce passage en y enfonçant des pieux ; mais ce moyen fut impraticable : on ne savoit quel parti prendre, lorsque *Clément Metezeau*, Architecte, vint offrir le projet d'une digue qui fut adopté ; il se chargea de l'exécution, que chacun regarda comme impossible : *Jean Tiriot*, aussi Architecte, le seconda dans ce grand ouvrage (2).

---

(1) Des Historiens adulateurs, soldés par le Cardinal de Richelieu, & d'autres qui sont venus après, n'ont pas manqué de dire que ce Ministre s'étoit couvert de gloire en imaginant de fermer ce passage. On n'a pas de gloire à chercher à réparer un mal évident ; c'est à l'Ingénieur qui exécuta la fameuse digue, & non pas au Cardinal qui la désira, qu'appartient l'honneur de ce grand ouvrage ; avec un homme de tête, de l'argent & des bras, le plus petit génie peut faire exécuter de grandes choses.

(2) Clément *Metezeau* étoit natif de Dreux. *Foucauld*

Il s'agissoit de fermer ce port qui avoit sept cent quarante toises de largeur, dans lequel les vagues se précipitoient avec violence, surtout pendant l'orage. On enfonça dans la mer, depuis la pointe de Coreille jusqu'au Fort-Louis, un double rang de poutres distantes l'une de l'autre de douze pieds; d'autres poutres aussi fortes les lioient en travers, & formoient ensemble des caisses qui furent remplies de grosses pierres sèches auxquelles le limon & la vase servoient de ciment. Cette digue avoit par le bas douze toises de largeur; comme du

---

son gendre, Avocat au Grand Conseil, fit, à son honneur, ces quatre beaux vers qui pouvoient donner de la jalousie au Cardinal :

Hæretico palmam retulit Metezus ab hoste,
Cum Ruppellanas aggere cinxit aquas.
Dicitur Archimedes terram potuisse movere ;
Æquora qui potuit sistere, non minor est.

Bassompierre, qui commandoit une armée particulière au siège de la Rochelle, & qui, dans le journal de sa vie, a écrit, jour par jour, tout ce qui se passoit d'un peu considérable dans le camp, parle du projet de la digue de manière à faire croire que le Cardinal de Richelieu n'y avoit eu presque aucune part. « Deux Maîtres Maçons ou Architectes de Paris, dit-il, l'un nommé Metezeau, & l'autre Tiriot, vinrent proposer de faire une digue à pierres perdues, dans le canal de la Rochelle, pour le boucher. M. le Cardinal me les envoya, & j'approuvai leur dessein, qui avoit été déjà proposé au Roi par Beaumont ».

côté de la mer elle formoit un glacis, sa largeur, dans la partie supérieure, n'étoit que de quatre toises. Aux deux extrémités de cette digue, on éleva deux forts; au milieu, on laissa une ouverture pour donner passage aux marées: mais pour empêcher les ennemis de pénétrer par cette ouverture, on en rendit l'entrée impraticable, en y faisant couler à fond quarante vaisseaux remplis de pierres maçonnées, & en enfonçant plusieurs gros pieux dans la mer. Cette digue étoit si élevée, que dans les plus grandes marées on y passoit à pied sec.

Cet étonnant ouvrage ne fut achevé qu'au bout de six mois de travail & de fatigues; il étoit défendu par plusieurs batteries de canon, établies sur la terre ferme, & par deux cents vaisseaux de toutes grandeurs, qui bordoient le rivage.

Bientôt les effets de ce grand ouvrage se manifestèrent. Les Rochellois, qui jusqu'alors avoient tiré leurs provisions par mer, la communication étant arrêtée de ce côté-là, ne purent plus recevoir de secours étrangers; le défaut de vivres & de munitions commença à se faire sentir. Deux fois les Anglois s'approchèrent pour ravitailler la place, mais ils furent promptement repoussés. Le Duc de Buckingham, dégoûté du mauvais succès de ses tentatives, abandonna enfin les Rochellois, après avoir fait très-peu de chose pour eux, & encore moins pour sa gloire.

Les différentes sorties des habitans, les petits

combats tant sur terre que sur mer, n'avoient produit de part & d'autre aucun avantage réel ; les divers projets de s'introduire dans la place, de l'attaquer, furent tous jugés impraticables (1) : tous les efforts de l'armée Royale devenoient inutiles ; la digue seule triompha des Rochellois.

Les vivres commençoient à devenir rares dans la ville ; les habitans furent bientôt réduits à ne se nourrir que d'herbes ou de coquillages ; les plus riches mangeoient du cuir & du parchemin bouilli avec de la graisse ; chaque jour la famine enlevoit un grand nombre de soldats ou de citoyens. Douze mille personnes étoient mortes de faim, & plusieurs maisons étoient remplies de cadavres : la nourriture, les forces manquoient ; mais le courage ne manquoit pas. Le

___

(1) Parmi ces projets, il faut remarquer celui que proposa le Frère *Joseph* ; il prétendit qu'il étoit possible de s'introduire dans la place par un égout de latrines ; le Roi se laissa même persuader par les discours de ce Capucin, & chargea *Pontis* de cette expédition. Pontis obéit, comme il le raconte dans ses Mémoires ; mais il trouva le projet absolument inexécutable, & eut à cet égard une querelle assez vive avec le Frère *Joseph*, qui fut blâmé de s'être mêlé d'un métier où il n'entendoit rien. Ce devoit être une plaisante chose, de voir ce Capucin au milieu des soldats & des Généraux, sermonnant les uns, confessant les autres, donnant des avis à tous, toujours environnés d'espions que le Cardinal soudoyoit ; les interrogeant, décidant de tout ; allant & venant par-tout d'un air mystérieux & capable, & imitant parfaitement la mouche du coche.

Maire *Guiton*, dont nous avons parlé, vit un un homme exténué par la faim. *Il n'a plus qu'un souffle de vie*, lui dit quelqu'un. *En êtes-vous surpris?* répondit-il; *il faudra bien que nous en venions là, vous & moi, si nous ne sommes plus secourus*; on lui observa en même temps que la faim emportoit tous les jours une si grande quantité d'habitans, que bientôt il n'en resteroit plus. *Eh bien*, reprit-il, *il suffit qu'il en reste un pour fermer les portes* (1).

_____

(1) Dans cette extrémité, les habitans prirent la résolution rigoureuse de se défaire des bouches inutiles; ils firent, pendant une nuit, assembler une grande multitude de femmes, d'enfans, de vieillards; & sans écouter leurs plaintes, ils les mirent hors de la ville. Ces malheureux allèrent se jeter dans les bras de leurs ennemis qui les repoussèrent à coups de fusil; puis ils se réfugièrent dans des prairies voisines pour en brouter l'herbe; mais aussi-tôt on la fit faucher, de crainte qu'ils n'en mangeassent encore. Ce trait d'inhumanité toucha les Rochellois, qui, malgré l'affreuse disette, ouvrirent à ces malheureux les portes de la ville. La famine força de nouveau, vers la fin du siège, plusieurs habitans de venir implorer la miséricorde des soldats; on les repoussoit toujours avec la même rigueur. L'Auteur de l'*Histoire du ministère du Cardinal de Richelieu*, & qui est toujours son très-humble apologiste, avoue que dans ces occasions « on dépouilloit les hommes tous » nus, & on mettoit les femmes en chemise, les for- » çant en cet état, à coups de fouet & de fourchettes, » de s'en retourner ». Cette cruauté ne doit pas être attribuée à quelques parties des troupes royales; elle fut résolue au conseil du Roi, où assistoient les principaux de l'armée, le Cardinal de Richelieu & le Capu-

Tel étoit le courage opiniâtre de ce Maire & de ses soldats, qui, pouvant à peine soutenir leurs mousquets, songeoient à mourir plutôt qu'à se rendre; il ne leur restoit plus qu'un souffle de vie, lorsque le 28 octobre 1628, les Rochellois qui étoient sur les vaisseaux des Anglois & ceux de la ville, députèrent dans le même temps pour demander à capituler, après avoir soutenu un siège de quatorze mois & dix-huit jours. Les articles de cette capitulation portoient, que le Roi pardonnoit aux Rochellois, les rétablissoit dans leurs biens, & leur accordoit l'exercice libre de leur religion; que les Capitaines & les Gentilshommes sortiroient de la ville l'épée au côté, & les soldats un bâton blanc à la main, après qu'ils auroient juré de ne porter jamais les armes contre le service du Roi.

Les troupes royales prirent possession de la ville le 30 octobre, & le premier novembre Louis XIII y fit son entrée; les fortifications furent démolies, les fossés comblés, les habitans désarmés & rendus taillables, l'échevinage & la communauté de ville abolie à perpétuité. Cette conquête coûta quarante millions au Roi.

Si le siège que les Rochellois soutinrent en

───────────

cin *Joseph*. Louis XIII étoit pourtant le fils d'Henri IV, qui, dans une semblable occasion, pendant qu'il tenoit Paris assiégé, donnoit du pain à ses ennemis, que la faim faisoit sortir des murs de cette ville; mais Henri IV agissoit d'après son cœur, & Louis XIII n'agissoit ici que d'après le cœur de Richelieu.

1573, fit triompher le parti Protestant, celui-ci causa presque entièrement sa ruine.

DESCRIPTION. Après cette victoire, le bon Roi Louis XIII s'empressa d'établir dans la Rochelle un grand nombre de monastères, & cette ville fut bientôt peuplée de Moines de toutes les couleurs, qui se tourmentèrent pour faire des conversions. La religion réformée se soutenoit toujours avec distinction, & son culte public y fut permis jusqu'à l'époque honteuse de la révocation de l'édit de Nantes. Alors on employa, non des Moines, mais des soldats pour convertir les Protestans. Dans le tableau général de la province nous parlons de ces persécutions indignes du siècle de Louis XIV, & qui ternirent la fin de son règne (1).

La Rochelle, dépouillée de ses fortifications, par Louis XIII, restoit sans défense; Louis

---

(1) Les zélés Catholiques firent alors éclater vivement leur animosité; il seroit trop long de rapporter tout ce qui a été dit à cet égard. Nous nous bornerons à raconter l'anecdote suivante : Le Lieutenant de Roi vendit aux paroissiens de Saint-Barthélemy la cloche du temple des Protestans. Pour punir cette cloche d'avoir servi à convoquer des Hérétiques à la prière, & la purger des habitudes qu'elle avoit pu contracter avec des infidèles, on la fouetta fort dévotement. On ajoute que lorsque le Lieutenant de Roi voulut en demander le payement, on lui répondit que cette cloche avoit été huguenote, qu'elle étoit nouvelle convertie, & qu'en cette qualité elle devoit jouir du délai de trois ans, accordé aux nouveaux convertis pour payer leurs dettes.

Partie III.   Z

XIV, pour mettre cette ville hors d'insulte, y fit construire, par le Maréchal de *Vauban*, de nouvelles fortifications; elles consistent en dix-neuf grands bastions & huit demi-lunes, enveloppées d'un fossé & d'un chemin couvert; du côté du port, l'enceinte est fermée par une muraille épaisse, sur laquelle est un petit bastion; le reste est flanqué de tours rondes à l'antique, qui servent de magasins; on trouve aussi aux environs de la place, & à une plus grande distance du côté de la mer, plusieurs petits forts qui en défendent les approches.

La porte de l'horloge est une des plus remarquables de cette ville; elle est composée d'une arcade qui en formoit deux. En 1672, un Architecte nommé *Moyse*, parvint à supprimer le pilier du milieu qui supportoit toute la maçonnerie; il fut démoli sans nuire à la solidité de l'ouvrage: ainsi, de deux arcades on en a fait une très-vaste & très-élevée; au dessus de cette arcade, du côté du Havre, on voit les armes du Roi accompagnées d'un soleil, devise de Louis XIV, avec cette inscription:

Nec pluribus impar, Ludovico XIV, Regum omnium terrâ marique potentissimo, féliciter regnante, porta hæc maritima à seculo impervia patuit anno 1672.

La grosse horloge qui est au dessus de cette porte étoit d'une construction fort ancienne; en 1745, on en abattit la charpente, & on éleva sur le massif de la tour une construction carrée, en pierres de taille, décorée d'un ordre d'architecture, & terminée par un dôme.

La Porte royale, commencée en 1716, & finie en 1723, est ornée de colonnes doriques; on y voit le buste de Louis XIV, sculpté par le célèbre *Girardon*.

La Porte Dauphine a été élevée en 1699; on y voit l'ordre toscan, & les armes du Roi sculptées par Louis *Buirette* : au dessus du fronton on lit l'inscription suivante :

Pace ubique partâ, restitutâ marium ac commerciorum libertate, Ludovicus Magnus hanc portam extruxit, anno 1699.

L'hôtel-de-ville est un ancien bâtiment dont la façade est décorée de beaucoup de sculptures & d'un porche formé de colonnes toscanes; au dessus règne l'ordre ionique.

Au dessus de l'escalier est la statue d'Henri IV, fort ressemblante à ce Roi, *le bien bon ami des Rochellois*, comme il le disoit lui-même.

La Place des petits bancs, située dans un des plus beaux quartiers de la ville, est entourée de maisons assez bien bâties; au milieu est une fontaine, qui, parce qu'elle fut construite lors de la naissance du Dauphin, fils de Louis XIV, a reçu le nom de *fontaine Dauphine*. Cette fontaine est de figure octogone; sur une de ses faces on voit les armes de ce Prince, & son buste au dessus.

Cette fontaine étoit autrefois chargée de grandes tables de bronze, qui représentoient les principales actions du dernier siège de la Rochelle, avec des inscriptions qui rappeloient le souvenir de la rebellion, de la réduction, & de la capitulation de cette ville; elles parurent outrageantes aux habitans. En 1718, quelques particuliers, écoutant moins la prudence que le patriotisme, les enlevèrent pendant la nuit. On fit de vaines perquisitions pour découvrir les auteurs de cette action hardie, ou plutôt, par une politique sage, l'enlevement de ces inscriptions fut secrètement ordonné, afin de faire disparoître, sans compromettre l'autorité royale, un monument injurieux pour les Rochellois. Ce qui confirmeroit cette opinion, c'est qu'en la même année, le Roi établit à la Rochelle un corps de communauté, & un hôtel-de-ville, composé d'un Maire, de quatre Echevins & de dix Conseillers de ville : on peut présumer que cette faveur fut accompagnée de la permission tacite d'enlever les inscriptions de la fontaine.

La place d'armes, nommée *Place du château*, est une des plus belles du royaume, elle est d'une grande étendue; sa forme est un carré presque régulier, dont trois côtés sont bordés de plusieurs rangées d'arbres; on y voit une belle fontaine. De cette place, on jouit de la vue magnifique & animée qu'offrent le port & la rade, toujours couverts de vaisseaux de diverses nations.

On voit quelques autres places, comme celle

de *Barentin*, ainsi appelée du nom d'un Intendant qui la fit construire en 1740.

Le Port est un des plus sûrs que l'on connoisse, & des mieux situés pour le commerce; cependant les vaisseaux de grandes charges ne peuvent être admis dans le bassin. Le port est défendu principalement par un ouvrage à corne, appelé de *Tadon*, qui a sa porte couverte d'une demi-lune, & qui est retranché par deux autres demi-lunes.

Le bassin qui s'avance dans l'intérieur de la ville, d'environ deux cents toises en longueur, a son entrée défendue par deux belles tours gothiques, appelées, l'une *la tour de S.-Nicolas*, l'autre *la tour de la Chaîne*; ces tours qui, anciennement, étoient destinées à défendre la ville & le port, sont aujourd'hui dans un état de ruine.

Au delà de ce bassin, & en dehors de ces deux tours, est le *Port* proprement dit; il est formé par deux pointes de terre, & s'étend à plus d'une lieue; c'est à travers ce port, & à une distance d'environ sept cents toises de la ville, que fut construite la fameuse digue dont nous venons de parler; on la voit encore lorsque la mer se retire.

L'homme le moins susceptible d'émotion se sent frappé d'étonnement à la vue de cette merveilleuse construction; qu'on se figure une digue de plus d'un quart de lieue de longueur, élevée au milieu des flots qui la heurtent continuellement avec impétuosité, & qui, depuis plus de cent foixante ans, a réfifté à des forces auffi puiffantes, & on aura l'idée de ce grand ouvrage.

Lorfque la mer eft baffe, on peut encore fe promener deffus cette digue; au milieu eft une ouverture d'environ deux cents pieds, par où les vaiffeaux entrent dans le port; cette ouverture fe ferme par une chaîne tendue à travers; à chaque côté on avoit élevé une tour dont il ne refte plus que des veftiges.

Au delà du port eft la rade où les plus grands vaiffeaux jettent ordinairement l'ancre; ils y font à l'abri des vents du fud-oueft, par les îles de Ré, d'Oléron & d'Aix.

Ces trois îles offrent de la pointe du port une fuperbe perfpective.

L'Académie royale des Belles-Lettres de la Rochelle fut établie en 1734. L'Abbé Venuti en fait mention dans fon poëme italien, intitulé, *Il triomfo litterario della Francia*. Voici la traduction de trois vers confacrés à cette Société :

« La Rochelle, j'augure que tu parviendras » au fommet de la gloire, toi, que je vois » poffédér tant de beaux efprits ».

COMMERCE. Le commerce principal de la Rochelle fe fait prefque tout par mer, fes armemens & cargaifons font le plus ordinairement deftinés pour les Colonies françoifes de l'Amérique; ce commerce confifte en fels,

DE L'AUNIS.

vins, eaux-de-vie, chanvre, graines de lin & autres marchandises quelconques, de France des Colonies, de Hollande, d'Espagne, du Portugal, de l'Angleterre, de l'Ecosse, &c.

POPULATION. Cette ville contenoit, dit-on, lors du siège fait par le Duc d'Anjou en 1573, plus de soixante mille habitans; au siège fait en 1628 par Louis XIII, ce nombre se trouvoit réduit à vingt-huit mille; aujourd'hui on ne compte dans la Rochelle qu'environ dix-sept mille habitans, parmi lesquels sont à peine deux mille Protestans. L'échec qu'ont éprouvé ceux de cette religion sous le règne de Louis XIII, les persécutions qu'ils ont essuyées sous celui de Louis XIV, ont considérablement contribué à cette dépopulation.

L'ILE DE RÉ.

Cette île est située dans l'Océan, à deux lieues de la Rochelle, & à mille quatre cents toises de la terre ferme; elle dépend du gouvernement d'Aunis, de l'élection & du diocèse de la Rochelle, & du Parlement de Paris.

On croit que l'île de Ré, dont le nom latin est *insula Rea* ou *Reacus*, a été ainsi nommée parce qu'autrefois on y réléguoit les criminels. Cependant on voit dans une charte de Charles le Chauve, de l'an 845, le nom de cette île exprimé par *insula Rodi*, ce qui détruit l'étymologie qu'on lui donne.

DESCRIPTION. Cette île a treize mille

toises de longueur sur trois mille quatre cents dans sa plus grande largeur, & environ trente mille toises de circonférence. A l'extrémité la plus occidentale de l'île, est *la Tour des baleines*, du haut de laquelle on jouit d'une belle vue ; elle est surmontée d'un petit dôme construit en verre, & assujetti par des barres de fer très-solides. Au commencement de chaque nuit on élève sous ce dôme un assemblage de réverbères, qui, tous réunis, forment une très-grande lumière que l'huile alimente, & qui sert de reconnoissance aux vaisseaux qui approchent de ces parages.

La ville de Saint-Martin est le chef-lieu de cette île ; elle fut long-temps assiégée par les Anglois, commandés par le Duc de *Buckingham*, lorsque Louis XIII fit le siège de la Rochelle. Cette ville étoit alors bien peu considérable ; Louis XIV la fit agrandir & fortifier d'une nouvelle enceinte, suivant la méthode de M. de Vauban ; elle est composée de six grands bastions & de cinq demi-lunes, de fossés & de chemins couverts. La citadelle commande la ville, le port & la campagne. C'est un carré très-régulier défendu par quatre bastions, trois demi-lunes & une demi contré-garde, le tout entouré, excepté du côté de la mer, d'un fossé sec, & d'un chemin couvert, revêtu comme tout le reste. Dans le fossé de cette citadelle, on remarque un ouvrage singulier ; c'est une cuvette ou petit fossé plein d'eau, bien entretenu & bien régulier ; le devant de trois des courtines de cette citadelle est occupé par une espèce de fausse braye, ouvrage qui ne se trouve, à ce qu'on croit, qu'en cette seule citadelle.

Le quatrième côté fait face à la mer, & est occupé par un petit *port* & un grand quai qui règne le long des faces des bastions; l'entrée de ce port est défendue par un éperon en forme de demi-lune.

La ville de Saint-Martin est petite & jolie; elle fut bâtie à la place d'un ancien monastère de l'ordre de Saint-Benoît, fondé en 735, par *Eudes*, Duc d'Aquitaine, & par *Valtrude* sa femme; ils y furent tous les deux enterrés.

C'est dans ce même monastère que *Hunold*, fils du Duc *Eudes*, après avoir fait une paix forcée avec Carloman & Pepin, après avoir, contre son serment, fait crever les yeux à son propre frère (1), avoir abdiqué ses Etats en faveur

---

(1) Après la paix, *Hunold* invita son frère *Hatton*, qui n'avoit point, dans la guerre, embrassé son parti, à venir à sa Cour, & lui promit avec serment qu'il ne lui feroit aucun mal. *Hatton*, comptant sur la promesse solennelle de son frère, vint auprès de lui avec confiance; mais à peine fut-il arrivé, qu'*Hunold*, sans égard aux liens du sang, à la religion du serment, se saisit de sa personne, lui fit crever les yeux, & l'enferma dans une étroite prison. Ce fut quelques jours après qu'*Hunold* abdiqua sa couronne, & prit l'habit monastique. Vingt-quatre ans après, ce Moine ayant appris que son fils avoit été dépouillé de ses Etats & assassiné par Pepin, sortit de son couvent, oublia ses vœux, rappela sa femme auprès de lui, s'arma contre le vainqueur & l'assassin de son fils, & fut vaincu à son tour.

de son fils *Waifre*, & enfermé sa femme dans un couvent, se retira du monde & embrassa la vie monastique.

Ce monastère fut ruiné dans la suite par les Normands, & il ne subsistoit plus l'an 845.

En 1730, en creusant les fondemens d'un nouveau corps de logis pour le Gouverneur de l'île de Ré, on découvrit le tombeau d'*Eudes*, fondateur de cette abbaye; dans ce tombeau on trouva une couronne de cuivre très-simple, & assez semblable à quelques-unes de Charles le Chauve; elle est gravée au commencement du tome IV des *Monumens de la Monarchie françoise*, par Dom Bernard de *Montfaucon*; une partie du crâne tenoit à cette couronne, qui offroit encore, en quelques endroits, des restes de dorure, & des pierres que l'humidité avoient rendues ternes.

L'île de Ré est défendue par plusieurs forts; celui de *Laprée*, situé dans la partie orientale de l'île, a été construit pour défendre l'entrée du *Pertuis-Breton*; c'est ainsi qu'on appelle le grand passage qui se trouve entre cette île & les côtes du Poitou.

Le fort de Sablanceaux défend le passage appelé le *Pertuis d'Anthioche*; il est situé sur un rocher presque à la pointe de la partie la plus orientale & la plus voisine de la terre ferme de cette île.

Le fort de Martray est sur la côte méridionale, & dans la partie occidentale de l'île de Ré.

Cette île produit abondamment du sel, & du vin qui est d'une qualité médiocre; on en fait de l'eau-de-vie & de la fenouillette excellente; on n'y recueille ni blé ni foin; les arbres y sont rares. Cette apparence d'aridité n'empêche pas les habitans d'être riches; l'abondance des sels qu'ils retirent des marais, la situation heureuse de l'île, & la sûreté de ses ports y attirent sans cesse un grand nombre d'étrangers & de vaisseaux de plusieurs nations; mais ce qui contribue beaucoup à l'aisance dont jouissent ces insulaires, c'est qu'ils ne payent point de taille, parce que leur île est réputée terre étrangère, & qu'elle jouit d'ailleurs de privilèges qui l'en exemptent; il y a néanmoins un bureau pour la perception des droits sur le sel.

L'ILE D'AIX.

Petite île, située près de la côte du pays d'Aunis dont elle dépend, à une lieue d'Oleron, à trois de la Rochelle, & à trois & demie de Rochefort.

Cette île a environ cinq cent cinquante toises de longueur sur cent trente de largeur. Il y a des vignes, des pâturages. Le bourg d'*Aix*, qui est le seul de cette île, est très-bien fortifié; les ouvrages ont été construits d'après les dessins de M. de *Montalembert*; le fort est un octogone qui commande la rade & toute l'île.

SURGÈRES.

Fort joli bourg de l'Intendance & de l'élection de la Rochelle, à six lieues de cette dernière ville, & à quatre de Rochefort.

Surgères est située sur les bords d'une petite rivière, dans un pays fertile en blé, en vins, en toutes sortes de fruits & en pâturage. C'est une ancienne baronnie du pays d'Aunis, qui a été possédée, depuis le onzième siècle jusqu'au milieu du quatorzième, par la maison de *Maingot*.

Ce bourg, qu'un ancien titre de 1333 qualifie de ville, étoit nommé *Surgeriis, castrum Surgeriarum*. Le château fut démoli par ordre de Louis XI. Charles VIII, son successeur, donna à *Henri de Levis* & à *Antoinette de Clermont* sa femme, la permission de le reconstruire; & pour aider à subvenir aux frais d'une si grande dépense, il leur accorda le privilège de faire sortir du royaume mille tonneaux de blé sans payer aucun droit pendant dix ans.

Le plan de ce château est à peu près de forme ovale; il est flanqué de plusieurs tours; & l'enceinte est presque entièrement revêtue de pierres de taille.

L'église, sous le titre de *Notre-Dame*, est moderne; les Protestans ruinèrent l'ancienne dont on voit encore le frontispice; le clocher, de forme pittoresque, présente un dôme exagone, soutenu par des colonnes accouplées.

Au pied du château, vers le sud, coule la petite rivière de Surgères, qui se décharge dans la Charente, à la chaussée de *Charas*. On a proposé plusieurs fois de la rendre navigable jusqu'à Marancenne, pour faciliter le transport des denrées à Rochefort; mais ce projet n'a pas été exécuté.

Plusieurs Rois ont passé ou séjourné à Surgères; & ce lieu, à beaucoup d'égards, a participé aux grands événemens qui ont troublé le pays d'Aunis.

La dévotion des habitans fut, au commencement du douzième siècle, le sujet des plaintes de *Geoffroi*, Abbé de Vendôme, qui avoit alors le patronage de l'église de *Notre-Dame de Surgères*; il reprochoit à *Pierre de Soubise*, Évêque de Saintes, d'enlever, au préjudice des Religieux de Vendôme, les offrandes des fidèles de Surgères, & il le menaçoit de l'indignation du Pape.

La maison de Surgères, comme nous l'avons remarqué, est fort ancienne; elle a fourni quelques personnes célèbres.

Hélène de Surgères, une des filles de la Reine *Catherine de Médicis*, devint l'objet des chants du fameux *Ronsard*, qui, suivant l'Auteur de sa vie, « couronna ses œuvres par » les vertus, beautés & rares perfections d'*Hélène* ». Voici quelques vers où ce vieillard amoureux parle de son *Hélène*, qu'il appelle mal à propos *Saintongeoise*.

> Dessus ma tombe engravez mon soucy,
>   En mémorable écrit.
> D'un Vendômois le corps repose ici,
>   Sous les myrthes, l'esprit.
> Comme Paris, là-bas faut que je voise,
> Non pour l'amour d'une belle Grégeoise,
>   Mais d'une Saintongeoise.

Deux Vénus, en avril, de même Déité,
Naquirent, l'une en Cypre & l'autre en la Saintonge,
La Vénus Cyprienne eſt des Grecs le menſonge,
La *chaſte* Saintongeoiſe eſt une vérité (1).

Ronſard conſacra, dans une de ſes terres, une fontaine à ſon héroïne, « laquelle dit ſon Commentateur, garde encore aujourd'hui » ſon nom, pour abreuver ceux qui veulent de- » venir Poëtes ».

Le bourg de Surgères eſt la patrie du Cardinal de *Raimond Perault*, qui y naquit en 1435; il eut le faſte, l'ambition & le fanatiſme des Prélats de ſon temps (2); il étoit né avec de l'eſprit qu'il cultiva, & une certaine vigueur de caractère qu'il montra en diverſes rencontres; quoiqu'en ſervant l'avarice des Papes, il eut la hardieſſe de parler de leurs injuſtices, hardieſſe qui lui valut le peu de conſidération qu'il conſerve encore.

___

(1) On ſait combien les filles de la Reine Catherine de Médicis méritoient le nom de *chaſte*.

(2) Il fut Nonce extraordinaire du Pape Innocent VIII, envoyé en Allemagne pour recueillir les aumônes des fidèles, deſtinées aux frais de la guerre contre les Turcs, & leur accorder en place, des indulgences. *Théodoric Morung*, Chanoine de *Barnberg*, déclama avec raiſon contre les indulgences que le Nonce prêchoit de toutes parts, & compoſa un livre intitulé, *La paſſion des Prêtres*. Perault le dégrada & le fit punir du dernier ſupplice. Perault, après avoir amaſſé des ſommes conſidérables en vendant des indulgences, revint à la Cour de Rome, ſe plaignant de la mauvaiſe opinion que le peuple avoit du Pape & des Cardinaux

MARANS ou ALIGRE.

Petite ville, située sur la rivière de Sèvre, & sur la frontière du Poitou, proche l'extrémité occidentale d'une langue de terre qui s'élève au dessus des marais, & qu'on nomme l'*île de Marans*, à deux lieues de son embouchure dans l'Océan, à quatre lieues de la Rochelle, & à six de Niort.

En 1586, cette ville, quoique peu fortifiée, soutint un siège de quelques mois. Le Maréchal de Biron, à la tête des troupes de Henri III, attaqua cette place sans succès; le Roi de Navarre, qui devint Henri IV, envoya promptement des troupes & des munitions de guerre pour la secourir. Après plusieurs tentatives inutiles, le Maréchal de Biron composa, promit de se retirer & de repasser la Charente sans attaquer Tonnai-Charente, place foible, qui tenoit pour le Roi de Navarre.

La plus grande partie des habitans de Marans étoit de la religion réformée; le petit nombre de Catholiques qui s'y trouvoit fit tous ses efforts pour s'opposer à ce que le parti du Roi de Navarre dominât dans cette ville. Un certain Notaire, Ligueur, instruit que le

---

dont le luxe & le libertinage étoient connus de toute l'Europe. On lui répondit, en lui disant que lui seul avoit, par sa conduite, donné lieu à ces bruits scandaleux; on l'accusa aussi d'avoir diverti les sommes provenues de la vente des indulgences; mais quelques Ecrivains assurent que ces sommes lui furent enlevées par des voleurs.

Duc de Rohan étoit sur le point d'arriver à Marans pour assurer cette ville au Roi de Navarre, & y mettre garnison Protestante, alla de maison en maison pour attrouper les Catholiques, leur persuada de s'armer & de se saisir du château. Ce Notaire, qui faisoit l'office de Capitaine, entra avec ses soldats dans le château, & les exhorta à se défendre avec courage. Cependant trois ou quatre Gentilshommes Protestans, voyant cette émeute, parvinrent à monter sur la tour du portail qui commandoit tout le château, & déclarèrent à haute voix qu'ils alloient tirer sur ceux qui s'opposoient à l'entrée du Duc de Rohan. Cette menace épouventa le Notaire, aussi peu aguerri que ses soldats, & ils ne songèrent plus à faire résistance : ce fut quelques mois après cet événement que se fit le siège dont nous avons parlé (1).

Depuis ce siège jusqu'en 1587, les habitans de Marans jouirent d'un sort assez paisible (2).

―――

(1) Pendant ce siège, un soldat du parti des assiégeans fut assez hardi pour sortir de derrière les retranchemens, & se présenter aux coups d'arquebusades qu'on lui tiroit de la place, pour le plaisir de braver les assiégés; voulant ensuite pousser plus loin sa témérité, il quitta sa cuirasse, se désarma, & resta entièrement à découvert ; les balles pleuvoient autour de lui ; après avoir demeuré quelque temps en cet état, il ne fut atteint que de deux coups qui le blessèrent fort légèrement.

(2) «Néanmoins, lit-on dans un Ouvrage du temps, que les Marchands & les Voyageurs étoient volés, & souvent tués sur les rivières par certains garnemens Lavardin,

Lavardin, après la défaite de *Coutras*, ayant rassemblé quelques régimens, vint surprendre cette place. Il arriva à deux heures après minuit, fit une descente dans l'île de Marans, avec des bateaux, à travers les marais de Beauregard, s'empara successivement de quelques petits forts, & força la garnison, ainsi que plusieurs habitans, de se réfugier dans le château, sans les vivres & munitions nécessaires. Le Roi de Navarre, apprenant leur situation, arriva au plutôt pour les secourir ; mais ses tentatives furent inutiles ; après dix jours de résistance, ceux du château se rendirent à des conditions honorables.

Ils y furent contraints, parce qu'il leur manquoit plusieurs choses nécessaires pour soutenir un siège, comme instrumens, outils, &c. ; il ne leur restoit du pain que pour vivre deux jours, plusieurs de leurs chevaux étoient déjà morts de faim, & leur corruption les infectoit ; on remarqua même que la faim avoit porté ces animaux à s'entre-manger le crin & la queue jusqu'aux os.

Le gouvernement de cette place fut donné au sieur de Cluseaux, dit *Blanchard*, zélé Ligueur, qui y fit plusieurs *extorsions, ruines, saccagemens & pillages*, suivant les

---

sortant de Fontenay, Maillezais & Niort, desquels étoit, comme le chef, un certain Prêtre nommé Messire Mery, Curé de *la Ronde*. Aussi que les Albanois de Niort faisoient ordinaires courses sur les chemins de Marans à la Rochelle, & en détroussoient & prenoient prisonniers plusieurs ». —

expressions d'un Ecrivain du temps. Deux mois après, le 24 juin 1588, le Roi de Navarre reprit, sans beaucoup de peine, cette ville & le château (1).

DESCRIPTION. Ce fut après cette victoire que ce Roi écrivit à la belle *Corisandre d'Andouin*, sa maîtresse, la lettre suivante, dans laquelle il fait la description de Marans; cette lettre, qui donne la connoissance de l'ancien état des lieux, écrite sur-tout par un Prince tel qu'Henri IV, doit intéresser tous les François. Ce Prince, toujours pressé alors, qui, pour ainsi dire, n'écrivoit qu'en courant, ne s'occupoit guere de style, comme cette lettre le prouve; on y reconnoîtra les élans de son cœur sans aucune affectation au bel esprit.

« J'arrivai hier au soir de Marans où j'étois allé pour pourvoir à la seureté d'icelui: ah, que je vous y souhaitois ! c'est le lieu le plus selon votre humeur, que j'aye jamais vu ; pour ce seul respect, suis-je après à l'échanger ; c'est une isle renfermée de marais boscageux, où de cent en cent pas il y a des canaux pour aller charger le bois par basteaux ; l'eau claire, peu coulante; les canaux de toutes largeurs; parmi

---

(1) Les Ligueurs qui défendoient Marans furent tout de suite découragés en voyant les troupes du Roi de Navarre, qui, avant de combattre, chantoient des Pseaumes, & prioient Dieu en mettant un genoux en terre. Les soldats de la garnison, qui se rappeloient de la journée de *Coutras*, se disoient entre eux: *Ils prient Dieu, ils nous battront comme à Coutras*. (Voyez *Coutras*, pag. 84 de ce volume).

ces deserts, mille jardins où l'on ne va que par bateau. L'isle a deux lieues de tour, ainsi environnée. Passe une rivière au pied du château, au milieu du bourg, qui est aussi logeable que Pau; peu de maisons qui n'entre de sa porte dans son petit bateau. Cette rivière s'étend en deux bras qui portent non seulement de grands bateaux, mais des navires de cinquante tonneaux y viennent: il n'y a que deux lieues jusqu'à la mer: certes, c'est un canal & non une rivière. Contre Mont, vont les bateaux jusqu'à Niort, où il y a douze lieues. Infinis moulins & météries insulées; tant de sortes d'oiseaux qui chantent de toute sorte; de ceux de mer, je vous en envoye les plumes. De poissons, c'est une monstruosité que la quantité, la grandeur & le prix; une grande carpe, trois sous, & cinq, un brochet. C'est un lieu de grand trafic; tout par bateaux; la terre très-pleine de blés & très-beaux. L'on y peut être plaisamment en paix & sûrement en guerre; l'on s'y peut réjouir avec ce que l'on aime, & plaindre une absence. Ah, qu'il y fait bon chanter! Je pars jeudi pour aller à Pons où je serai plus près de vous; mais je n'y ferai guères de séjour. Mon ame, tenez-moi en votre bonne grace; croyez ma fidélité être blanche & hors de tache; il n'en fut jamais sa pareille; si cela vous porte contentement, vivez heureuse. *Henri* ».

Marans, qu'on a depuis peu nommée *Aligre*, est le bourg le plus considérable de l'Aunis; son nouveau nom lui vient de celui de M. d'*Aligre*, Premier Président au Parlement de Paris, qui en est Seigneur; sa situation dans un pays très-marécageux n'est pas saine; la rivière de Sèvre, qui traverse ce lieu, contribue beaucoup à son commerce de blé ; toutes les semaines il s'y tient un marché qui fournit le pays d'Aunis & les environs, de blé & de farine. C'est de Marans que l'on tire encore le fin minot de Bagnaux, qu'on croit être la meilleure farine du monde, & qui se transporte jusqu'aux Indes orientales.

Le château fut rasé en 1638; il devoit être beau, puisqu'Henri IV le trouva aussi logeable que celui de Pau. Une partie de l'emplacement appartient au Seigneur, & l'autre fut donnée en 1659, par Jean Sire *Dubeuil*, Seigneur de Marans, aux Pères Capucins, pour y bâtir un couvent.

L'ILE DE MARANS est longue d'environ une petite lieue, dans la direction de l'Orient à l'Occident; elle est fort étroite, & n'a que trois ou quatre cents toises dans sa partie la plus resserrée, elle est bornée au nord par la Sèvre & par plusieurs marais; au sud par le canal de Saint-Michel ou de *la Brune*. Cette île est divisée en deux par le canal de la branche. Son terrain ne s'élève au dessus des marais que de trente pieds vers le milieu, & s'abaisse insensiblement vers ses extrémités. Il y a dans cette île beaucoup de cabanes & de métairies; on y élève une grande quantité de bestiaux, & on y recueille beaucoup de grains.

Quoique les environs de cette espèce d'île soient desséchés, l'abord en est difficile en hiver ; du côté de la Rochelle, le passage de *Serigné* offre un canal qui a près de sept cents toises de long, par lequel on arrive quelquefois à Marans en bateau.

Du côté du Poitou, à l'est de l'île, on trouve la chaussée de la bastille qui est très-praticable. Vers le nord, le lit de la Sèvre, un grand nombre de canaux & de flaques d'eau, rendent cette île inabordable en certains endroits; toutes les avenues de cette île étoient autrefois défendues par des forts & des retranchemens, dont il reste à peine quelques vestiges.

Fin de la troisième Partie.

TABLE
De la troisième Partie.

A.

Agen,	page 134
Agenois,	56, 65
Aigues-Bonnes;	239
Aigues-Caudes,	240
Aiguillon,	132
Aix, (île d')	355
Aligre ou Marans,	359
Angoulême,	306
Angoumois,	250, 251, 252, 254, 261, 301
Aspe, (Vallée d')	222
Aste,	238
Auch,	155
Aunis,	250, 251, 252, 254, 325

B.

Bagnères de la Vallée de Campan,	172
Bagnères de Luchon,	176
Barège,	166, 247, la note.
Basques,	59; 199
Bayonne,	191
Bazadois,	57
Béarn,	202

Bielle, page 239
Blaye, 76
Bordeaux, 87
Bordelois, 56, 63
Bourg-Charente 304
Bourg, (Château du) 267

C.

Cahors, 11
Campan, (Vallée de) p. 176. Sa grotte, 177
Cavernes de Waiffier, 4
Caves gouttières de Marcillac, 4
Caves de Rancogne, 320
Céré, (Saint) 6
Cognac, 301
Cordouan, (tour de) 78
Cos, 5
Courcourie, 286
Coutras, 84

D.

Dax, 178

E.

Eaux-Bonnes, 239
Eaux-Chaudes, 240

F.

Figeac, 6

G.

Gabas, 243
Gan, 237

TABLE.

Gascogne,	page 51, 54, 57, 61, 145
Gavarnie,	169
Geay,	285
Grotte de Campan,	177
Grotte d'Espalungue,	237
Guienne, (haute)	1
Guienne, (basse)	51

J.

Jarnac,	304
Jean d'Angéli (Saint)	392
Ile d'Aix,	355
Ile de Marans,	464
Ile d'Oleron,	263
Ile de Ré,	351

L.

Labourd, (pays de)	58, 191, 198
Landes, (les)	57
La Rochelle,	325
Lavedan, (Vallée de)	225
Lectoure,	145
Lescar,	220
Lescun,	224
Libourne,	83
Loubie,	283

M.

Marans ou Aligre,	359
Marboré, (tours de)	169
Martray, (fort de)	354
Médoc, (fort de) p. 78. Pays de Médoc,	ibid.
Moissac,	39

TABLE.

Montagne,	page 70
Montauban,	27
Monts-Pyrénées,	244

N.

Navarre,	202, 206
Nérac,	141

O.

Oleron, (île d')	263
Oloron ou Oleron, (ville)	221
Orthez,	217
Ossau, (Vallée d')	237

P.

Pau,	220
Pene d'Escot,	223
Périgueux,	64
Périgord,	55, 63, 64
Pertuis d'Antioche,	267
Pertuis Breton,	354
Pertuis de Maumusson,	263
Pic d'Anie,	224
Pic de midi de Bagnères,	171
Pic de midi de la Vallée d'Ossau,	243
Pic de Rebenac,	237
Pirelonge, (pile de)	290
Pons,	261
Poy,	188, 189
Pyrénées, (Tableau général des Monts)	244

Q.

Querci, (tableau général du)	

TABLE.

R.

Rabastens,	page 165
Rancogne, (caves de)	320
Ré, (île de). 351. *Saint-Martin de Ré*,	352
Réole, (la)	165
Rhodez,	45
Rochefort,	321
Rochelle; (la)	325
Roquamadour,	6
Roquefort,	10
Rouergue, (tableau général du)	1, 7, 45

S.

Sablanceaux	286
Sablanceaux, (fort de)	354
Saint-Ceré	6
Saint-Germain de Benest,	290
Saint-Jean-d'Angély,	292
Saint-Jean-de Luz,	210
Saint-Jean Pied-de-port,	214
Saint-Martin de Ré,	352
Saint-Palais,	216
Saintes,	269
Saintonges,	250, 252, 253, 261
Sarance,	222
Sarlat,	71
Surgères,	355

T.

Tarbes,	162
Toulon,	292
Tour des Baleines,	352

TABLE.

Tour de Chassiron, 269
Tour de Cordouan, 78
Tours de Marboré, 169
Touvre, 310
Tremblade, (*la*) 264

V.

Vallée d'Aran, la note 2, 248
Vallée d'Aspe, 222
Vallée de Campan, 176
Vallée de Lavedan, 225
Vallée d'Ossau, 237
Verdun, 153
Vic de Bigorre, 165
Villefranche en Rouergue, 49
Villefranche en Périgord, 74
Villeneuve d'Agenois, 139
Vinos, 170

Fin de la Table de la troisième Partie.

ERRATA.

Pag. 4, *lign.* 23, presque près, *retranchez* presque.

Pag. 6, *lign.* 6 de la note, *ajoutez une virgule après* coupée.

Pag. 26, *lign.* 24, dans son temps, *lis.* dans un temps.

Pag. id. lign. 25, s'exprime, *lis.* s'exprimoit.

Pag. 27, *lign.* 15, & de la sainteté, *lis.* & la sainteté.

Pag. 48, *lign.* 5, *il se fait, lis.* il le fait.
Pag. 53, *lign.* 26, *le Guienne, lis.* la Guienne.
Pag. 55, *lign.* 16, *mettez une virgule après* bientôt.
Pag. id. lign. 18, *ce fut eux, lis.* ce furent eux.
Pag. 55, *lign.* 18, *pourroit, lis.* pourroient.
Pag. 86, *lign.* 18, *furent tués, lis.* fut tué.
Pag. 96, *lign.* 11, *architecturee, lis.* architecture.
Pag. 114, *lign.* 11, *diamètre est long de, lis.* diamètre est de.
Pag. 185, *lign.* 1, *pluviatiles, lis.* pluviales.
Pag. 191, *lign.* 31, *pour en faire, lis.* à en faire.
Pag. 202, *lign.* 25 & 26, *cette troupe de brigands, lis.* ces brigands.
Pag. id. derniere ligne, inombrable, *lisez* innombrable.
Pag. 205, *ligne pénultième de la note,* d'Assau, *lis.* d'Ossau.
Pag. 222, *lig.* 24, à divers reprises, *lis.* diverses reprises.
Pag. 232, *lign.* 12, située, *lis.* situé.
Pag. 259, *lign.* 5, en grand nombre, *lisez* plusieurs.
Pag. 261, *lign.* 15, entretient, *lis.* entretiennent.
Pag. 262, *lign.* 3, long-temps eu, *retranchez* eu.

SUPPLÉMENT

AU TROISIEME VOLUME.

LE QUERCI forme un département nommé le *département du Lot*, & dont l'assemblée se tiendra à *Cahors*. Il est divisé en six districts, dont les chefs-lieux sont : *Cahors, Montauban, Lauzerte, Gordon, Martel, Figeac*.

Le ROUERGUE forme un département nommé *département de l'Aveiron*. L'assemblée se tient à *Rhodés*. Ce département est divisé en neuf districts, dont les chefs-lieux sont : *Villefranche, Aubin, Mur-de-Barrez, Severac-le-Château, Milhau, Saint-Affrique, Saint-Geniez, Sauveterre*.

Le PÉRIGORD forme le seul *département de la Dordogne*, dont les assemblées se tiendront à *Périgueux*, & pourront alterner à *Sarlat* & à *Bergerac*. Ce département est divisé en neuf districts, dont les chefs-lieux sont : *Périgueux, Sarlat, Bergerac, Nontron, Exideuil, Montignac, Ribeirac, Beivez, Montpont*.

La partie de la GUIENNE, qui comprend

Partie III.

le *Bordelois*, le *Bazadois*, l'*Agenois*, le *Condomois*, l'*Armagnac*, la *Chalosse*, le *Pays de Marsan*, & *les Landes*, est divisée en quatre départemens suivans.

Le *département de la Gironde*, dont l'assemblée se tiendra à *Bordeaux*, est divisé en sept districts; les chefs-lieux sont : *Bordeaux, Libourne, la Réole, Bazas, Cadillac, Bourg* ou *Blaye, Lesparre*.

Le *département des Landes*, dont l'assemblée se tiendra provisoirement à *Mont-de-Marsan*, est divisé en quatre districts, dont les chefs-lieux sont : *Mont-de-Marsan, Saint-Sever, Tartas, Dax*.

Le *département du Lot & Garonne*, dont la première assemblée a été fixée dans *Agen*, est divisé en neuf districts, dont les chef-lieux sont : *Agen, Nérac, Castel Jaloux, Tonneins, Marmande, Villeneuve, Valence, Monflanquin, Lauzun*.

Le *département du Gers*, dont l'assemblée se tiendra à *Auch*, est divisé en six districts, dont les chefs-lieux sont : *Auch, Lectoure, Condom, Nogarot, l'Ile-en-Jourdain, Mirande*.

Le pays des BASQUES & de BÉARN forme le seul *département des Basses-*

rrénées, dont la premiere assemblée a été ~~ue~~ à *Navarreins*. Il est divisé en six districts, dont les chefs-lieux sont : *Pau, Orthez, ~~O~~loron, Mauleon, Saint-Palais, Ustaritz.*

Le BIGORRE & les QUATRE VALLÉES ~~fo~~rment le *département des Hautes-Pyrrénées*, dont l'assemblée se tiendra à *Tarbes*. Il ~~es~~t divisé en cinq districts, dont les chefs-~~li~~eux sont : *Tarbes, Vic, Bagnieres, Ar~~g~~elès, la Barthe-de-Nestes.*

L'ANGOUMOIS forme le *département de ~~l~~a Charente*, dont l'assemblée se tient à *Angouléme*. Il est divisé en six districts : *Angou~~l~~éme, la Rochefoucaud, Confolens, Ruffec, ~~C~~ognac, Barbezieux.*

L'AUNIS & la SAINTONGE forment *le ~~d~~épartement de la Charente inférieure.* La ~~p~~remiere assemblée de ce département se tient ~~à~~ *Saintes*. Il est divisé en sept districts, dont ~~l~~es chefs-lieux sont : *Saintes, la Rochelle, Saint-Jean-d'Angély, Rochefort, Marennes, & Pons.*

L'île de *Rhé* est du district de *la Rochelle* ; l'île d'*Aix* de celui de *Rochefort* ; & l'île d'*Oléron* de celui de *Marennes*.

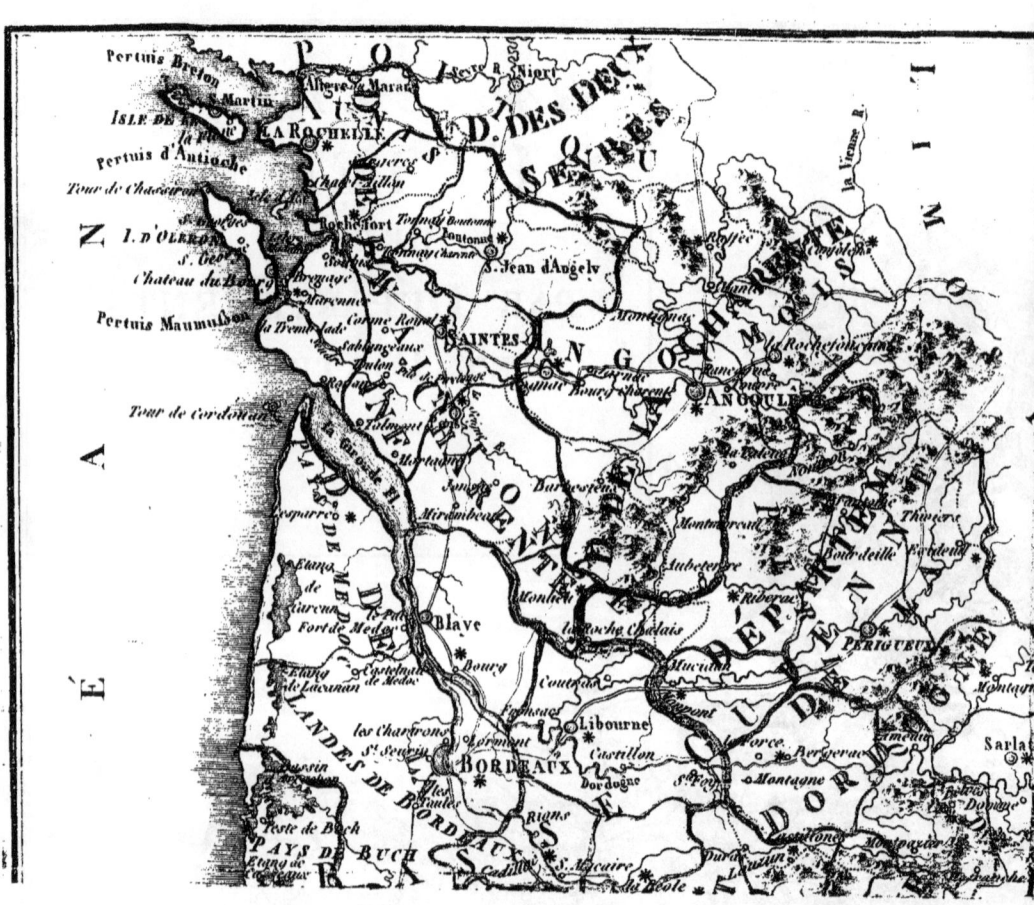

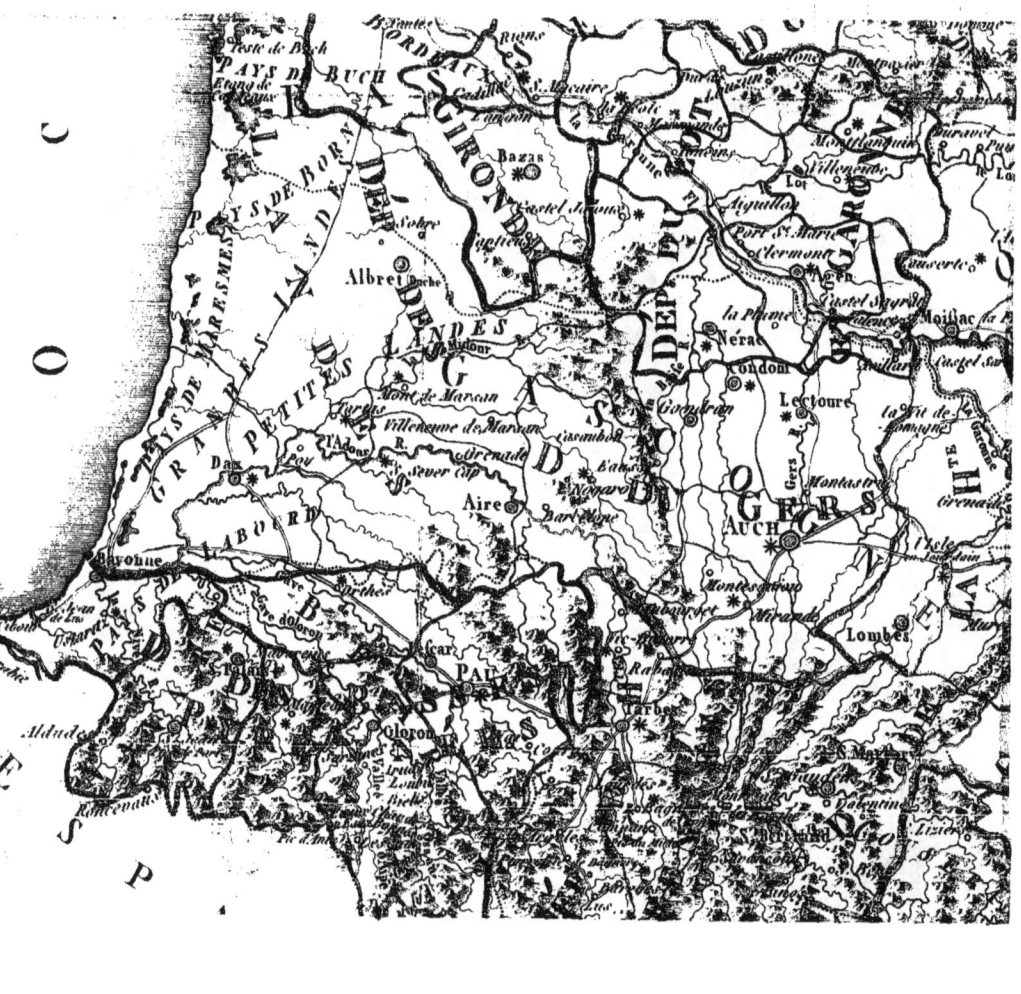

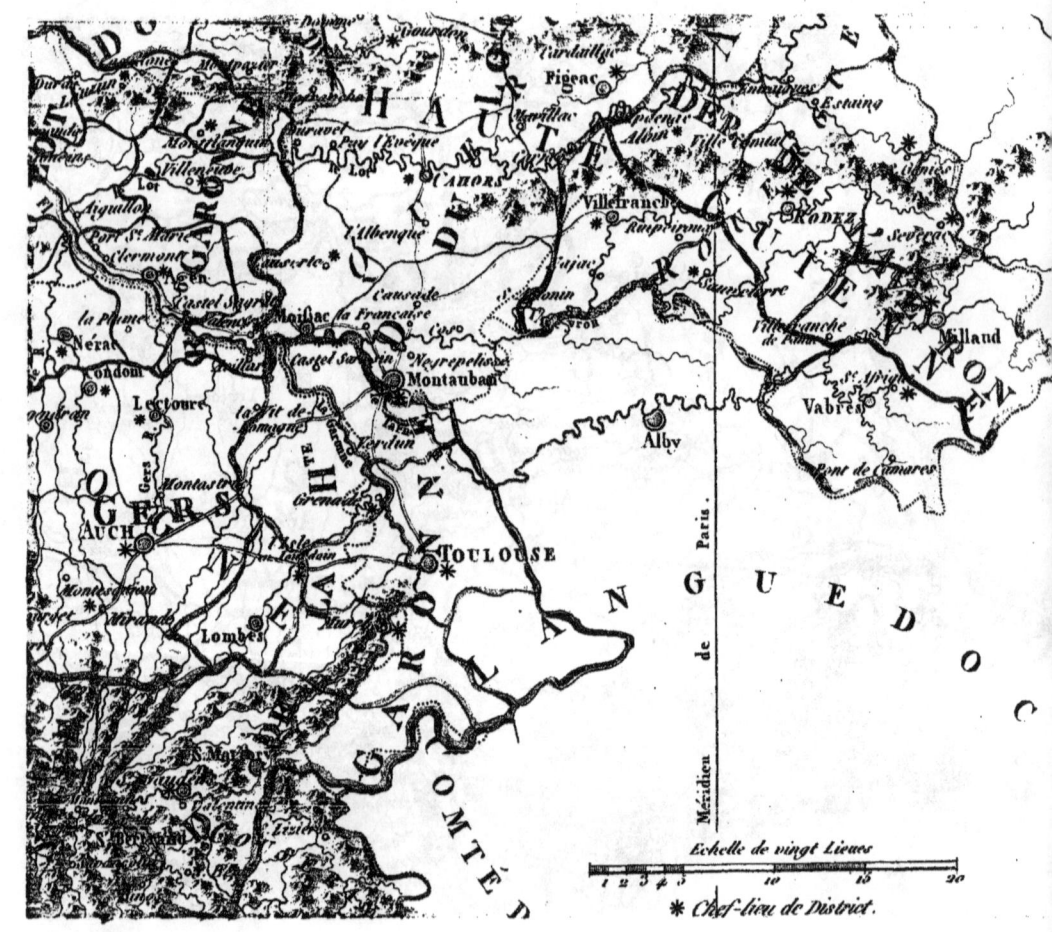

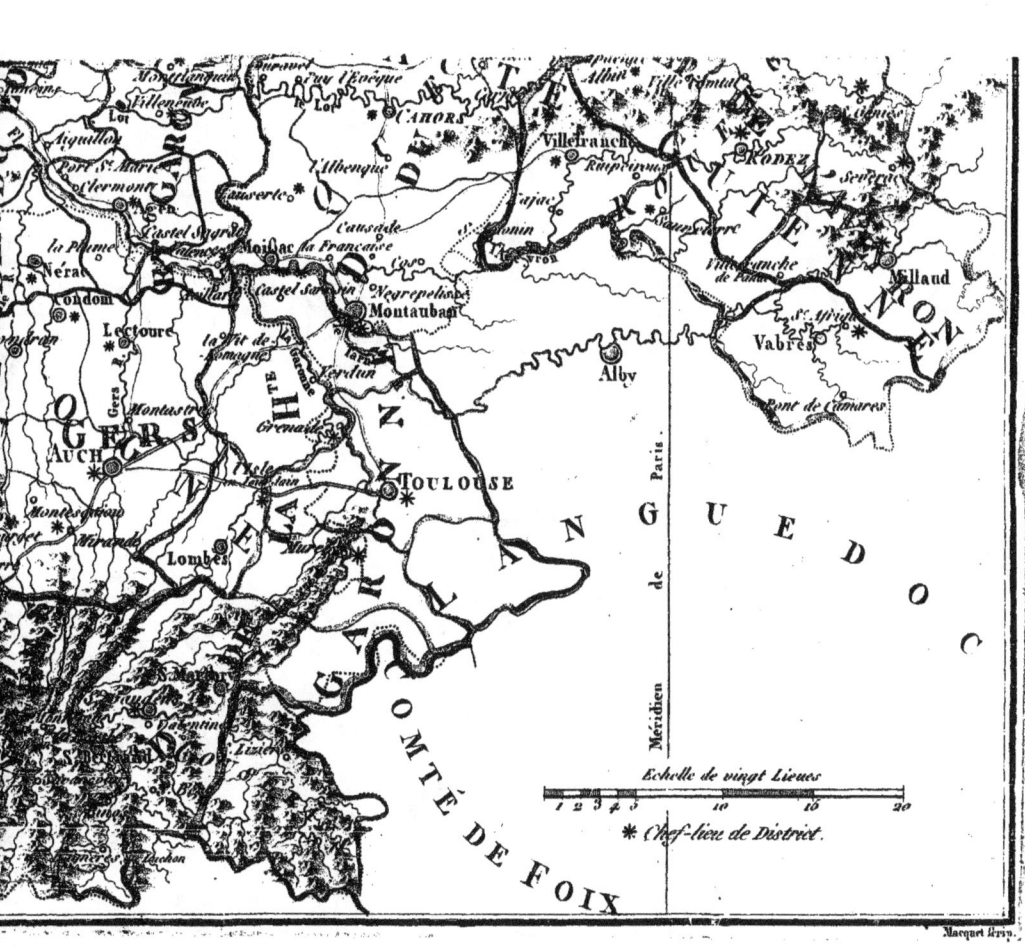

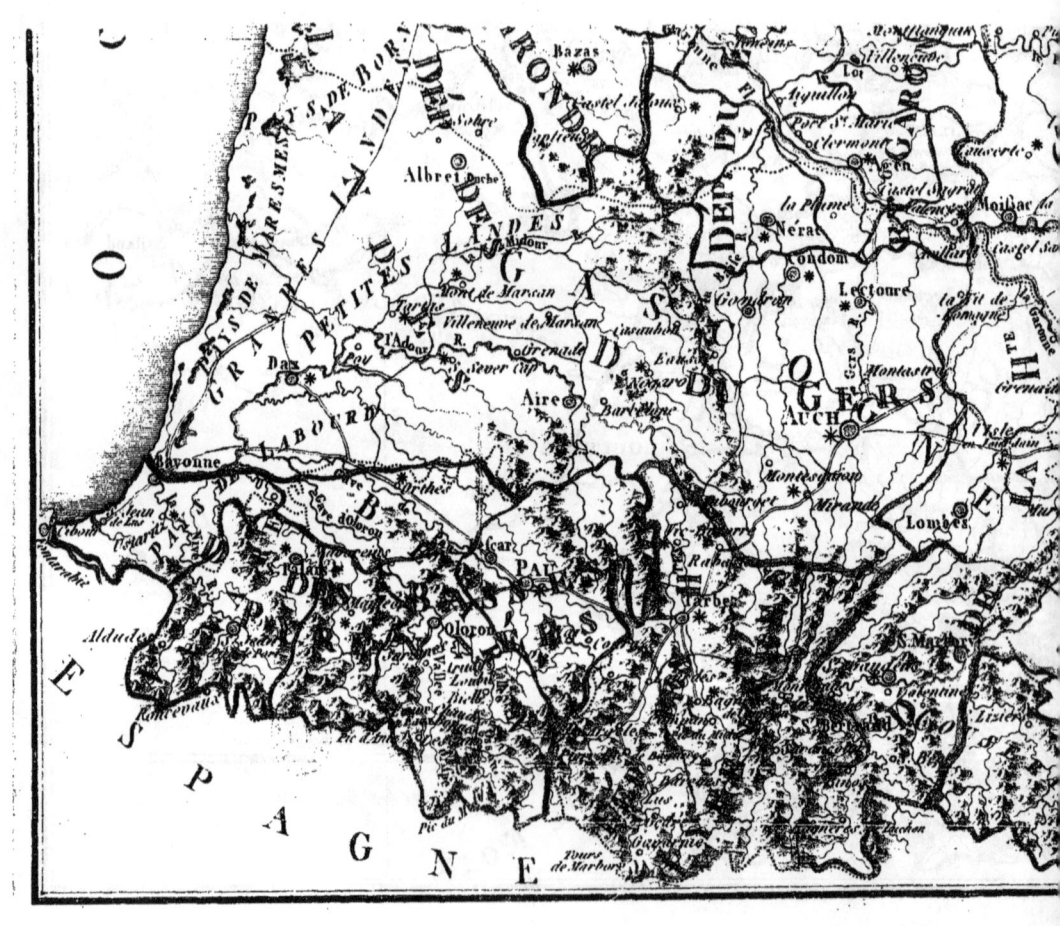

www.ingramcontent.com/pod-product-compliance
Lightning Source LLC
Chambersburg PA
CBHW070434170426
43201CB00010B/1091